Staats- und Europarecht

Prüfungsschemata | Definitionen | Klausuren

Verfassungsprinzipien

Staatsorganisationsrecht

Grundrechte

Europarecht

**Für Studierende der
(Fach-)Hochschulen der
öffentlichen Verwaltung**

SVP Verlag GbR

1. Auflage, August 2023

IMPRESSUM

Dr. Dirk Kues
Staats- und Europarecht
1. Auflage, August 2023

Herstellung:
BoD – Books on Demand, Norderstedt

Verlag:
SVP Verlag GbR

ISBN: 978-3-9825795-3-5

Bibliografische Information der Deutschen Nationalbibliothek:
Die Deutsche Nationalbibliothek verzeichnet diese Publikation in der Deutschen Nationalbibliografie;
detaillierte bibliografische Daten sind im Internet über http://dnb.de abrufbar.

Einführung

Über uns – der SVP Verlag stellt sich vor!

Wir sind der Begleiter für ein erfolgreiches Studium an den Hoch- und Fachhochschulen für die öffentliche Verwaltung! Unser Konzept für beste Klausurergebnisse in den juristischen und wirtschaftswissenschaftlichen Fächern besteht aus der Kombination aus theoretischem Wissen und der Anwendung in Klausuren.

Alle Inhalte beruhen auf den Modulbeschreibungen der jeweiligen Studiengänge und sind nach umfassender Auswertung bisheriger Prüfungen entstanden.

Mit unseren **Kurzlehrbüchern** haben Sie die Möglichkeit, sich das notwendige Klausurwissen in kompakter Form anzueignen. Wir haben uns auf das Notwendigste beschränkt, weil wir wissen, dass Sie ihre Zeit für viele verschiedene Fächer einteilen müssen. Unser Schwerpunkt liegt auf verständlichen Erklärungen, Prüfungsschemata und Definitionen, die Sie in der Klausur nutzen können.

In jedem Kurzlehrbuch finden Sie im Anschluss an den theoretischen Teil **Klausuren** mit vollständig ausformulierten Lösungen. Zusätzlich haben wir nach Möglichkeit die notwendigen Vorüberlegungen und die Lösungsskizze formuliert, damit Sie nicht nur das fertige Ergebnis sehen, sondern auch die Entwicklung der Lösung nachvollziehen können.

Über dieses Skript

Das Kurzlehrbuch „Staats- und Europarecht" vermittelt die prüfungsrelevanten Inhalte des Staats- und Europarechts in kompakter Form. Es setzt lediglich juristische Grundkenntnisse voraus, die Sie sich bei Bedarf in unserem Skript „Juristische Methodik und Gutachtenstil" aneignen können. Im Bereich des Staatsrechts werden neben dem grundlegenden Staatsbegriff die Verfassungsprinzipien und darauf aufbauend staatsorganisationsrechtliche Inhalte erläutert. Die Darstellung folgt dabei grundsätzlich dem Aufbau des Grundgesetzes und wird durch sinnvolle Themenbildung, z.B. für die Gesetzgebung des Bundes, ergänzt. Einen Schwerpunkt bilden zudem die Grundrechte und die Möglichkeit ihrer Durchsetzung mittels der Verfassungsbeschwerde. Die Ausführungen zum Europarecht vermitteln Ihnen einerseits erforderliche Grundkenntnisse zum Unionsrecht. Andererseits werden Sie mit der Prüfung der Grundfreiheiten vertraut gemacht.

Dieses Skript ermöglicht aber nicht nur eine Wiederholung des erlernten Wissens in komprimierter Form. Die ausformulierten Fälle erlauben es Ihnen, ihr Wissen für den Ernstfall zu testen und bieten Formulierungsbeispiele, die Sie für die Klausur nutzen können.

Inhalt

Staatsrecht

Gegenstand des Staatsrechts ist der Staat. Ein **Staat** zeichnet sich durch **drei Elemente** aus: **Staatsgebiet, Staatsvolk und Staatsgewalt** (sog. Drei-Elemente-Lehre).

Ⓓ Definitionen:

Staatsgebiet ist der Teil der Erdoberfläche, auf den sich die Staatsgewalt erstreckt, z.B. Hoheitsgebiet der Bundesrepublik Deutschland.

Staatsgewalt ist die alleinige und umfassende Herrschaftsmacht des Staates innerhalb seines Staatsgebiets und über das Staatsvolk. Herrschaftsmacht bedeutet, dass der Staat einseitig verbindliche Regeln aufstellen und Entscheidungen treffen kann.

> **Beispiel:** Die Organe des Staates „Bundesrepublik Deutschland" üben Staatsgewalt aus, indem sie einseitig Gesetze, Verwaltungsakte oder gerichtliche Entscheidungen erlassen.

Staatsvolk sind all jene Personen, die aufgrund ihrer Staatsangehörigkeit dauerhaft mit einem Staat verbunden sind, z.B. die deutschen Staatsangehörigen.

Das **Staatsrecht** ist ein **Teilbereich des Öffentlichen Rechts**, bei dem sich die Beteiligten typischerweise in einem Verhältnis der Über-/Unterordnung begegnen, d.h. es werden üblicherweise einseitig verbindliche Regelungen getroffen, z.B. per Gesetz. Vom Öffentlichen Recht **zu trennen** ist das **Zivilrecht**, bei dem sich die Beteiligten auf Augenhöhe begegnen und Regelungen daher typischerweise nur im gegenseitigen Einvernehmen, d.h. durch Vertrag möglich sind.

Gesetzlich geregelt ist das **Staatsrecht im Grundgesetz sowie** in den **Verfassungen der einzelnen Bundesländer** (die aber für die Prüfungen kaum relevant sind und daher auch nicht näher erläutert werden). Das Grundgesetz ist die Verfassung der Bundesrepublik Deutschland und damit gleichsam das „Basisgesetz", auf dem unsere gesamte Rechtsordnung aufbaut. Daher kann es gem. Art. 79 II GG nur unter erschwerten Voraussetzungen geändert werden, wobei Art. 79 III GG bestimmte Kernelemente des Grundgesetzes jeder Änderung entzieht (sog. Ewigkeitsklausel).
Das Grundgesetz gilt seit dem 23.5.1949 (s. die Verkündungsformel am Anfang des Grundgesetzes).

Das **Staatsrecht setzt sich zusammen aus** den **Verfassungsprinzipien**, dem **Staatsorganisationsrecht** und den **Grundrechten** und wird **beeinflusst durch** das **Europarecht**. Diese Prinzipien und Rechtsbereiche werden in den nachfolgenden Kapiteln erläutert.

Verfassungsprinzipien

Die **Verfassungsprinzipien** finden sich in **Art. 20 I-III GG**. Sie geben den **Aufbau des Staates und** das **Zusammenwirken der staatlichen Organe** vor. Die überragende Bedeutung des Art. 20 I-III GG wird durch die **sog. Ewigkeitsklausel** des **Art. 79 III GG** verdeutlicht, der eine Änderung der in Art. 20 I-III GG niedergelegten Grundsätze verbietet (Art. 79 III GG selbst darf natürlich auch nicht geändert werden). Innerhalb des Art. 20 I-III GG dürften die wichtigsten Prinzipien das Demokratieprinzip (Art. 20 II GG) und das Rechtsstaatsprinzip (Art. 20 III GG) sein.

1. Demokratieprinzip

Das Demokratieprinzip beinhaltet, dass alle Staatsgewalt vom Volk ausgeht, **Art. 20 II 1 GG**.

D.h. es erfolgt eine **Willensbildung „von unten nach oben"**. Die Ausübung der Staatsgewalt geschieht durch Wahlen (= Personenentscheidungen) und Abstimmungen (= Sachentscheidungen), Art. 20 II 2 GG. In **Deutschland** existiert eine repräsentative Demokratie in Form der **parlamentarischen Demokratie**. Das bedeutet, das Volk wählt ein Parlament, das wiederum die Regierung bestimmt.

Mit **„Volk"** ist **nur** das **deutsche Volk** gemeint. Das folgt im Umkehrschluss aus Art. 28 I 3 GG, wonach EU-Ausländer (nur) an den Kommunalwahlen teilnehmen dürfen.

Ausprägungen des Demokratieprinzips sind das **Mehrheitsprinzip** und der **Minderheitenschutz**, das **Mehrparteiensystem** und das **Recht auf Opposition** sowie die **Gewaltenteilung** gem. Art. 20 II 2 GG (letzteres kann auch dem Rechtsstaatsprinzip zugeordnet werden). Die Gewaltenteilung ist im GG allerdings nicht strikt verwirklicht, z.B. Erlass von Gesetzen durch die Exekutive in Form der Rechtverordnungen (Art. 80 GG) und Satzungen (diese werden von Selbstverwaltungskörperschaften wie z.B. den Gemeinden erlassen). Daher sind nur Durchbrechungen des Gewaltenteilungsprinzips verfassungswidrig, durch die in den Kernbereich einer anderen Gewalt eingegriffen wird.

> **Beispiel:** Durch ein Gesetz wird die Verwaltung ermächtigt, Rechtsstreitigkeiten letztverbindlich zu entscheiden = unzulässiger Übergriff in den Kernbereich der Judikative).

2. Rechtsstaatsprinzip

Das Rechtsstaatsprinzip beinhaltet, dass die Ausübung der Staatsgewalt rechtlich gebunden ist, **Art. 20 III GG**.

Ausprägungen des Rechtsstaatsprinzips sind:

- Grundrechte.
- Gewaltenteilung (kann auch dem Demokratieprinzip zugeordnet werden, s.o.).
- Vorbehalt des Gesetzes
  D.h. **kein Handeln** der Verwaltung **ohne Gesetz**.
  Das ist der Grund für die Prüfung der Ermächtigungsgrundlage in einer Verwaltungsrechtsklausur.

  Beachte: **Wesentlichkeitstheorie**: Der Parlamentsgesetzgeber muss als unmittelbar demokratisch legitimiertes Organ alle wesentlichen Angelegenheiten selbst regeln. Wesentlich sind vor allem Grundrechtseingriffe. Je wesentlicher die Angelegenheit ist, d.h. je intensiver der Grundrechtseingriff, desto genauer müssen die Regelungen im Parlamentsgesetz sein.

- Vorrang des Gesetzes
  D.h. **kein Handeln** der Verwaltung **gegen das Gesetz**.
  Das ist der Grund für die Prüfung der formellen und materiellen Rechtmäßigkeit in einer Verwaltungsrechtsklausur.

- Bestimmtheitsgebot
  D.h. alle staatlichen Maßnahmen müssen so gefasst sein, dass Verwaltung, Justiz und Bürger die **Rechtslage erkennen** und ihr Verhalten danach einrichten **können**.
  Die Anforderungen an Einzelakte sind höher als diejenigen an Gesetze, weil letztere abstrakt-generell sind.
  Spezielle Ausprägungen des Bestimmtheitsgebots: Art. 80 I 2, 103 II GG.

- Rückwirkungsverbot:

  D Definition: Rückwirkung meint, dass ein Gesetz für einen Zeitraum gilt, der vor seiner Verkündung liegt.

  Problematisch ist nur eine **belastende Rückwirkung**. Das Rückwirkungsverbot gilt zudem nur für den Gesetzgeber, nicht für die Rechtsprechung. Kommen die Gerichte auch für „Altfälle" zu einer besseren Rechtserkenntnis, hat das nichts mit Rückwirkung zu tun.

Ein **spezielles Rückwirkungsverbot** findet sich in **Art. 103 II GG. Im Übrigen** gilt **Art. 20 III GG.**
Kernproblem: Schutzwürdiges Vertrauen des Betroffenen.

Bzgl. der **Zulässigkeit** einer Rückwirkung ist zu **differenzieren:**

Echte Rückwirkung:

(D) Definition: Eine echte Rückwirkung liegt vor, wenn ein Gesetz einen Sachverhalt regelt, der in der Vergangenheit begonnen hat und zurzeit der Gesetzesverkündung **vollständig abgeschlossen** ist.

Die echte Rückwirkung ist **grundsätzlich unzulässig. Ausnahmsweise** ist sie jedoch zulässig, wenn das **Vertrauen** ist **nicht schutzwürdig oder überwiegende öffentliche Interessen**.

> **Beispiele:** Nichtige Bestimmung wird durch verfassungsgemäße Regelung ersetzt; Bürger muss mit einer Veränderung der Rechtslage rechnen (was grundsätzlich der Fall ist, sobald der Bundestag ein Gesetz beschlossen hat).

Unechte Rückwirkung:

(D) Definition: Eine unechte Rückwirkung liegt vor, wenn ein Gesetz einen Sachverhalt regelt, der zwar in der Vergangenheit begonnen hat, zurzeit der Verkündung des Gesetzes aber **noch nicht abgeschlossen** ist.

Die unechte Rückwirkung ist **grundsätzlich zulässig. Ausnahmsweise** ist sie jedoch unzulässig, wenn das **Vertrauen des Betroffenen** in den Bestand der Rechtslage **schutzwürdig** ist.

> **Beispiel:** Während eines bereits laufenden Volksbegehrens werden die Formerfordernisse vom Gesetzgeber so verschärft, dass dieses Volksbegehren nunmehr unzulässig ist.

Neben dem Demokratie- und Rechtsstaatsprinzip sind in Art. 20 I GG zudem das Bundesstaats- und Sozialstaatsprinzip sowie die Qualifizierung Deutschlands als Republik verankert.

3. Bundesstaatsprinzip

Mit dem Bundesstaatsprinzip ist die **Aufteilung der Staatsgewalt** auf den **Bund und** die **16 Bundesländer (**die in der Präambel aufgezählt sind) gemeint.

Der Bund und die Bundesländer haben im staatsrechtlichen Sinne eigene Staatsqualität (sog. zweigliedriger Bundesstaatsbegriff). Das unterscheidet den Bundesstaat vom **Staatenbund** (= nur die Gliedstaaten haben Staatsqualität, z.B. GUS) und vom **Einheitsstaat** (= nur der Zentralstaat hat Staatsqualität, z.B. Frankreich).

Die **Europäische Union** stellt einen **Sonderfall** dar. Sie erfüllt zwar nicht die klassischen Staatsmerkmale (Staatsvolk, Staatsgewalt, Staatsgebiet), kann aber unmittelbar in den Mitgliedstaaten Recht setzen. Sie wird daher als **Staatenverbund oder supranationale Organisation** bezeichnet.

Weiteres **ungeschriebenes Prinzip** ist das **Gebot der Bundestreue** bzw. des bundesfreundlichen Verhaltens. Es verlangt, dass Bund und Länder sowie die Länder untereinander auf die berechtigten Interessen der anderen Beteiligten Rücksicht nehmen, z.B. durch dessen Anhörung.

4. Sozialstaat

Mit dem Merkmal „Sozialstaat" ist die Verpflichtung des Staates verbunden, für eine gerechte Sozialordnung zu sorgen durch Herstellung und Wahrung sozialer Gerechtigkeit.

5. Republik

Republik ist der **Gegenbegriff zur Monarchie**, d.h. das Staatsoberhaupt wird nicht dynastisch bestimmt.

Staatsorganisationsrecht

Das **Staatsorganisationsrecht regelt, wie der Staat organisiert ist**, wer für ihn handelt, und welche Aufgaben und Befugnisse er dabei hat. Es ist **zu trennen von** den **Grundrechten**, die das Verhältnis des Bürgers zum Staat betreffen und in Art. 1-19 GG geregelt sind. Folglich **beginnt** das Staatsorganisationsrecht **ab Art. 20 GG**.

Das Staatsorganisationsrecht **gliedert** sich im Grundgesetz wie folgt:

1. Bund und Länder, Art. 20 ff. GG (quasi allgemeiner Teil des Staatsorganisationsrechts)
2. Verfassungsorgane
   a) Bundestag, Art. 38 ff. GG
   b) Bundesrat, Art. 50 ff. GG
   c) Gemeinsamer Ausschuss, Art. 53a GG („Notparlament" für den Verteidigungsfall)
   d) Bundespräsident, Art. 54 ff. GG
   e) Bundesregierung, Art. 62 ff. GG
3. Gesetzgebung / Legislative, Art. 70 ff. GG (sog. erste Gewalt)
4. Verwaltung / Exekutive, Art. 83 ff. GG (sog. zweite Gewalt)
5. Rechtsprechung / Judikative, Art. 92 ff. GG (sog. dritte Gewalt)

Nachfolgend werden die relevanten Vorschriften dieser Abschnitte kurz dargestellt.

A. Bund und Länder, Art. 20 ff. GG

I. Art. 20 GG
Art. 20 GG wurde bereits oben im Abschnitt „Verfassungsprinzipien" erläutert.

II. Art. 21 GG
Parteien sind gesellschaftliche Vereinigungen von Bürgern, die die Rechtsform eines Vereins haben. Eine **Definition** des Begriffs „Partei" findet sich in **§ 2 I 1 PartG**. Diese Definition gilt nach der Rechtsprechung des BVerfG auch für Art. 21 GG. **Nicht** verwechselt werden dürfen die Parteien mit **Fraktionen**. Letztere sind

Zusammenschlüsse von Abgeordneten, die auch nicht derselben Partei angehören müssen (z.B. CDU/CSU-Bundestagsfraktion).

Parteien sollen gem. Art. 21 I GG die **politische Willensbildung im Volk kanalisieren**, damit bei den Wahlen stabile Mehrheitsverhältnisse entstehen. Sie dienen somit auch der **Funktionsfähigkeit des Parlaments**. Daher kommt ihnen in einer parlamentarischen Demokratie eine herausragende Bedeutung zu. Deshalb können sie auch nur unter den strengen Voraussetzungen des Art. 21 II, IV GG vom BVerfG verboten werden (sog. **Parteienprivileg**).

Zu den **einzelnen Merkmalen des Art. 21 II GG**:

- **„freiheitliche demokratische Grundordnung"**
  Das umfasst die Menschenwürde des Art. 1 I GG sowie Kernelemente des Rechtsstaats- und Demokratieprinzips wie z.B. das Willkürverbot.

- **„Bestand der Bundesrepublik Deutschland"**
  Damit ist die territoriale Unversehrtheit und politische Unabhängigkeit der Bundesrepublik gemeint.

- **„Beseitigen"**
  Das bedeutet die Abschaffung zumindest eines der Wesenselemente der freiheitlichen demokratischen Grundordnung oder deren Ersetzung durch eine andere Verfassungsordnung oder ein anderes Regierungssystem.

- **„beeinträchtigen"**
  Das beinhaltet eine spürbare Gefährdung.

- **„Darauf ausgehen"**
  Das verlangt ein planvolles Vorgehen, das im Sinne einer qualifizierten Vorbereitungshandlung auf die Beeinträchtigung oder Beseitigung der freiheitlichen demokratischen Grundordnung oder auf die Gefährdung des Bestandes der Bundesrepublik Deutschland gerichtet ist. Ferner müssen gewichtige Anhaltspunkte dafür bestehen, dass die Tätigkeit zum Erfolg führen kann (sog. **Potentialität**). Daran scheiterte das sog. NPD-Verbotsverfahren. Die NPD ist politisch so erfolglos, dass ihr die sog. Potentialität fehlt.

Ein Ausschluss von der staatlichen Parteienfinanzierung ist hingegen unter den weniger strengen Voraussetzungen des Art. 21 III GG möglich. Hier bedarf es nicht der sog. Potentialität. Der Ausschluss erfolgt gem. Art. 21 IV GG durch das BVerfG und ist gem. § 46a BVerfGG auf 6 Jahre befristet, kann aber auch verlängert werden.

III. Art. 23 GG

Art. 23 GG regelt das **Verhältnis Deutschlands zur Europäischen Union (EU)**. Art. 23 I 1 GG verlangt, dass zentrale Verfassungsprinzipien des Grundgesetzes auch in der Europäischen Union gelten. Mit dem **„Grundsatz der Subsidiarität"** ist gemeint, dass die EU nicht alle Kompetenzen an sich ziehen soll, sondern primär die Mitgliedstaaten zuständig bleiben. Die EU darf danach nur tätig werden, wenn die verfolgten Ziele durch ein Handeln der EU besser erreicht werden können als durch ein Handeln der Mitgliedstaaten. Schließlich muss auf EU-Ebene ein dem Grundgesetz vergleichbarer **Grundrechtsschutz** gewährleistet sein, was spätestens seit Verabschiedung der sog. **EU-Grundrechte-Charta** der Fall ist. Nähere Ausführungen zum Europarecht finden sich in dem Kapitel „Europarecht".

Gem. **Art. 23 I 3 GG** gilt die sog. **Ewigkeitsklausel des Art. 79 III GG** auch im Verhältnis zum Europarecht, sodass die absolut geschützten Kernelemente des Grundgesetzes auch durch das Europarecht nicht beeinträchtigt werden dürfen.

> **Beispiel:** Sähe ein von der EU erlassener Rechtsakt die Abschaffung des Demokratieprinzips vor, wäre er gem. Art. 23 I 3 i.V.m. Art. 79 III GG unzulässig und damit für Deutschland unwirksam.

Art. 23 II-V GG regelt, wie Bundestag, Bundesrat und Bundesregierung in Angelegenheiten der EU zusammenwirken. Dabei gilt für den Bundesrat: je stärker ein Rechtsakt der EU die Kompetenzen der Bundesländer berührt, desto größer sind die Mitwirkungsrechte des Bundesrates.

Art. 23 VI GG überträgt in abschließend aufgezählten ausschließlichen Zuständigkeitsbereichen der Länder die Vertretung Deutschlands bei der EU vom Bund auf einen vom Bundesrat benannten Vertreter der Länder.

IV. Art. 25 GG

Art. 25 S. 1 GG erfasst mit den „allgemeinen Regeln des Völkerrechts" vor allem das sog. **Völkergewohnheitsrecht**. Das sind Rechtsvorschriften, die von der weltweit überwiegenden Mehrheit der Staaten anerkannt werden.

> **Beispiele:** Gewaltverbot zwischen den Staaten, Verbot der Sklaverei.

Die Regelung des Art. 25 S. 2 GG sorgt dafür, dass die allgemeinen Regeln des Völkerrechts in Deutschland direkt gelten, d.h. sie müssen nicht erst in deutsches Recht umgesetzt werden. Im Rang stehen sie über den Bundes- und Landesgesetzen, aber unterhalb des Grundgesetzes.

Für völkerrechtliche Verträge gilt nicht Art. 25 GG, sondern die Spezialvorschrift des **Art. 59 II 1 GG**. Auch die **Europäische Menschenrechtskonvention (EMRK)** unterfällt nicht Art. 25 GG, sondern Art. 59 II 1 GG und hat den Rang eines Bundesgesetzes.

Wegen der **sog. „Völkerrechtsfreundlichkeit" des Grundgesetzes** ist aber das gesamte deutsche Recht einschließlich des Grundgesetzes im Einklang mit den völkerrechtlichen Verpflichtungen Deutschlands auszulegen und anzuwenden. Daher ist vor allem die EMRK bei der Anwendung der Grundrechte zu berücksichtigen.

> **Beispiel:** Verlangt die EMRK den Schutz einer bestimmten Meinungsäußerung, muss diese Äußerung auch grundrechtlich über Art. 5 I 1 GG geschützt sein.

V. Art. 28 GG

Art. 28 I 1, 2 GG legt zwingende Vorgaben fest, denen die Verfassungen der einzelnen Bundesländer genügen müssen und ist damit Ausfluss des Bundesstaatsprinzips (Näheres dazu oben im Kapitel „Verfassungsprinzipien").

Art. 28 I 1 GG verlangt eine **Kernidentität** der **Verfassungen von Bund und Bundesländern**, da die Bundesländer ansonsten nicht zusammen die Bundesrepublik Deutschland bilden könnten (sog. **Homogenitätsprinzip**). Konkret geht es um die in Art. 20 GG niedergelegten zentralen Verfassungsprinzipien.

> **Beispiel:** Würde in Hessen das Demokratieprinzip gelten, herrschte in Bayern jedoch eine Diktatur und in NRW eine Räterepublik, könnten diese Bundesländer nicht zusammen einen demokratischen Bundesstaat bilden.

Art. 28 I 2 GG schreibt für Landtags- und Kommunalwahlen zwingend die Geltung der sog. **Wahlrechtsgrundsätze** vor, die gem. Art. 38 I 1 GG auch bei der Bundestagswahl zu beachten sind. Näheres dazu unten bei Art. 38 GG.

In **Art. 28 II 1 GG** ist die **gemeindliche Selbstverwaltungsgarantie** verankert. Sie garantiert den Gemeinden (gemeint sind Gemeinden und Städte) einen eigenständigen Handlungsbereich. Damit sollen Angelegenheiten, die die Gemeindeeinwohner direkt betreffen, vor Ort gelöst werden, was die demokratische Mitwirkung der Bürger stärkt. Ausprägungen der Selbstverwaltungsgarantie sind die Planungshoheit (= Erlass von Flächennutzungs- und Bebauungsplan) und die Satzungshoheit (= Erlass von Gesetzen in Form von Satzungen, mit denen die Gemeinde ihre Selbstverwaltungsangelegenheiten regelt, z.B. Beitragssatzung für die Benutzung des städtischen Schwimmbades).

Die **Gemeinden sind** im Übrigen **Teil der Bundesländer** und **gehören zur Verwaltung / Exekutive**, auch wenn sie Gesetze in Form von Satzungen erlassen.

VI. Art. 30 GG

Die Vorschrift verteilt die Aufgaben zwischen Bund und Ländern. Wird für den Bereich der Gesetzgebung in Art. 70 GG und für den Bereich der Verwaltung in Art. 83 GG wiederholt und konkretisiert.

Hintergrund der Regelung ist, dass die staatlichen Aufgaben grundsätzlich besser vor Ort, d.h. in den Bundesländern geregelt werden können. Zudem soll auf diesem Weg eine Machtkonzentration auf Bundesebene verhindert werden.

VII. Art. 31 GG

Danach geht Bundesrecht generell dem Landesrecht vor, und zwar unabhängig von seinem Rang in der Normenhierarchie.

> **Beispiel:** Die StVO, eine Rechtsverordnung des Bundesverkehrsministeriums, geht allen Landesverfassungen im Rang vor.

Normenhierarchie

Europarecht

Formelles Bundes-
recht (Gesetze, die der
Bundestag erlassen hat)

Rechtsverordnungen und
Satzungen des Bundes

Landesverfassung

Formelles Landesrecht (Gesetze, die der jeweilige
Landtag erlassen hat)

Rechtsverordnungen des Landes

Sonstige Rechtsverordnungen und Satzungen,
z.B. der Städte und Gemeinden

VIII. Art. 35 GG

Art. 35 II, III 1 GG legt fest, unter welchen Voraussetzungen die **Bundespolizei** (früher: „Bundesgrenzschutz") **und** die **Bundeswehr im Inland eingesetzt** werden dürfen.

> **Beispiele:** Die Bundespolizei darf bei Großdemonstrationen heran-
> gezogen werden, die von den Polizeien der Länder alleine nicht mehr
> beherrscht werden; die Bundeswehr kann bei einer Hochwasserkatas-
> trophe zu Hilfe eilen.

B. Verfassungsorgane

Die Verfassungsorgane sind ab Art. 38 GG zu finden und unterteilen sich in:

- Bundestag, Art. 38 ff. GG
- Bundesrat, Art. 50 ff. GG
- Gemeinsamer Ausschuss, Art. 53a GG („Notparlament" für den Verteidigungsfall)
- Bundespräsident, Art. 54 ff. GG
- Bundesregierung, Art. 62 ff. GG

Die Verfassungsorgane werden in den nachfolgenden Abschnitten zunächst abstrakt vorgestellt, um danach die wichtigsten Vorschriften im Detail zu erläutern.

I. Bundestag, Art. 38 ff. GG

Der Bundestag besteht aus Abgeordneten, die unmittelbar vom Volk gewählt werden, und zwar gem. Art. 39 I 1 GG für vier Jahre. Damit ist der Bundestag das Verfassungsorgan, das die **beste demokratische Legitimation** hat. Das hat zur **Folge**, dass der **Bundestag alle wesentlichen Entscheidungen selbst** zu **treffen** hat, soweit nicht die Bundesländer mit ihren Landesparlamenten dafür zuständig sind. Wesentliche Entscheidungen sind insbesondere solche, mit denen erheblich in Grundrechte eingegriffen oder ein solcher Eingriff ermöglicht wird. Je wesentlicher die Angelegenheit ist, desto genauer muss die Entscheidung des Bundestages sein (sog. **Wesentlichkeitstheorie**).

Hauptfunktionen des Bundestages sind:

- **Gesetzgebungsfunktion**
  Der Bundestag ist das zentrale Gesetzgebungsorgan.

- **Budgetrecht**
  Als Verfassungsorgan mit der besten demokratischen Legitimation entscheidet der Bundestag, wofür die Steuergelder, also das zur Verfügung stehende „Budget", ausgegeben werden.

- **Kontrollfunktion**
  Der Bundestag kontrolliert die Exekutive, insbesondere die Bundesregierung vgl. z.B. Art. 43 I, 45d, 67 I GG. Dahingegen kontrolliert der Bundestag natürlich nicht die Judikative, weil die Richter gem. Art. 97 GG unabhängig sind.

- **Repräsentationsfunktion**
  Da die Bundestagsabgeordneten unmittelbar vom Volk gewählt sind, ist der Bundestag die eigentliche Volksvertretung und das primäre Forum für politische Auseinandersetzungen.

Die **Wahl** der Bundestagsabgeordneten erfolgt nach den Vorschriften des **Bundeswahlgesetzes (BWahlG)**. Gem. § 4 BWahlG hat jeder Wähler **zwei Stimmen**, eine Erststimme für die Wahl eines Wahlkreisabgeordneten (§ 5 BWahlG) und eine Zweitstimme für die Wahl einer Landesliste (§ 6 BWahlG). Damit handelt es sich bei der Bundestagswahl um eine **personalisierte Verhältniswahl**, d.h. eine Kombination von Mehrheits- und Verhältniswahl. Die Erststimme ist das Mehrheitswahlelement, die Zweitstimme das Verhältniswahlelement.

Der mit der Erststimme zu wählende Wahlkreiskandidat benötigt für seine Wahl gem. § 5 S. 2 BWahlG die Mehrheit der Stimmen (sog. einfache bzw. relative Mehrheit).

Mit der Zweitstimme wird gem. § 6 BWahlG die Liste einer Partei gewählt. Die für die Partei abgegebenen Stimmen sind in Sitze im Bundestag umzurechnen. Die Umrechnung erfolgt nach dem sog. Sainte-Lague/Schepers-Verfahren, § 6 II BWahlG. Dies geschieht in folgenden Schritten:

- **1. Stufe der Sitzverteilung:**

    Zunächst wird jedem Bundesland unter Zugrundelegung seiner Bevölkerungszahl ein Sitzkontingent im Deutschen Bundestag zugewiesen, das auf die in dem Bundesland angetretenen Parteien zu verteilen ist, § 6 II 1 BWahlG. Die Verteilung ist abhängig von den gewonnenen Zweitstimmen in dem jeweiligen Bundesland. Die danach auf eine Partei entfallenden Sitze werden auf die Liste verteilt, beginnend mit Listenplatz 1. Von diesen Sitzen sind gem. § 6 IV 1 BWahlG die gewonnenen Wahlkreise abzuziehen.

    > **Beispiel:** Darf eine Partei aufgrund ihrer gewonnenen Zweitstimmen 10 Sitze im Bundestag besetzen und hat 5 Wahlkreise gewonnen, kommen nicht die ersten 10 Kandidaten auf der Liste in den Bundestag, sondern nur die ersten 5.

    Probleme treten auf, wenn eine Partei mehr Wahlkreise gewinnt, als sie nach den gewonnenen Zweitstimmen Sitze im Parlament besetzen darf, weil dann die gewonnenen Wahlkreise nicht vollständig von den Listenplätzen abgezogen werden können. Die Partei hat gleichsam zu viele Wahlkreise gewonnen. Man spricht von sog. **Überhangmandaten**, vgl. § 6 IV 2 BWahlG.

    > **Beispiel:** Eine Partei darf aufgrund ihrer gewonnenen Zweitstimmen 10 Sitze im Bundestag besetzen, hat aber 11 Wahlkreise gewonnen.

    Um dieses Problem zu lösen gibt es eine 2. Stufe der Sitzverteilung.

- **2. Stufe der Sitzverteilung:**

    Die Parteien, die keine Überhangmandate gewinnen konnten, erhalten ab dem 4. Überhangmandat zusätzliche Sitze im Bundestag (sog. **Ausgleichsmandate**).

Weiterhin wird die Gesamtzahl der Sitze im Bundestag (an sich 598, § 1 I 1 BWahlG) so lange erhöht, bis jede Partei die in der 1. Stufe der Sitzverteilung ermittelte Sitzzahl zuzüglich der in der 1. Stufe noch auftretenden Überhangmandate erhält, § 6 V 1 BWahlG. Die erhöhte Gesamtzahl der Sitze im Bundestag wird sodann gem. § 6 VI 1 BWahlG auf die Parteien verteilt, und zwar abhängig von ihrem Zweitstimmenergebnis im gesamten Bundesgebiet. Danach steht fest, wie viele Sitze eine Partei insgesamt im Bundestag erhält (sog. **Oberverteilung**). Diese Sitze für eine Partei werden schließlich auf die Listen dieser Partei in den einzelnen Bundesländern verteilt, und zwar abhängig von den gewonnenen Zweitstimmen in den einzelnen Bundesländern, § 6 VI 2 BWahlG (sog. **Unterverteilung**); danach weiß die Partei, wie viele ihrer Abgeordneten aus Hamburg, NRW, Hessen etc. kommen. Von diesen Sitzen sind schließlich gem. § 6 VI 3 BWahlG die in dem jeweiligen Bundesland gewonnenen Wahlkreise abzuziehen.

Insgesamt betrachtet ist damit die **Zweitstimme** die **entscheidende Stimme**, weil sie letztlich bestimmt, wie viele Abgeordnete eine Partei in den Bundestag entsenden darf. Die Zweitstimme ist folglich **„Kanzlerstimme"**, d.h. sie entscheidet die Wahl und legt damit fest, welcher Kandidat Bundeskanzler wird.

Die **wichtigsten Vorschriften zum Bundestag** sind: **Art. 38, 40, 42, 44, 46 GG**.

1. Art. 38 GG

a) Art. 38 I 1 GG
Art. 38 I 1 GG enthält sie sog. **Wahlrechtsgrundsätze**. Sie legen fest, wie die Wahl zum Bundestag zu erfolgen hat.
Zu den Wahlrechtsgrundsätzen im Einzelnen:

- **allgemein**

  D Definition: Allgemeinheit der Wahl bedeutet, dass **alle Staatsbürger wählen dürfen**.

Es handelt sich um eine spezielle Ausprägung des allgemeinen Gleichheitsgebots des Art. 3 I GG. Daher ist eine Ungleichbehandlung möglich, wenn ein sachlicher Grund besteht, z.B. Art. 38 II, 55 I GG.

- **unmittelbar**

  ⓓ Definition: Unmittelbar ist die Wahl, wenn **kein weiterer Willensakt** zwischen der Entscheidung des Wählers und der Wahl des Kandidaten tritt.

  Daher ist ein **Wahlmännergremium**, wie es von der US-Präsidentschaftswahl bekannt ist, bei der Bundestagswahl **unzulässig**. Der Wähler muss zudem erkennen können, welche Personen sich um ein Bundestagsmandat bewerben. Deshalb müssen die Listen „starr" sein, d.h. sie dürfen nachträglich nicht verändert werden.

- **frei**

  ⓓ Definition: Frei ist die Wahl, wenn sie **frei von Zwang und unzulässigem Druck** erfolgt.

  Daher ist **Wahlwerbung im Wahllokal verboten. Zulässig** sind hingegen grundsätzlich **Wahlpropaganda und Wahlempfehlungen**. Das gilt **jedoch nicht für staatliche Stellen**, da ansonsten Steuergelder zweckentfremdet würden, um für eine Partei Werbung zu machen. Ferner würde diese Partei unzulässig gegenüber anderen Parteien bevorzugt, die mit ihr im politischen Wettbewerb stehen.
  Da zur Freiheit der Wahl auch gehört, nicht zu wählen, wäre die Einführung einer **Wahlpflicht unzulässig**.

- **gleich**

  ⓓ Definition: Die Gleichheit der Wahl verlangt, dass jedermann sein **Wahlrecht in möglichst gleicher Weise ausüben** kann.

  Ausprägungen der Wahlrechtsgleichheit sind:

  - **Zählwertgleichheit**
    D.h. jeder Wähler hat die **gleiche Stimmenzahl**.
    Absolute Gleichheit, d.h. jede Ungleichbehandlung ist unzulässig.

  - **Erfolgswertgleichheit**
    D.h. **jede Stimme** hat den **gleichen Einfluss** auf die Zusammensetzung des Bundestages.

Damit ist die sog. **5%-Klausel** gem. § 6 III 1 1. Fall BWahlG problematisch, weil die Zweitstimmen für eine Partei, die insgesamt nicht 5% der Zweitstimmen erreicht, „unter den Tisch fallen", also den Erfolgswert „Null" haben. Diese Ungleichbehandlung ist jedoch bei der **Bundestagswahl** und auch bei **Landtagswahlen gerechtfertigt**. Ohne die 5%-Hürde könnten nämlich so viele Parteien Sitze im Bundestag erlangen, dass dort keine stabilen Mehrheiten gebildet werden können und der Bundestag damit funktionsunfähig wird.

Hingegen ist jede Form einer Hürde **unzulässig** bei **Kommunalwahlen** und bei **Wahlen zum Europäischen Parlament**. Bei Kommunalwahlen werden nämlich nicht Gesetzgebungsorgane gewählt, sondern „nur" der Rat einer Gemeinde oder Stadt, der ein Exekutivorgan ist. Zudem würde die Funktionsunfähigkeit des Rates eine Gemeinde / Stadt nicht vollständig lahmlegen, weil der direkt gewählte Bürgermeister zumindest die Alltagsgeschäfte auch ohne Ratsbeschluss wahrnehmen kann. Bzgl. der Wahlen zum Europäischen Parlament ist zu beachten, dass es keine EU-Regierung gibt, die auf eine dauerhafte parlamentarische Mehrheit angewiesen ist.

- **geheim**

  D Definition: Geheim ist die Wahl, wenn die Stimmabgabe unter **Ausschluss der Öffentlichkeit** und in einem verschlossenen Umschlag erfolgt.

  Das umfasst auch die Pflicht, im Wahllokal nicht zu offenbaren, für wen die Stimme abgegeben wurde. Die **Briefwahl** und die Wahl durch Vertrauenspersonen ist vor diesem Hintergrund nur zulässig, weil sie der Steigerung der Wahlbeteiligung dienen, also den Wahlrechtsgrundsatz der Allgemeinheit der Wahl befördert, und wegen der strengen Anforderungen in §§ 57, 66 BWO.

Verstöße gegen die Wahlrechtsgrundsätze können gem. Art. 41 GG mittels eines **Wahlprüfungsverfahrens** gerügt werden. Detailregelungen zum Wahlprüfungsverfahren finden sich im Wahlprüfungsgesetz und in § 48 BVerfGG.

b) Art. 38 I 2 GG

Art. 38 I 2 GG verbürgt das sog. **freie Mandat** und ist gleichsam das **„Grundrecht der Abgeordneten"**. Aus dieser Vorschrift werden die **zentralen Rechtspositionen** der Bundestagsabgeordneten **abgeleitet**, und zwar:

Anwesenheit in den Sitzungen des Bundestages

Rederecht im Bundestag

Abstimmungsrecht

Fragerecht, insbes. gegenüber der Bundesregierung

Ausschussmitgliedschaft, weil dort die wesentlichen Entscheidungen fallen

Tagesordnungsanträge

Das freie Mandat ist nach dem Wortlaut des Art. 38 I 2 GG vorbehaltlos gewähr-leistet; auch Art. 38 III GG erlaubt keine Einschränkungen, sondern gestattet nur konkretisierende Regelungen des Wahlverfahrens bei der Wahl des Bundestages. Gleichwohl findet das freie Mandat **Grenzen**, und zwar **in kollidierendem Ver-fassungsrecht**. D.h. zum **Schutze anderer Rechtsgüter mit Verfassungsrang** darf in das freie Mandat eingegriffen werden. **Zudem** muss eine **Abwägung** zwi-schen dem freien Mandat und dem geschützten Rechtsgut erfolgen, wie sie bei der Verhältnismäßigkeitsprüfung stattfindet. Fällt diese Abwägung zugunsten des geschützten Rechtsguts aus, ist der Eingriff in das freie Mandat gerechtfertigt.

> **Beispiele:** Zulässig ist eine zeitliche Beschränkung des Fragerechts der Abgeordneten durch Festlegung sog. Fragestunden im Bundestag, um die Funktionsfähigkeit des Bundestages zu schützen; zulässig ist es, von einem Abgeordneten, der Mitglied einer Fraktion ist, ein Mindestmaß an Loyalität gegenüber den anderen Fraktionsmitgliedern einzufordern, indem er beispielsweise nicht ständig öffentlich die Politik der Fraktion kritisiert (sog. **Fraktionsdisziplin**); unzulässig ist es hingegen, dem Ange-ordneten wirtschaftliche Sanktionen anzudrohen, falls er die Fraktion ver-lässt (sog. **Fraktionszwang**).

Gerichtlich kann der Abgeordnete seine Rechte aus Art. 38 I 2 GG im Wege eines **Organstreitverfahrens** nach Art. 93 I Nr. 1 GG beim BVerfG durchsetzen.

2. Art. 40 GG

Gem. Art. 40 I 1 GG wählt der Bundestag seinen Präsidenten. Traditionell stellt die größte Fraktion des Bundestages den Präsidenten.

Gestützt auf Art. 40 I 2 GG gibt sich der Bundestag eine Geschäftsordnung (sog. **GO BT**), in der die Verfahrensabläufe im Bundestag geregelt sind. Insbesondere sieht die GO BT die Einrichtung von **Ausschüssen** vor (z.B. Innenausschuss), in denen die **eigentliche Sacharbeit** geleistet wird, da nicht jedes Thema im Bundestags-plenum mit allen 598 Abgeordneten besprochen werden kann. Die Ausschüsse sind ein **verkleinertes Abbild des Parlaments**, d.h. die Regierungsfraktionen haben auch in den Ausschüssen die Mehrheit, die Oppositionsfraktionen sind auch in den Ausschüssen in der Minderheit. Ansonsten könnten die Ausschüsse ihre zentrale Aufgabe, Beschlüsse des Bundestagsplenums vorzubereiten und es damit zu entlasten, nicht erfüllen.

> **Beispiel:** Hätten die Oppositionsfraktionen im Innenausschuss die Mehrheit und würden dort einen Beschluss erzwingen, den die Regierungsfraktionen ablehnen, würde das Bundestagsplenum, in dem die Regierungsfraktionen die Mehrheit haben, diesen Beschluss wieder kassieren.

Art. 40 II 1 GG weist dem Bundestagspräsidenten das Hausrecht und die Polizeigewalt im Gebäude des Bundestages zu. Er kann damit die notwendigen Maßnahmen treffen, um die Ordnung im Gebäude aufrecht zu erhalten, z.B. durch Entfernung von Störern während einer Bundestagsdebatte. Die Sitzungsgewalt des Bundestagspräsidenten, d.h. das Recht gegen Bundestagsabgeordnete vorzugehen (z.B. durch Entzug des Rederechts) folgt hingegen aus Art. 40 I 2 GG i.V.m. der GO BT.

3. Art. 42 GG

Die in **Art. 42 I 1 GG** vorgesehene Öffentlichkeit des Sitzungen des Bundestages ist **Ausfluss des Demokratieprinzips** nach Art. 20 II 1 GG, denn Demokratie bedeutet nicht nur Wahl durch das Volk, sondern auch **Kontrolle durch das Volk**. Das ist aber nur möglich, wenn das Wahlvolk die Diskussionen und die Entscheidungsfindung im Bundestag verfolgen kann. Wie bedeutsam diese öffentliche Kontrolle ist zeigt sich auch daran, dass die Öffentlichkeit gem. Art. 42 I 2 GG nur mit einer Zweidrittelmehrheit ausgeschlossen werden kann, z.B. bei geheimen Wahlen. Allerdings folgt aus Art. 42 I 1 GG kein unbeschränktes Zutrittsrecht zum Bundestagsgebäude. Dieses findet seine Grenzen in den räumlichen Kapazitäten und im oben beschriebenen Hausrecht des Bundestagspräsidenten nach Art. 40 II 1 GG.

Art. 42 II 1 GG verlangt für Beschlüsse des Bundestages nur die einfache bzw. relative Mehrheit, soweit es keine abweichende Regelung im Grundgesetz gibt (z.B. Art. 79 II GG). **Abgegebene Stimmen** i.S.v. Art. 42 II 1 GG sind dabei **keine Stimmenthaltungen**, weil diese sich ansonsten faktisch wie eine „Nein-Stimme" auswirken würden.

> **Beispiel:** Bei einem Beschluss des Bundestages gibt es 90 Ja-Stimmen, 80 Nein-Stimmen und 30 Enthaltungen; würden die Stimmenthaltungen berücksichtigt, wirkten sie wie Nein-Stimmen.

4. Art. 44 GG

Die in Art. 44 GG geregelten Untersuchungsausschüsse verbürgen ein **zentrales Oppositionsrecht**, weil sie einer Minderheit von einem Viertel die Möglichkeit eröffnen, Sachverhalte zu erforschen und damit ein **mutmaßliches Fehlverhalten der Bundesregierung öffentlich** zu **machen**.

Wie Art. 44 II 1 GG verdeutlicht, laufen die Maßnahmen und Verhandlungen eines Untersuchungsausschusses gerichtsähnlich ab, wobei der Untersuchungsausschuss aber kein Rechtsprechungsorgan ist, weil er am Ende seiner Untersuchungen kein rechtskräftiges Urteil spricht. Auch ist er kein Gesetzgebungsorgan, obwohl er ein Ausschuss des Bundestages ist, weil seine Aufgabe nicht darin besteht, ein Gesetz vorzubereiten. Ein Untersuchungsausschuss ist vielmehr **Teil der Verwaltung**, da er Sachverhalte untersucht und am Ende einen Untersuchungsbericht veröffentlicht.

Voraussetzungen für die Einsetzung eines Untersuchungsausschusses sind:

- Bestimmtheit des Untersuchungsauftrags, d.h. seine Zielrichtung muss erkennbar und er muss innerhalb der Wahlperiode abzuarbeiten sein.

- Der Untersuchungsauftrag darf von der parlamentarischen Mehrheit nur insoweit ergänzt werden, als dies erforderlich ist, um ein objektiveres und wirklichkeitsgetreueres Bild des angeblichen Missstandes zu vermitteln.

  > **Beispiel:** Die Opposition will bewusst nur Teile eines Sachverhalts untersuchen lassen, um die Regierung in ein schlechtes Licht zu rücken.

- Ein Untersuchungsausschuss des Bundes muss auf den Zuständigkeitsbereich des Bundes, ein Untersuchungsausschuss des Landes auf den Zuständigkeitsbereich des Landes beschränken.

  > **Beispiel:** Ein Untersuchungsausschuss des Bundestages zur Erforschung des Fehlverhaltens einer Landesregierung ist unzulässig.

- Die regierungsinterne, noch nicht abgeschlossene Willensbildung darf nicht ausgeforscht werden.

Zu einzelnen Untersuchungsmaßnahmen eines Untersuchungsausschusses:

- Den Beweisanträgen der Ausschussminderheit muss grundsätzlich Folge geleistet werden. Ausnahmen gelten nur, wenn die beantragte Beweiserhebung außerhalb des Untersuchungsauftrags liegt oder aus anderen Gründen rechtswidrig ist, ferner wenn sie lediglich der Verzögerung dient oder offensichtlich missbräuchlich ist.

- Werden einem Untersuchungsausschuss aus Gründen der Geheimhaltung Informationen verweigert, dann muss dies gegenüber den Parlamentariern detailliert begründet werden.

Art. 44 IV 1 GG stellt schließlich eine Ausnahme von der Rechtsweggarantie des Art. 19 IV GG dar, erfasst aber nur die verfahrensabschließenden Beschlüsse, also die Beschlüsse, mit denen das Ergebnis des Untersuchungsausschusses festgestellt wird.

5. Art. 46 GG

Art. 46 I GG sieht einen **persönlichen Strafausschließungsgrund** vor (sog. **Indemnität**), **Art. 46 II GG** statuiert ein **persönliches Strafverfolgungshindernis** (sog. **Immunität**). Damit ist der Schutz durch Art. 46 I GG besser als derjenige durch Art. 46 II GG, der nur begrenzt gilt. Ziel beider Regelungen ist es, die **Funktionsfähigkeit des Bundestages** zu wahren. Abgeordnete sollen nicht unter einem Vorwand strafverfolgt und dadurch die Mehrheitsverhältnisse im Bundestag beeinflusst werden.

II. Bundesrat, Art. 50 ff. GG

Durch den Bundesrat wirken gem. Art. 50 GG die Ländern an der Gesetzgebung und Verwaltung des Bundes und in Angelegenheiten der Europäischen Union mit. Beim Bundesrat handelt es sich daher um die sog. **Länderkammer**. Seine wichtigste Aufgabe ist die Mitwirkung an der Gesetzgebung. Näheres dazu im Abschnitt zur Gesetzgebung (Art. 70 ff. GG).
Im Gegensatz zum Bundestag, der sich zu jeder Bundestagswahl auflöst und neu bildet, ist der Bundesrat ein durchgehend existentes, gleichsam **„ewiges"** **Verfassungsorgan**.

Die **wichtigsten Vorschriften zum Bundesrat** sind: **Art. 51, 52 GG**.

1. Art. 51 GG

Der Bundesrat besteht gem. Art. 51 I 1 GG aus **Mitgliedern der Landesregierungen**, die nicht gewählt werden, sondern bestellt und abberufen werden. Daher ist der Bundesrat **keine „echte" zweite parlamentarische Kammer** neben dem Bundestag. Da es sich um Abgesandte der Exekutive handelt, haben sie nicht wie die Bundestagsabgeordneten ein freies Mandat, sondern sind weisungsabhängig (sog. **imperatives Mandat**). Das folgt im Umkehrschluss aus Art 53a I 3, 77 II 3 GG. Das **Stimmenverhältnis** im Bundesrat richtet sich gem. Art. 51 II GG nach der **Einwohnerstärke der Bundesländer**, wobei die kleinen Bundesländer im Verhältnis zu den großen Bundesländern überrepräsentiert sind, um ihnen einen ausreichenden Einfluss auf die Bundespolitik zu sichern.

> **Beispiel:** Das Einwohnerverhältnis von Bremen und NRW entspricht nicht dem Stimmenverhältnis 3 zu 6.

Art. 51 III 2 GG verlangt eine einheitliche Stimmabgabe im Bundesrat. Sollte ein Bundesland hiergegen **verstoßen**, werden seine **Stimmen** in der Auszählung **nicht berücksichtigt**.

2. Art. 52 GG

Gem. Art. 52 I GG wählt der Bundesrat seinen Präsidenten auf ein Jahr. In der Praxis findet kein Wahlkampf statt, sondern die Bundesländer haben vereinbart, die **Präsidentschaft reihum** gehen zu lassen, und zwar entsprechend der Einwohnerstärke. D.h. die erste Präsidentschaft liegt bei NRW, dann folgen Bayern, Baden-Württemberg, Niedersachsen usw. In dem Bundesland, das aktuell die Präsidentschaft innehat, finden die **offiziellen Feierlichkeiten** am **Tag der Deutschen Einheit** statt.

Gem. Art. 52 III 1 GG fasst der Bundesrat seine Beschlüsse mit der Mehrheit seiner Stimmen. Gemeint ist damit die **absolute Mehrheit**, also 50% plus eine Stimme. Folglich sind die Anforderungen an eine Mehrheit im Bundesrat höher als im Bundestag, bei dem gem. Art. 42 II 1 GG die einfache Mehrheit genügt.

III. Gemeinsamer Ausschuss, Art. 53a GG

Der Gemeinsame Ausschuss setzt sich gem. Art. 53a I 1 GG aus Abgeordneten des Bundestages und Mitgliedern des Bundesrates zusammen und ist - entgegen seiner Bezeichnung - kein bloßer Ausschuss, sondern ein Verfassungsorgan. Er nimmt unter den Voraussetzungen des Art. 115e GG im **Verteidigungsfall** die **Aufgaben von Bundestag und Bundesrat** wahr. Mit dem Gemeinsamen Ausschuss soll gewährleistet sein, dass auch in einem absoluten Krisenfall die Bundesregierung einer parlamentarischen Kontrolle unterliegt.

IV. Bundespräsident, Art. 54 ff. GG

Der Bundespräsident ist das **Staatsoberhaupt** der Bundesrepublik Deutschland **und** ein **eigenständiges Verfassungsorgan**. Er ist **grundsätzlich Teil der Exekutive**, gehört aber **ausnahmsweise bei** der **Ausfertigung und Verkündung von Bundesgesetzen** nach Art. 82 I 1 GG zur **Legislative**. Seine Aufgaben und Befugnisse liegen in der **Repräsentation des Staates**, insbesondere nach außen. Nach innen kommt ihm eine **Integrationsfunktion** zu, d.h. er soll zur Einheit der Gesellschaft beitragen. Eine Mitwirkung an der politischen Staatsleitung ist ihm - in bewusster Abkehr zum Reichspräsidenten nach der Weimarer Verfassung - versagt, was eine Zurückhaltung in politischen Fragen und eine parteipolitische Neutralität zur Folge hat. Allerdings kommen dem Bundespräsidenten gewisse politische Entscheidungsbefugnisse in „Krisenzeiten" zu, z.B. Art. 63 IV 3, 68 I 1 GG (sog. **Reservefunktion des Bundespräsidenten**).

Die **wichtigsten Vorschriften zum Bundespräsidenten** sind: **Art. 54, 57, 58, 59 GG**.

1. Art. 54 GG

Der Bundespräsident wird **nicht direkt vom Volk, sondern** gem. Art. 54 I 1 GG **von** der **Bundesversammlung gewählt**. Eine Direktwahl durch das Volk würde dem Bundespräsidenten nämlich eine bessere demokratische Legitimation verleihen als dem Bundeskanzler, der gem. Art. 63 I GG „nur" vom Bundestag gewählt wird. Das wäre mit der repräsentativen Funktion des Bundespräsidenten schwer zu vereinbaren.

Eine **Abwahlmöglichkeit** eröffnet das Grundgesetz **nicht, sondern** sieht in Art. 61 GG nur ein gerichtliches Amtsenthebungsverfahren vor (sog. **Präsidentenanklage**), das sehr strengen Anforderungen unterliegt.

Die Bundesversammlung ist ein eigenständiges Verfassungsorgan und setzt sich gem. **Art. 54 III GG** aus den Mitgliedern des Bundestages und einer gleichen Anzahl von Mitgliedern zusammen, die von den Volksvertretungen der Länder gewählt werden. Diese von den Bundesländern entsandten Mitglieder müssen keine Abgeordneten der Landesparlamente sein; vielmehr können die Landesparlamente in die Bundesversammlung entsenden, wen sie wollen.

Gewählt wird gem. Art. 54 I 1 GG „ohne Aussprache". Das soll eine die Autorität des künftigen Bundespräsidenten möglicherweise gefährdende Personaldiskussion verhindern.

Der vom gewählten Kandidaten abzulegende **Amtseid** folgt aus **Art. 56 GG**. Mit dem Amtsantritt ist der Bundespräsident der umfassenden Inkompatibilitätsvorschrift des Art. 55 GG unterworfen, die seine Unabhängigkeit und Integrität sichern soll.

2. Art. 57 GG

Der **Bundespräsident wird** im Falle seiner Verhinderung (z.B. Krankheit, Urlaub) oder vorzeitiger Erledigung des Amtes (z.B. Rücktritt) - entgegen eines weit verbreiteten Irrtums - nicht **durch** den Bundestagspräsidenten, sondern durch den **Bundesratspräsidenten** (bei dessen Verhinderung durch den ersten Vizepräsidenten des Bundesrates) **vertreten**. Der Bundesratspräsident nimmt dann alle Befugnisse des Bundespräsidenten wahr.

3. Art. 58 GG

Die in Art. 58 S. 1 GG vorgesehene **Gegenzeichnungspflicht** bringt besonders deutlich die vorwiegend repräsentative Stellung des Bundespräsidenten zum Ausdruck. Mit der Gegenzeichnungspflicht soll ihm eine **eigenständige Politik verwehrt** werden. Andererseits nimmt ihn die Gegenzeichnung aus der „politischen Schusslinie", weil mit der Gegenzeichnung der Gegenzeichnende die politische Verantwortung übernimmt.

Erfasst werden von Art. 58 S. 1 GG richtigerweise aber nicht alle öffentlichen **Handlungen** und Äußerungen des Bundespräsidenten, sondern nur solche, **die Rechtswirkungen haben** (z.B. Ausfertigung eines Gesetzes). Denn das Wort „Verfügungen" steht typischerweise für Handlungen, die Rechtswirkungen haben. „Gültig" können zudem nur Rechtsakte sein.

4. Art. 59 GG

Art. 59 I GG verdeutlicht die Stellung des Bundespräsidenten als Staatsoberhaupt. Die für die „Gesetzgebung zuständigen Körperschaften" nach **Art. 59 II 1 GG** sind der Bundestag und der Bundesrat. Sie müssen bestimmten völkerrechtlichen Verträgen per Gesetz zustimmen (sog. **Vertragsgesetz**), damit der Vertrag wirksam wird. Aus dieser Regelung folgt im **Umkehrschluss**, dass die **Außenpolitik grundsätzlich Sache der Bundesregierung** ist bzw. der Bundestag sie in diesem Bereich rechtlich nicht binden kann.

Zu den **Merkmalen des Art. 59 II 1 GG**:

* „Politische Beziehungen des Bundes"

  Ⓓ **Definition:** Damit sind Verträge gemeint, die die grundsätzliche Stellung Deutschlands in der Völkergemeinschaft betreffen (quasi „Basis-Verträge"), z.B. Beitritt zur UNO, Gründung der EU.

* „Gegenstände der Bundesgesetzgebung"

  Ⓓ **Definition:** Das verlangt, dass der Inhalt des völkerrechtlichen Vertrages so wesentlich ist, dass er innerstaatlich nur per Gesetz des Bundestages oder eines Landtages geregelt werden könnte.

  Beispiel: Ein völkerrechtlicher Vertrag sieht erhebliche Eingriffe in Grundrechte vor.

Es geht also nicht um die Abgrenzung der Bundes- von der Landesgesetzgebung gem. Art. 70 ff. GG, sondern darum, was die Verwaltung alleine regeln darf und wann sie einer gesetzlichen Grundlage bedarf.

Zu beachten ist, dass auch jede Änderung dieser Verträge wiederum der parlamentarischen Zustimmung bedarf, z.B. jede Änderung der Verträge im Europarecht.

V. Bundesregierung, Art. 62 ff. GG

Die Bundesregierung ist ein Verfassungsorgan und **oberstes Organ der Exekutive**. Sie setzt sich gem. Art. 62 GG aus Bundeskanzler und Bundesministern zusammen, ist also ein Kollegialorgan. Keine Mitglieder der Bundesregierung sind demnach die Staatssekretäre.

Die Bundesregierung ist allerdings **nicht** eine **reine Verwaltungsbehörde**, auch wenn sie zur Exekutive gehört. **Vielmehr** steht ihr **auch** die **politische Staatsleitung** zu, d.h. sie setzt die Politik der Regierungsparteien und -fraktionen durch Gesetzentwürfe und andere Maßnahmen um.

Die **wichtigsten Vorschriften zur Bundesregierung** sind: **Art. 63 und 64, 65, 67 und 68 GG**.

1. Art. 63 und 64 GG

Art. 63 GG regelt die **Wahl des Bundeskanzlers**, der **nicht direkt vom Volk**, sondern vom Bundestag gewählt wird. Das ist einer der Gründe, warum ein **funktionsfähiger Bundestag von zentraler Bedeutung** ist: ohne funktionsfähigen Bundestag keine Wahl des Bundeskanzlers und damit auch keine Bundesregierung. Art. 63 I GG sieht keine Aussprache vor, d.h. die Wahl erfolgt ohne vorherige Debatte. Das soll eine die Autorität des künftigen Bundeskanzlers möglicherweise gefährdende Personaldiskussion verhindern.

Für die Wahl gilt gem. **Art. 63 II 1 GG** ein „verschärftes" **Mehrheitserfordernis**, das in Art. 121 GG konkretisiert wird. Danach muss der Kanzlerkandidat die absolute Mehrheit (50% plus eine Stimme) der gesetzlichen Zahl der Mitglieder des Bundestages erreichen, also unter Zugrundlegung der Mindestmitgliederzahl von 598 (§ 1 I 1 BWahlG) müssen 300 Abgeordnete für den Kanzlerkandidaten stimmen.

Kommt die Wahl im ersten Wahlgang nicht zustande, kann gem. Art. 63 III GG vierzehn Tage lang versucht werden, den Bundeskanzler in weiteren Wahlgängen zu wählen. Die Anzahl der Wahlgänge ist dabei gesetzlich nicht begrenzt.

Nach Ablauf der vierzehn Tage findet gem. **Art. 63 IV 1 GG** ein letzter Wahlgang statt, in dem die **einfache Mehrheit** zur Wahl **genügt**. Hat der Gewählte allerdings die absolute Mehrheit erreicht, muss der Bundespräsident ihn gem. Art. 63 IV 2 GG ernennen, denn dann hat der Gewählte ja so viele Stimmen erhalten, dass es für ihn auch schon im ersten Wahlgang gereicht hätte. Erreicht der Gewählte hingegen nur die relative Mehrheit, kann der Bundespräsident ihn gem. **Art. 63 IV 3 GG** ernennen oder den **Bundestag auflösen**. Der Bundespräsident wird seine Entscheidung davon abhängig machen, ob der Gewählte eine dauerhafte stabile Mehrheit der Abgeordneten hinter sich hat.

Nach **Art. 64 I GG** werden die **Bundesminister** im Gegensatz zum Bundeskanzler **nicht gewählt, sondern ernannt**. Der **Bundeskanzler hat** somit die **bessere demokratische Legitimation**, was der Grund für seine herausgehobene Stellung in der Bundesregierung ist. Wie sehr die Bundesminister vom Bundeskanzler abhängig sind, zeigt Art. 69 II GG, wonach das Amt eines Bundesministers stets endet, wenn der Bundeskanzler sein Amt verliert.

Der **Bundespräsident** darf bei Ernennung der Minister nach Art. 64 I GG nur prüfen, ob sie die rechtlichen Voraussetzungen für das Ministeramt erfüllen, z.B. Art. 66 GG (sog. **rechtliches Prüfungsrecht**). Ihm steht hingegen keine Beurteilung ihrer politischen Fähigkeiten zu (sog. **politisches Prüfungsrecht**). Das würde seiner repräsentativen Funktion sowie dem Umstand widersprechen, dass der Bundeskanzler die Verantwortung für die Politik der Bundesregierung trägt und damit auch frei entscheiden kann, mit wem er diese Politik gestaltet.

2. Art. 65 GG

Art. 65 GG trifft grundsätzliche **Aussagen zu den Verhältnissen innerhalb der Bundesregierung** und zum Zusammenwirken von Kanzler und Minister.

- **Richtlinienkompetenz und Ressortprinzip, Art. 65 S. 1, 2 GG:**
  Sie greifen ineinander. Da der Bundeskanzler mit den Richtlinien der Politik deren Grundsätze festlegt, bedarf er seiner Minister, die diese Grundsätze eigenverantwortlich umsetzen. Der Bundeskanzler hat den Entscheidungsspielraum der Minister zu respektieren, kann sie also nicht zu „Frühstücksdirektoren" degradieren.
  Aus Art. 65 S. 2 GG folgt das **Recht** der Bundesminister, **Öffentlichkeitsarbeit zu leisten.** Daraus soll auch die Befugnis abzuleiten sein, bei länderübergreifenden Sachverhalten die **Bevölkerung zu informieren und zu warnen.**

  Beispiel: Bundesminister informiert über einen Lebensmittelskandal.

- **Kollegialprinzip, Art. 65 S. 3 GG:**
  Fordert ein **einheitliches Auftreten nach außen**, um die Beschlüsse der Bundesregierung effektiv umzusetzen, auch wenn innerhalb der Bundesregierung gestritten wurde. Kann zu Spannungen mit Art. 38 I 2 GG führen, wenn ein Minister als Abgeordneter gegen einen solchen Beschluss der Bundesregierung vorgehen will. Hier geht das Kollegialprinzip vor, solange der Betreffende Mitglied der Bundesregierung ist. Er kann sich dieser Bindung durch Rücktritt entziehen.

- **Geschäftsführungsprinzip, Art. 65 S. 4 GG:**
  Zeigt neben der Richtlinienkompetenz die herausgehobene Stellung des Bundeskanzlers gegenüber den Ministern. Der **Bundeskanzler** ist bei der Verteilung der Geschäfte auf die Minister rechtlich weitgehend frei, d.h. er **kann Ministerien schaffen, auflösen und zusammenlegen sowie ihren Geschäftsbereich verändern. Grenzen** können ihm nur **andere Verfassungsnormen** setzen, z.B. Art. 65a, 96 II 4, 112 S. 1 GG, die zwingend ein Verteidigungs-, Justiz- und Finanzministerium vorsehen.

3. Art. 67 und 68 GG

Art. 67 GG regelt das sog. **konstruktive Misstrauensvotum.** Das „konstruktive" an diesem Misstrauensvotum ist, dass zugleich mit der Abwahl des alten Bundeskanzlers ein neuer Bundeskanzler gewählt wird (Gegenbegriff: Destruktives Misstrauensvotum). Es kommt jedoch nicht zu einer Auflösung des Bundestages.

Eine Auflösung des Bundestages ist hingegen möglich, wenn dem Bundeskanzler gem. **Art. 68 I 1 GG** das Misstrauen ausgesprochen wird. Die **Vertrauensfrage** soll eigentlich das Ziel verfolgen, die Reihen in den Regierungsfraktionen zu schließen, da den Abgeordneten bei einem Scheitern der Vertrauensfrage der Verlust ihres Bundestagsmandats droht. Jedoch kann die Vorschrift nach ihrem Wortlaut auch dazu genutzt werden, zu einem Zeitpunkt, der den Regierungsfraktionen günstig erscheint, die Auflösung des Bundestages und damit Neuwahlen zu provozieren.

> **Beispiel:** In Absprache mit den Regierungsfraktionen stellt der Bundeskanzler die Vertrauensfrage mit dem Ziel, diese zu verlieren, da er sich aufgrund guter Werte in den Meinungsumfragen einen Erfolg bei den Neuwahlen ausrechnet (sog. **unechte bzw. auflösungsgerichtete Vertrauensfrage**).

Eine derartige Handhabung des Art. 68 GG würde quasi „durch die Hintertür" ein Selbstauflösungsrecht des Bundestages begründen, das die Mütter und Väter des Grundgesetzes bewusst nicht ermöglichen wollten. Um dies zu verhindern, hat das BVerfG in Art. 68 I 1 GG eine **ungeschriebene Voraussetzung** verankert, die **politisch instabile Lage.** Das bedeutet, die Bundesregierung darf keine dauerhafte Mehrheit im Bundestag mehr haben. Allerdings wird dem **Bundeskanzler** bei der Einschätzung der Mehrheitsverhältnisse im Bundestag ein **weiter Einschätzungsspielraum** zugestanden, der erst überschritten ist, wenn eindeutig feststeht, dass die Bundesregierung noch eine dauerhafte Mehrheit im Bundestag hat. Für die Annahme einer politisch instabilen Lage genügt sogar eine sog. **verdeckte Minderheitssituation,** d.h. der Verlust der Mehrheit muss noch nicht nach außen durch Abstimmungsniederlagen zutage getreten sein, sondern lediglich aufgrund interner Unstimmigkeiten drohen.

Letztlich ist ein Verfassungsverstoß daher nur anzunehmen, wenn ein Missbrauch des Auflösungsrechts vorliegt, wie er im obigen Beispiel beschrieben ist.

C. Gesetzgebung / Legislative, Art. 70 ff. GG (sog. erste Gewalt)

Art. 70 ff. GG regeln die **Gesetzgebung**, auch **Legislative oder erste Gewalt** genannt. Dass es sich bei der Gesetzgebung um die erste Gewalt handelt, folgt aus Art. 1 III, 20 II 2 GG, die die Gesetzgebung an erster Stelle nennen.

Die Art. 70 ff. GG lassen sich unterteilen in:

• Gesetzgebungsbefugnisse bzw. -kompetenzen, Art. 70-74 GG
• Gesetzgebungsverfahren, Art. 76-82 GG

I. Gesetzgebungsbefugnisse, Art. 70-74 GG

Das **Recht zur Gesetzgebung** steht gem. **Art. 70 I GG grundsätzlich** den **Bundesländern** zu. Der Bund darf Gesetze nur erlassen, wenn das Grundgesetz ihm dies gestattet. Damit wiederholt und konkretisiert Art. 70 I GG die grundsätzliche Verteilung der Wahrnehmung der staatlichen Aufgaben in Art. 30 GG.

Eine ausdrückliche Zuweisung des Gesetzgebungsrechts an den Bund erfolgt durch Art. 70 II, 72-74 GG. Danach steht dem Bund in bestimmten Fällen das Recht zur ausschließlichen und zur konkurrierenden Gesetzgebung zu.

1. Ausschließliche Gesetzgebung des Bundes

Liegt das ausschließliche Gesetzgebungsrecht beim Bund, dürfen die Länder gar nicht gesetzgeberisch tätig werden, es sei denn, der Bund hat sie dazu ausdrücklich ermächtigt, Art. 71 GG.

Wann dem Bund das ausschließliche Gesetzgebungsrecht zusteht, ist nicht in Art. 71 GG geregelt, sondern in **Art. 73 I, 105 I GG**. Ferner liegt eine ausschließliche Kompetenz des Bundes vor, wenn das **Grundgesetz ausdrücklich ein Bundesgesetz fordert, z.B. in Art. 4 III 2 GG**. Die Vorschriften, die dem Bund das Gesetzgebungsrecht zuweisen, werden auch Kompetenztitel genannt.

2. Konkurrierende Gesetzgebung des Bundes

Im Falle eines konkurrierenden Gesetzgebungsrechts des Bundes dürfen die Länder Gesetze erlassen, solange und soweit der Bund noch nicht tätig geworden ist, Art. 72 I GG.

„Solange" ist eine **zeitliche Sperrwirkung**, die eintritt, sobald das Bundesgesetz vom Bundespräsidenten ausgefertigt und verkündet wurde.

„Soweit" ist eine **inhaltliche Sperrwirkung**. Hier ist zu prüfen, ob der Bund von seiner Gesetzgebungskompetenz abschließend Gebrauch machen wollte oder ob den Ländern daneben noch Gesetzgebungsrechte verbleiben sollten.

Wann dem Bund das konkurrierende Gesetzgebungsrecht zusteht, ist nicht in Art. 72 GG geregelt, sondern in **Art. 74, 105 II i.V.m. Art. 106 GG**.

Nach **Art. 72 II GG** sind bei Vorliegen bestimmter Nummern (Kompetenztiteln) des Art. 74 I GG zusätzliche Anforderungen zu erfüllen:

- **Herstellung gleichwertiger Lebensverhältnisse**

  D **Definition:** Diese Voraussetzung ist erfüllt, wenn ohne ein Bundesgesetz die Gefahr droht, dass sich die **Lebensverhältnisse im Bundesgebiet in erheblicher Weise auseinander entwickeln**.

  Beispiel: Einheitliche Regelung der Sozialversicherung durch Bundesgesetz, um z.B. Unterschiede in der Sozialhilfe zu verhindern.

- **Wahrung der Rechtseinheit**

  D **Definition:** Die Wahrung der Rechtseinheit gebietet ein Bundesgesetz, wenn ohne ein solches Gesetz eine **unzumutbare Behinderung des länderübergreifenden Rechtsverkehrs** droht.

  Beispiel: Ein bundesweit einheitliches Straßenverkehrsrecht ist erforderlich, um zu verhindern, dass z.B. in Bayern Linksverkehr und im Rest der Republik Rechtsverkehr droht.

- **Wahrung der Wirtschaftseinheit**

  D **Definition:** Diese Variante ist einschlägig, wenn ohne ein Bundesgesetz eine **Gefährdung der Funktionsfähigkeit der Gesamtwirtschaft droht**.

  Beispiel: Es muss per Bundesgesetz sichergestellt werden, dass Ausbildungsabschlüsse in ganz Deutschland anerkannt werden, unabhängig davon, ob sie in Hamburg, NRW, Niedersachsen oder einem anderen Bundesland erworben wurden.

Alle diese **Varianten** setzen gem. Art. 72 II GG **zusätzlich** eine **„Erforderlichkeit"** voraus. Das bedeutet, der **Bund muss nachvollziehbar darlegen, welche Ziele** er mit dem Gesetz **erreichen** will **und warum** dies **nur durch** eine **bundeseinheitliche Regelung möglich** ist. Der Bund muss zudem den zugrunde liegenden

Sachverhalt sorgfältig ermitteln. Prognosen für die Zukunft müssen auf einem angemessenen Prognoseverfahren beruhen. Sollte sich herausstellen, dass das angestrebte Ziel mit dem Gesetz nicht erreicht werden kann, muss der Bundesgesetzgeber nachbessern. Folglich muss die „Erforderlichkeit" fortdauernd vorliegen und nicht nur bei Erlass des Gesetzes.

Weiterhin ist im Bereich der konkurrierenden Gesetzgebungsbefugnis des Bundes die sog. **Abweichungskompetenz** nach **Art. 72 III GG** zu beachten. Danach können die Länder in bestimmten Fällen von Bundesgesetzen abweichen. Das soll es ihnen ermöglichen, auf spezielle Verhältnisse vor Ort zu reagieren.

3. Ungeschriebene Kompetenzen des Bundes

Jenseits der ausdrücklich geregelten Gesetzgebungsbefugnisse des Bundes stehen ihm auch noch sog. ungeschriebene Gesetzgebungskompetenzen zu. Sie **vervollständigen** die **geschriebenen Befugnisse** und dienen dazu, **Regelungslücken** zu **schließen**. Mit den ungeschriebenen Kompetenzen ist zurückhaltend umzugehen, da eine allzu großzügige Handhabung die Kompetenzverteilung zwischen Bund und Ländern leicht zum Nachteil der Länder verändert und damit die Grundregel des Art. 70 I GG aushebeln könnte.

Anerkannte ungeschriebene Gesetzgebungsbefugnisse sind:

- **Kompetenz kraft Natur der Sache**
  Sie ist einschlägig, wenn ein **Landesgesetz denkgesetzlich ausgeschlossen** ist **und** es besteht ein **zwingendes Erfordernis für** eine **bundesrechtliche Regelung**.

  > **Beispiel:** Eine gesetzliche Festlegung der Nationalhymne könnte nur durch den Bund erfolgen.

- **Annexkompetenz bzw. Kompetenz kraft Sachzusammenhang**
  Hiernach darf der Bund einen **nicht ausdrücklich zugewiesenen Sachbereich regeln**, wenn er **ansonsten** von einem **Kompetenztitel nicht sinnvoll Gebrauch machen** kann.

  > **Beispiel:** Schaffung der Bundeswehruniversitäten durch ein Bundesgesetz als Annexkompetenz bzw. Kompetenz kraft Sachzusammenhang zu Art. 73 I Nr. 1 GG („Verteidigung"); Regelung des Einsatzes von Kampfflugzeugen zur Gewährleistung der Sicherheit im deutschen Luftraum als Annex bzw. Kompetenz kraft Sachzusammenhang zu Art. 73 I Nr. 6 GG.

Eine Unterscheidung zwischen Annexkompetenz und Kompetenz kraft Sachzusammenhang nimmt das BVerfG inzwischen nicht mehr vor.

II. Gesetzgebungsverfahren, Art. 76-82 GG

Das Gesetzgebungsverfahren ist in Art. 76-82 GG geregelt. **Die zentralen Vorschriften** sind **Art. 76-78 und 82 GG**. **Art. 76 und 77 GG** regeln das **Einleitungs- und Hauptverfahren**, **Art. 82 GG** den **Abschluss** des Gesetzgebungsverfahrens. Art. 78 GG teilt mit, wann ein vom Bundestag beschlossenes Gesetz zustande gekommen ist.

Art. 79 GG wurde im Zusammenhang mit den Verfassungsprinzipien erläutert und legt fest, unter welchen Voraussetzungen das Grundgesetz geändert werden kann bzw. welche Bestandteile des Grundgesetzes jeder Verfassungsänderung entzogen sind (Art. 79 III GG, sog. Ewigkeitsklausel).

Art. 80 GG macht Vorgaben für den **Erlass von Rechtsverordnungen**, also von Gesetzen, die von der Exekutive erlassen werden. Es handelt sich folglich um eine Durchbrechung des Gewaltenteilungsprinzips, wonach Gesetze von der Legislative zu erlassen sind. Im Gegensatz zu den Satzungen geht es bei Rechtverordnungen nicht um Selbstverwaltungsangelegenheiten, sondern um **staatliche Aufgaben**, die eine Behörde per Gesetz regelt.

1. Einleitungsverfahren, Art. 76 GG

Art. 76 I GG bestimmt, wer ein Gesetzesverfahren einleiten darf. Das Merkmal **„Mitte des Bundestages"** erfasst **auch** den **einzelnen Abgeordneten**, da zu seinen zentralen Rechten aus Art. 38 I 2 GG das Recht gehört, sich aktiv am Gesetzgebungsverfahren zu beteiligen.

Art. 76 GG sieht ferner bereits in diesem frühen Verfahrensstadium Beteiligungsrechte des Bundesrates (Art. 76 II GG) und der Bundesregierung (Art. 76 III GG) vor.

2. Hauptverfahren, Art. 77 GG

Art. 77 GG legt fest, wie die Bundesgesetze beschlossen werden. Zunächst entscheidet der Bundestag, danach der Bundesrat.

a) Beschluss im Bundestag

Zum Beschluss des Bundestages findet sich nur in Art. 77 I 1 GG eine Regelung und die sagt inhaltlich fast nichts. **Details** sind stattdessen in der auf Art. 40 I 2 GG gestützten Geschäftsordnung des Bundestages (**GO BT**) verankert. Besonders wichtig sind dabei folgende Regelungen:

- **Beschlussfähigkeit, § 45 GO BT**
Setzt nach § 45 I GO BT die Anwesenheit der Hälfte der Abgeordneten voraus. Die Beschlussfähigkeit **wird gem.** § 45 II 1 GO BT jedoch **vermutet**, solange die Beschlussunfähigkeit nicht ausdrücklich festgestellt wird. Dies ist kein Verstoß gegen die Grundsätze der repräsentativen Demokratie (Art. 20 II, 38 I 1 GG), da die Parlamentarier im Gesetzgebungsverfahren ausreichend mitwirken können, auch wenn sie an der Schlussabstimmung nicht teilnehmen.

- **Anzahl der Beratungen, § 78 GO BT**
Grundsätzlich sind gem. § 78 I GO BT bei Gesetzentwürfen drei Beratungen durchzuführen. Da dies jedoch **im Grundgesetz nicht zwingend vorgegeben** ist, die GO BT im Rang unter dem GG steht und auch bei nur einer oder zwei Beratungen die Mitwirkungsmöglichkeiten der Abgeordneten gewahrt sind, führt ein Verstoß gegen § 78 I GO BT nicht zu einem Verfassungsverstoß.

b) Beschluss im Bundesrat

Der Beschluss im Bundesrat ist in **Art. 77 II a, III GG** geregelt. Danach ist zwischen **Zustimmungsgesetzen** (Art. 77 II a GG) und **Einspruchsgesetzen** (Art. 77 III GG) zu unterscheiden:
Bei Zustimmungsgesetzen muss der Bundesrat zustimmen, anderenfalls kommt das Gesetz nicht zustande. Bei Einspruchsgesetzen kann der Bundesrat zwar Einspruch einlegen und damit das Gesetzgebungsverfahren verzögern, er kann das Gesetz aber nicht verhindern, weil sich der Bundestag gem. Art. 77 IV GG über den Einspruch hinwegsetzen kann.
Grundsätzlich sind alle Gesetze **Einspruchsgesetze**. Ein **Zustimmungsgesetz** liegt **nur** vor, wenn dies im **Grundgesetz ausdrücklich angeordnet** ist, z.B. in Art. 73 II, 74 II, 79 II GG. Enthält ein Gesetz zustimmungspflichtige Teile und andere Teile, die dem Bundesrat nur ein Einspruchsrecht geben, ist es insgesamt zustimmungspflichtig. Damit wird aus Gründen der Rechtssicherheit vermieden, dass der Bundesrat einen Teil des Gesetzes verhindert und dadurch ein „Teilgesetz" (auch „Gesetzestorso" genannt) zustande kommt.
Können sich Bundestag und Bundesrat nicht einigen, gibt es als **„Streitschlichtungsorgan"** den **Vermittlungsausschuss** nach **Art. 77 II GG**. Er kann Kompromisse zwischen Bundestag und Bundesrat ausloten und ist daher mit Mitgliedern beider Gesetzgebungsorgane besetzt. Angerufen wird der Vermittlungsausschuss grundsätzlich gem. Art. 77 II 1 GG vom Bundesrat. Liegt jedoch ausnahmsweise ein Zustimmungsgesetz vor, können auch die Bundesregierung und der Bundesrat gem. Art. 77 II 4 GG die Einberufung verlangen.

3. Ausfertigung und Verkündung des Gesetzes, Art. 82 I 1 GG

Gem. Art. 82 I 1 GG findet das Gesetzgebungsverfahren seinen Abschluss mit der **Ausfertigung und Verkündung des Gesetzes durch** den **Bundespräsidenten. Ab diesem Zeitpunkt** ist das Bundesgesetz **existent** und kann auch vor Gericht angegriffen werden. **Unerheblich** ist hingegen der **Zeitpunkt des Inkrafttretens** des Gesetzes, dessen Zeitpunkt durchaus erheblich hinter demjenigen der Ausfertigung und Verkündung liegen kann.

Fraglich ist, ob der Bundespräsident auch solche Gesetze ausfertigen und verkünden muss, die seiner Meinung nach verfassungswidrig sind. Das setzt voraus, dass ihm ein **Prüfungsrecht** zusteht, er das Gesetz also auf seine Verfassungswidrigkeit überprüfen darf. Darf er das Gesetz nämlich nicht überprüfen, dann darf er auch die Ausfertigung und Verkündung nicht verweigern. Hinsichtlich seines Prüfungsrechts ist zu differenzieren:

- **Formelles Prüfungsrecht**

  Dieses umfasst die Prüfung von **Gesetzgebungsbefugnis und Gesetzgebungsverfahren**.

  Dieses Prüfungsrecht **steht dem Bundespräsidenten zu**, da er gem. Art. 82 I 1 GG nur die nach dem Grundgesetz „zustande gekommenen", also formell verfassungsmäßigen Gesetze ausfertigen muss. Zudem ist es sinnvoll, wenn am Ende des Gesetzgebungsverfahrens mit dem Bundespräsidenten eine neutrale Instanz die formelle Seite der Gesetzgebung überprüft.

- **Materielles Prüfungsrecht**

  Dieses umfasst die Prüfung der **materiellen Verfassungsmäßigkeit des Gesetzes** (z.B. Verstoß gegen die Verfassungsprinzipien oder die Grundrechte). Hier **prallt** die **Gesetzesbindung des Bundespräsidenten aus Art. 20 III GG auf** seine eher **repräsentative Funktion**. Zudem soll der Bundespräsident die Ausfertigung der Gesetze nicht dazu nutzen dürfen, politisch unliebsame Gesetze zu stoppen. Daher steht ihm nach ein materielles **Prüfungsrecht nur bei evidenter materieller Verfassungswidrigkeit** zu.

D. Verwaltung / Exekutive, Art. 83 ff. GG (sog. zweite Gewalt)

Art. 83 ff. GG regeln die **Verwaltung**, auch **Exekutive oder zweite Gewalt** genannt. Dass es sich bei der Exekutive um die zweite Gewalt handelt, folgt aus Art. 1 III, 20 II 2 GG, die die Gesetzgebung an zweiter Stelle nennen.

Art. 83 ff. GG beschäftigen sich nur mit der **Ausführung der Bundesgesetze**, sagen also zur Ausführung von Landesgesetzen nichts, weil das in die Kompetenz der Länder fällt, die ihre Gesetze immer mit eigenen Behörden ausführen.

Zu der Ausführung der Bundesgesetze formulieren **Art. 83, 84 GG** einen **Grundsatz** und **Art. 85, 86 GG** die **Ausnahmen**.

I. Grundsatz, Art. 83, 84 GG

Bundesgesetze werden gem. Art. 83, 84 GG durch die **Länder als eigene Angelegenheit** ausgeführt. D.h. die Länder regeln grundsätzlich das Verwaltungsverfahren und die Zuständigkeit der Behörden, Art. 84 I 1 GG. Trifft der Bund dazu Regelungen, können die Länder gem. Art. 84 I 2, 3 GG davon abweichen.

Dem **Bund** steht gem. Art. 84 III 1 GG **nur** eine **Rechtsaufsicht** zu, er darf also nur kontrollieren, ob die Länder rechtmäßig gehandelt haben, nicht hingegen, ob das Handeln der Länder auch zweckmäßig ist. Ein **generelles Weisungsrecht** besitzt der Bund weiterhin **nicht**, sondern nur ein im Einzelfall per Gesetz verliehenes, vgl. Art. 84 IV, V GG.

II. Ausnahmen

Ausnahmen sehen **Art. 85 GG (Bundesauftragsverwaltung) und Art. 86 GG (Bundeseigene Verwaltung)** vor.

1. Bundesauftragsverwaltung, Art. 85 GG

Sie **liegt nur vor**, wenn dies im **Grundgesetz ausdrücklich angeordnet** ist, **z.B. Art. 104a III 2 GG**. Auch hier dürfen die Länder grundsätzlich die Behörden bestimmen, die das Gesetz ausführen, Art. 85 I 1 GG. Allerdings steht dem **Bund** gem. Art. 85 III GG gegenüber den Landesbehörden ein **umfassendes Weisungsrecht** zu **und** er führt gem. Art. 85 IV 1 GG eine **Fachaufsicht**, prüft also die Recht- und Zweckmäßigkeit des Handelns der Landesbehörden.

2. Bundeseigene Verwaltung

Sie liegt ebenfalls nur vor, wenn dies im **Grundgesetz ausdrücklich angeordnet** ist, **z.B. Art. 87 I 1 GG**. Der Bund regelt dann das Verwaltungsverfahren und die Zuständigkeit der Behörden, weil es ja seine Behörden sind, die tätig werden. Die übergeordnete Bundesbehörde übt die Fachaufsicht aus und kann einer nachgeordneten Bundesbehörde auch Weisungen erteilen.

Dass der Bund die Bundesgesetze nur ausnahmsweise durch eigene Behörden ausführt findet seinen Grund darin, dass **doppelte Behördenstrukturen** zu **vermeiden** sind. Würde der Bund seine Gesetze nämlich selbst ausführen, müsste er

- parallel zur Landesverwaltung - bis ins „letzte Dorf" Bundesbehörden errichten, die vor Ort die Gesetze ausführen. Das ist wirtschaftlich sinnlos und auch nicht erforderlich, weil es vor Ort schon die Landesverwaltung gibt (Gemeinde-, Stadt- und Kreisverwaltung), die neben den Landesgesetzen auch die Bundesgesetze ausführen kann.

E. Rechtsprechung / Judikative, Art. 92 ff. GG (sog. dritte Gewalt)

Art. 92 ff. GG regeln die **Rechtsprechung**, auch **Judikative oder dritte Gewalt** genannt. Dass es sich bei der Rechtsprechung um die dritte Gewalt handelt, folgt aus Art. 1 III, 20 II 2 GG, die die Rechtsprechung an dritter Stelle nennen.

Die Rechtsprechung setzt sich gem. Art. 92 GG zusammen aus den Gerichten der Bundesländer (z.B. Amts- und Landgerichte, Verwaltungsgerichte), den Bundesgerichten (BGH, BAG, BSG, BVerwG, Bundesfinanzhof, vgl. Art. 95 I GG) und dem BVerfG.

Kennzeichnend für die Gerichte sind die **sachliche und persönliche Unabhängigkeit der Richter** gem. Art. 97 GG und die Fähigkeit, **rechtskräftige Entscheidungen** erlassen zu können.

Das **BVerfG** mit Sitz in Karlsruhe besteht gem. Art. 94 I 1 GG aus Bundesrichtern und anderen Mitgliedern (z.B. Jura-Professoren). **Detailregelungen** zu dem Gericht finden sich im **BVerfGG**, das aufgrund des Art. 94 II 1 GG erlassen wurde. Im BVerfGG geht es zunächst um die Gerichtsorganisation (**zwei Senate zu je acht Richtern**), sodann um Zuständigkeits- und allgemeine Verfahrensvorschriften und am Ende um spezielle Vorschriften für die einzelnen Verfahren vor dem BVerfG.

Die **möglichen Verfahren** vor dem BVerfG sind **abschließend in § 13 BVerfGG** festgelegt. In der Praxis **besonders relevant** sind die **Verfassungsbeschwerde gem. Art. 93 I Nr. 4a GG** (die im Rahmen der Grundrechte näher erläutert wird), das **Organstreitverfahren gem. Art. 93 I Nr. 1 GG**, die **abstrakte Normenkontrolle gem. Art. 93 I Nr. 2 GG** und die **konkrete Normenkontrolle gem. Art. 100 GG**.

Das **Organstreitverfahren** gem. Art. 93 I Nr. 1 GG i.V.m. §§ 13 Nr. 5, 63 ff. BVerfGG dient der Beilegung von **Streitigkeiten zwischen Verfassungsorganen oder Teilen von Verfassungsorganen**, ist also quasi ein „internes Verfahren".

> **Beispiele:** Bundestag streitet mit der Bundesregierung; ein Abgeordneter des Bundestages streitet wegen eines Ordnungsrufs mit dem Bundestagspräsidenten.

Da die Beteiligten in diesem Verfahren nicht als natürliche Personen auftreten, sondern in ihrer hoheitlichen Funktion, dürfen sie sich **nicht auf** ihre **Grundrechte berufen** (**dafür** gibt es ja die **Verfassungsbeschwerde**). **Stattdessen** müssen sie Rechte geltend machen, die ihnen als Verfassungsorgan (oder Teil eines Verfassungsorgans) zustehen, sog. **Organrechte**.

> **Beispiel:** Ein Bundestagsabgeordneter kann sich im Falle des Entzugs seines Rederechts auf sein freies Mandat aus Art. 38 I 2 GG berufen.

Ausnahmsweise dürfen gem. **§ 64 I BVerfGG** („oder das Organ, dem er angehört") aber auch fremde Rechte im eigenen Namen geltend gemacht werden (sog. **gesetzliche Prozessstandschaft**). Damit kann vor allem die Opposition Rechte des Bundestages gegen die Bundesregierung verteidigen.

> **Beispiel:** Eine Oppositionsfraktion macht im Wege der Prozessstandschaft geltend, die Bundesregierung habe es verfassungswidrig unterlassen, bei einer bestimmten Entscheidung den Bundestag zu beteiligen.

Die **abstrakte Normenkontrolle** gem. Art. 93 I Nr. 2 GG i.V.m. §§ 13 Nr. 6, 76 ff. BVerfGG dient - wie es der Name schon sagt - der **Klärung abstrakter Verfassungsfragen**. Eine **Verletzung in eigenen Rechten** muss der Antragsteller **nicht** geltend machen. Er hat auch keine bestimmte Frist zu beachten, innerhalb derer der Antrag zu stellen ist. Das ist der Grund, warum der **Kreis der Antragsberechtigten** nach Art. 93 I Nr. 2 GG sehr **überschaubar** ist.
Angegriffen werden können **alle Bundes- und Landesgesetze**. Entgegen dem Wortlaut des § 76 I Nr. 1 BVerfGG muss der Antragsteller dieses Gesetz aber nicht für nichtig halten. Vielmehr genügen im Einklang mit dem Wortlaut des Art. 93 I Nr. 2 GG schon Zweifel an der Verfassungsmäßigkeit des angegriffenen Gesetzes.

Die **konkrete Normenkontrolle** gem. Art. 100 I GG i.V.m. §§ 13 Nr. 11, 80 ff. BVerfGG unterscheidet sich von der abstrakten Normenkontrolle vor allem dadurch, dass es einen **konkreten Rechtsstreit gibt, der von einem Gericht zu entscheiden ist**, und sich dabei eine Verfassungsfrage stellt, die im Wege der Vorlage dem BVerfG unterbreitet wird.

> **Beispiel:** A greift vor dem zuständigen Verwaltungsgericht einen Ver-
> waltungsakt an, den er von der Stadt X erhalten hat. A zweifelt die Ver-
> fassungsmäßigkeit der Vorschrift an, auf der der Verwaltungsakt beruht.
> Da das Verwaltungsgericht ebenfalls von der Verfassungswidrigkeit der
> Vorschrift überzeugt ist, legt es die Vorschrift dem BVerfG zur Prüfung vor.
> Nach der Entscheidung des BVerfG muss dann das Verwaltungsgericht
> noch den konkreten Rechtsstreit zwischen A und der Stadt X entscheiden.

Im Gegensatz zur abstrakten Normenkontrolle kann auch nicht jedes Bundes- oder
Landesgesetz überprüft werden, sondern **nur** ein **formelles, nachkonstitutionelles Bundes- oder Landesgesetz**. **D.h.** das **Gesetz** muss **von** einem **Parlament**
erlassen worden sein („formelles Recht" = in einem förmlichen Gesetzgebungsverfahren zustande gekommen), **und** zwar **nach Inkrafttreten des Grundgesetzes**
(„nachkonstitutionelles Recht"). Diese Einschränkung folgt daraus, dass **diese
Gesetze** von einem unter der Geltung des Grundgesetzes gewählten Parlament
erlassen wurden und damit **besonders schutzwürdig** sind. Dann sollen sie auch
nur vom BVerfG verworfen werden dürfen. Alle anderen Gesetze hingegen (insbesondere Satzungen und Rechtsverordnungen) sind demokratisch „weniger wert"
und dürfen daher von jedem Gericht geprüft und verworfen werden.

Grundrechte

Die Grundrechte sind **subjektiv-öffentliche Rechte des Einzelnen mit Verfassungsrang**. D.h. es handelt sich um Rechte einzelner Menschen oder von Personenvereinigungen (z.B. eines Vereins), die sich gegen den Staat richten und – das ist die Besonderheit – Verfassungsrang haben. Aufgrund ihres Verfassungsrangs können die Grundrechte dem Begünstigten nicht einfach per Gesetzesänderung entzogen werden, sie sind vielmehr aufgrund der sog. **Wesensgehaltsgarantie** des **Art. 19 II GG** im Kern unantastbar.

Im Folgenden werden **zunächst** die „Basics" der Grundrechte dargestellt, die sog. **allgemeinen Grundrechtslehren**, um **sodann** auf den **Prüfungsaufbau** der Grundrechte **und einzelne prüfungsrelevante Grundrechte** einzugehen. Ihren Abschluss finden die Ausführungen in der **Verfassungsbeschwerde**, mittels derer die Grundrechte gerichtlich durchgesetzt werden können.

A. Allgemeine Grundrechtslehren
Die allgemeinen Grundrechtslehren beinhalten das Basiswissen zu den Grundrechten. Sie **gliedern** sich in **Arten** und **Funktionen der Grundrechte** und beantworten darüber hinaus die Frage, wer durch die Grundrechte **berechtigt und verpflichtet** wird (sog. **Grundrechtsfähigkeit und Grundrechtsbindung**).

I. Arten der Grundrechte
Es gibt folgende Arten der Grundrechte:

- **Freiheitsrechte**

   🅓 **Definition:** Sie **schützen** den **persönlichen Freiheitsbereich** des Begünstigten, in den der Staat nur eingreifen darf, wenn er seinen Eingriff rechtfertigen kann.

   ▋ **Beispiele:** Art. 2 I, 4 I, II GG.

- **Gleichheitsrechte**

   🅓 **Definition:** Sie stellen sicher, dass der **Staat alle Menschen gleich behandelt**, also nicht willkürlich diskriminiert.

▌ **Beispiele:** Art. 3 I-III, 6 V GG.

- **Justiz- oder Verfahrensrechte**

  Ⓓ **Definition:** Sie **garantieren gerichtlichen Schutz** gegen staatliche Hoheitsakte und gewährleisten bestimmte Mindeststandards in einem Gerichtsverfahren.

  ▌ **Beispiele:** Art. 19 IV, 101 I 2, 103 I GG.

- **Grundrechtsgleiche Rechte**

  Ⓓ **Definition:** Sie finden sich **nicht** im Abschnitt über die **Grundrechte** (Art. 1-19 GG), können **aber** per **Verfassungsbeschwerde** geltend gemacht werden und gewähren damit einen Schutz wie die Grundrechte. Sie werden daher auch als Grundrechte im weiteren Sinne bezeichnet und sind abschließend in **Art. 93 I Nr. 4a GG** aufgelistet.

II. Funktionen der Grundrechte

Die Grundrechte haben verschiedene Funktionen, nämlich die **Abwehr-, Vornahme- und Mitwirkungsfunktion**. Darüber hinaus beinhalten sie **Einrichtungsgarantien** und eine **objektive Wertordnung**.

1. Abwehrfunktion (sog. status negativus)

In ihrer Abwehrfunktion **schützen** die **Grundrechte** den Einzelnen **vor staatlichen Eingriffen**, gewährleisten also seinen privaten Freiheitsbereich. Dies ist die **klassische Funktion** der Grundrechte, d.h. dies war stets ihr Sinn und Zweck. In dieser Funktion trifft man die Grundrechte auch fast immer in Prüfungsaufgaben an.

2. Vornahmefunktion (sog. status positivus)

Vornahmefunktion bedeutet, dass ein **Grundrechtsgebrauch staatliches Handeln voraussetzt**; ohne ein staatliches Tätigwerden kann der Einzelne seine Grundrechte gar nicht ausüben.

▌ **Beispiel:** Studenten können die in Art. 5 III 1 Var. 2 GG gewährleistete Wissenschaftsfreiheit nur ausüben, wenn der Staat dafür die erforderlichen Einrichtungen in Gestalt von Universitäten schafft.

Die Vornahmefunktion lässt sich noch **weiter ausdifferenzieren** in die **Schutz-gewähr-, Teilhabe und Leistungsfunktion**.

a) Schutzgewährfunktion

Mit Schutzgewähr ist gemeint, dass sich der **Staat schützend** vor seine Einwohner und Bürger zu stellen hat, **wenn** ihnen **irreparable Grundrechtsbeeinträchtigungen drohen**. Denn für den Betroffenen ist es unerheblich, ob der Staat selbst in die Grundrechte eingreift oder aber zulässt, dass es durch andere zu einem solchen Grundrechtseingriff kommt.

> **Beispiel:** Aufgrund der Schutzgewährfunktion des Art. 2 II 1 GG hat der Staat Maßnahmen zu ergreifen, um die Gefahren einzudämmen, die von der friedlichen Nutzung der Kernenergie ausgehen.

b) Teilhabefunktion

Die Teilhabefunktion gewährleistet, dass **staatliche Leistungen gerecht verteilt** werden.

> **Beispiel:** Vergabe von Studienplätzen.

c) Leistungsfunktion

In seltenen Fällen kann sich **direkt** aus den Grundrechten ein **Anspruch auf** eine **staatliche Leistung** ergeben, z.B. Art. 6 IV, 103 I GG. Hier steht dem Gesetzgeber gleichwohl noch ein Spielraum zur Verfügung, wenn er die Details des zu Leistenden festlegt.

3. Mitwirkungsfunktion (sog. status activus)

Die Mitwirkungsfunktion beinhaltet eine **Teilhabe an der staatlichen Willensbildung**, z.B. durch die Teilnahme an Wahlen gem. Art. 38 GG oder an einer Versammlung gem. Art. 8 GG.

4. Einrichtungsgarantien

Weiterhin **gewährleisten** die Grundrechte die **Existenz bestimmter** privater **Institute** (z.B. Art. 6 I, 14 I 1 GG) **und** öffentlicher **Institutionen** (z.B. Art. 7 I GG).

5. Objektive Wertordnung / Ausstrahlungswirkung

Schließlich beinhalten die Grundrechte eine objektive Wertordnung, d.h. sie verdeutlichen den objektiven Wert von Leib und Leben, Meinungsvielfalt, Kunst,

Eigentum etc. Das führt zu einer Ausstrahlungswirkung, die beinhaltet, dass die **Grundrechte** die **Auslegung und Anwendung** des gesamten **Zivilrechts und Öffentlichen Rechts beeinflussen**.

> **Beispiel:** Streitet ein Arbeitgeber mit einer Arbeitnehmerin vor Gericht um das religiös motivierte Tragen eines Kopftuchs, muss der Richter bei seiner Entscheidung zugunsten des Arbeitgebers das Grundrecht aus Art. 12 I GG und zugunsten der Arbeitnehmerin das Grundrecht aus Art. 4 I, II GG berücksichtigen.

III. Grundrechtsfähigkeit

Mit der Grundrechtsfähigkeit ist die **Fähigkeit** gemeint, **Träger von Grundrechten oder grundrechtsgleichen Rechten zu sein**. Diese Fähigkeit haben **grundsätzlich alle Menschen** (sog. **natürliche Personen**). Allerdings differenziert das Grundgesetz insoweit, als dass es einige Grundrechte nur deutschen Staatsangehörigen im Sinne des Art. 116 I GG zuerkennt, z.B. Art. 8 I, 12 I GG (sog. **Deutschen-/Bürgerrechte**). Demgegenüber werden die Grundrechte, die allen Menschen zustehen (wie z.B. Art. 2 I GG) **Menschen-/Jedermannrechte** genannt.

Gewisse Probleme bereitet die Grundrechtsfähigkeit bei **Ungeborenen, Verstorbenen, juristischen Personen und** Personen, die in einer besonderen Nähebeziehung zum Staat stehen (sog. **Besonderes Gewaltverhältnis**).

1. Ungeborene

Mit Blick auf Ungeborene ist fraglich, **ab welchem Zeitpunkt menschliches Leben** entsteht und jemand somit als Grundrechtsträger anzusehen ist. Im Interesse eines effektiven Grundrechtsschutzes geht die **überwiegende Meinung** davon aus, dass bereits mit der **Verschmelzung von Samen und Eizelle** menschliches Leben beginnt.

2. Verstorbene

Über den Tod hinaus wird der Mensch durch **Art. 1 I 1 GG** geschützt **(sog. postmortales Persönlichkeitsrecht)**, wobei dieser Schutz mit der Zeit aber abnimmt, da der Tote mit der Zeit in der Erinnerung der Nachwelt verblasst.

3. Juristische Personen

Juristische Personen sind unter den Voraussetzungen des **Art. 19 III GG** grundrechtsfähig.

a) Juristische Person

🅓 **Definition:** Eine juristische Person ist eine **Personenvereinigung oder Vermögensmasse**, die **voll- oder teilrechtsfähig** ist.

> **Beispiele:** Aktiengesellschaft (AG), Gesellschaft mit beschränkter Haftung (GmbH), Gesellschaft bürgerlichen Rechts (GbR), Stiftung. Entscheidend ist letztlich, ob eine gewisse organisatorische Eigenständigkeit, Dauerhaftigkeit und ein einheitliches Auftreten nach außen vorliegen.

b) Inländisch

🅓 **Definition:** Inländisch ist die juristische Person, wenn sie ihr **tatsächliches Aktionszentrum im Inland** hat, also der Tätigkeitsschwerpunkt ihrer Organe in Deutschland liegt. Bei **Deutschenrechten** wie z.B. Art. 8 I GG ist allerdings darüber hinaus zu fordern, dass die **juristische Person nicht von Ausländern beherrscht** wird. Anderenfalls könnte eine Personenmehrheit ein Grundrecht geltend machen, auf das sich die Einzelpersonen nicht berufen können.

c) Ihrem Wesen nach anwendbar

🅓 **Definition:** Ein Grundrecht ist seinem Wesen nach auf juristische Personen anwendbar, wenn es **nicht an die natürlichen Eigenschaften des Menschen anknüpft**.

> **Beispiele:** Art. 12 I, 14 I 1 GG sind auf juristische Personen anwendbar, weil auch diese sich beruflich betätigen oder Eigentum erwerben können; hingegen passen Art. 1 I 1 oder Art. 2 II 1 GG bei juristischen Personen nicht.

Besondere Probleme bereiten in diesem Zusammenhang juristische Personen des öffentlichen Rechts und juristische Personen des Zivilrechts mit staatlicher Beteiligung.

- **Juristische Personen des öffentlichen Rechts**
  Juristische Personen des öffentlichen Rechts sind Personenvereinigungen und Vermögensmassen, die **kraft Gesetzes Träger von Rechten und Pflichten** sind **und öffentliche Aufgaben wahrnehmen**.

> **Beispiele:** Anstalten wie das ZDF, Körperschaften wie die Städte und Gemeinden.

Sie sind **grundsätzlich nicht grundrechtsfähig**, weil sie Teil des Staates sind und daher **selbst die Grundrechte** der Einwohner und Bürger **beachten müssen**, also Verpflichtete der Grundrechte sind. Es ist aber nicht möglich, gleichzeitig Grundrechtsberechtigter und Grundrechtsverpflichteter zu sein (sog. **Konfusionsargument**). Zudem **verteidigen juristische Personen des öffentlichen Rechts nicht** wie natürliche Personen ihren **Freiheitsbereich, sondern** ihre **Kompetenzen**, sodass die Grundrechte auch nach ihrem Sinn und Zweck nicht passen.

Ausnahmen gelten für die **staatlichen Rundfunkanstalten** und die **staatlichen Universitäten**, die sich auf die Rundfunkfreiheit gem. **Art. 5 I 2 Var. 2 GG** (Rundfunkanstalten) und auf die Wissenschaftsfreiheit gem**. Art. 5 III 1 Var. 2 GG** (Universitäten) berufen können. Denn diese staatlichen Einrichtungen sind erforderlich, um den Einwohnern und Bürgern die entsprechende Grundrechtsausübung zu ermöglichen. Zudem sollen die genannten Grundrechte gerade die Autonomie dieser Einrichtungen schützen.

Auf **alle Grundrechte** können sich ferner die **Religionsgesellschaften** berufen, **die Körperschaften des öffentlichen Rechts sind**. Diesen Status haben sie nämlich nur, um die Kirchensteuer erheben zu können. Sie werden damit aber nicht Teil des Staates.

- **Juristische Personen des Zivilrechts mit staatlicher Beteiligung**
  Es gibt etliche juristische Personen des Zivilrechts (AG, GmbH), an denen der Staat beteiligt ist.

> **Beispiele:** Das Land Niedersachsen hält Anteile an der Volkswagen AG; der Bund ist Alleingesellschafter der Deutschen Bahn AG.

Diese juristischen Personen **verlieren** ihre **Grundrechtsfähigkeit**, wenn sie **vom Staat beherrscht** werden, er also die **Mehrheit der Gesellschaftsanteile hält**. Denn **Art. 1 III GG** bindet den Staat umfassend an die Grundrechte, unabhängig davon, in welcher Form der Staat in Erscheinung tritt. Im Übrigen könnte der Staat anderenfalls „durch die Hintertür" in den Genuss der Grundrechte gelangen, indem er einfach eine private Gesellschaft gründet.

Zu beachten ist noch, dass sich **alle** juristischen Personen (inländische wie aus-ländische, private wie öffentlich-rechtliche) auf die grundrechtsgleichen Rechte aus **Art. 101 I 2, 103 I GG** berufen können, weil die **einschränkenden Vorausset-zungen des Art. 19 III GG** für sie **nicht gelten**, da Art. 101 I 2, 103 I GG nicht im Abschnitt „Grundrechte" stehen, indem sich Art. 19 III GG befindet.

4. Besonderes Gewaltverhältnis

Fraglich ist, ob diejenigen, die sich in einer **besonderen Nähebeziehung zum Staat** befinden (z.B. Richter, Beamte, Soldaten), nur einen **beschränkten oder gar keinen Grundrechtsschutz** genießen, **weil** sie **für den Staat Hoheitsbefugnisse ausüben** und dabei an die Grundrechte der betroffenen Personen gebunden sind. Die **ganz herrschende Meinung lehnt dies ab**. Sie beruft sich auf die umfas-sende Grundrechtsbindung des Staates gem. **Art. 1 III GG**. Damit ist die Existenz grundrechtsfreier Räume unvereinbar. Ferner ist ein totaler Grundrechtsverlust nicht erforderlich, um den Interessen des Staates gerecht zu werden. Vielmehr kann auch bei Anwendung der Grundrechte von einem Beamten, Richter, Soldaten verlangt werden, dass er sich im Dienst mit seiner Grundrechtsausübung mehr zurückhält als im Privatbereich. Zumal er bei seiner Dienstausübung - wie erwähnt - die Grundrechte der betroffenen Bürger beachten muss.

IV. Grundrechtsbindung

Grundrechtsgebunden sind gem. **Art. 1 III GG** die Gesetzgebung, Verwaltung und Rechtsprechung, also **alle staatlichen Organe**. Das gilt **auch** - wie gerade gezeigt - für **juristische Personen des Zivilrechts, die vom Staat beherrscht werden**. Da sie nicht grundrechtsfähig sind, sind sie automatisch grundrechtsgebunden.

Privatpersonen sind hingehend weitestgehend **nicht an** die **Grundrechte gebunden**, sie gelten folglich zwischen Privatpersonen nicht unmittelbar (einzige Ausnahme: Art. 9 III 2 GG).

> **Beispiel:** Schlägt A den B, dann beeinträchtigt er dadurch nicht das Grundrecht des B aus Art. 2 II 1 GG.

Aufgrund der Ausstrahlungswirkung der Grundrechte (s.o. „Allgemeine Grund-rechtslehren / Funktionen der Grundrechte") entfalten sie im Verhältnis zwischen Privatpersonen **aber** eine sog. **mittelbare Drittwirkung**, d.h. die Vorschriften des Zivilrechts sind im Lichte der Grundrechte auszulegen und anzuwenden.

B. Prüfungsaufbau der Grundrechte

Der Prüfungsaufbau **hängt** bei den Grundrechten **davon ab, ob** es um **Freiheits-rechte oder Gleichheitsrechte** geht.

I. Prüfungsaufbau der Freiheitsrechte

Da die Freiheitsrechte den persönlichen Freiheitsbereich des Einzelnen gegen staatliche Beschränkungen schützen, können sie nur verletzt sein, wenn der Staat ungerechtfertigt in ein Freiheitsrecht eingreift. Folgerichtig lautet der **Obersatz** in einer **Prüfung**: „Das **Grundrecht** ist **verletzt**, wenn ein **Eingriff in den Schutzbe-reich** vorliegt, der **nicht gerechtfertigt** ist."

Beachte: Obersätze legen den Inhalt der nachfolgenden Prüfung fest. Daher sind sie möglichst präzise zu formulieren. Zudem muss sich die nachfolgende Prüfung zwingend an dem Obersatz orientieren, darf von ihm also nicht abweichen.

1. Eingriff in den Schutzbereich

Im Schutzbereich ist zwischen dem persönlichen und dem sachlichen Schutzbe-reich zu unterscheiden.

a) Persönlicher Schutzbereich

Hier geht es darum, **wer sich auf das Grundrecht berufen kann**, sodass auf die obigen Ausführungen zur **Grundrechtsfähigkeit** verwiesen werden kann.

Ein **Sonderproblem** stellt das sog. **Besondere Gewaltverhältnis** dar. Hinter diesem Begriff verbirgt sich die **Frage, ob** Personen, die sich in einer beson-deren Nähebeziehung zum Staat befinden (z.B. **Richter und Beamte**), **während ihrer Dienstzeit** nur einen **reduzierten oder gar keinen Grundrechtsschutz** genießen. Dafür könnte sprechen, dass diese Personen für den Staat Hoheitsrechte ausüben und dann an die Grundrechte der Einwohner und Bürger gebunden sind, sodass sie nicht gleichzeitig Grundrechtsberechtigte sein könnten. Andererseits sieht **Art. 1 III GG** aber eine lückenlose Bindung aller staatlichen Gewalt an die Grundrechte vor. Das **spricht gegen** die **Existenz grundrechtsfreier Räume**. Stattdessen wirkt es sich erst in der Verhältnismäßigkeitsprüfung (s. dazu unten) aus, dass sich Staatsdiener in ihrer Dienstzeit mehr zurücknehmen müssen als Privatpersonen, d.h. Eingriffe im öffentlichen Interesse eher gerechtfertigt sein können als bei Privatpersonen.

> **Beispiel:** Ein Lehrer an einer staatlichen Schule darf während des Unterrichts sicherlich nicht versuchen, seine Schüler religiös zu bekehren. Dafür muss ihm aber nicht die Berufung auf die Glaubensfreiheit vollständig versagt werden. Stattdessen stellt eine Untersagung dieses Verhaltens einen Eingriff in die Glaubensfreiheit des Lehrers dar, der aber gerechtfertigt ist.

b) Sachlicher Schutzbereich

Bei der Prüfung des sachlichen Schutzbereichs geht es darum, den **Schutzgegenstand des Freiheitsgrundrechts** zu **umschreiben**. Details hierzu folgen unten bei der Vorstellung der prüfungsrelevanten Grundrechte.

Beachte: Die **Definition** des sachlichen Schutzbereichs ist für die Prüfungen **auswendig** zu **lernen**. D.h. man muss ohne weiteres Nachdenken wissen, was mit Begriffen wie „Meinung" oder „Versammlung" gemeint ist. Für ein langes Überlegen ist keine Zeit.
Jedes Freiheitsrecht hat eine **positive und negative Seite**. So verbürgt z.B. Art. 4 I, II GG nicht nur das Recht, einen Glauben zu haben und danach zu leben, sondern auch das Recht, nicht zu glauben oder keiner Glaubensgemeinschaft anzugehören.

c) Eingriff

Beim Eingriff ist zwischen dem **klassischen** und dem **mittelbaren bzw. modernen Eingriff** zu **differenzieren**, wobei zu beachten ist, dass **grundsätzlich nur der Staat** an die Grundrechte gebunden ist und somit in sie **eingreifen kann** (s.o. „Allgemeine Grundrechtslehren / Grundrechtsbindung").

aa) Klassischer Eingriff

Für die Bejahung eines klassischen Eingriffs müssen folgende Voraussetzungen **kumulativ** erfüllt sein:

- Die Belastung muss **zielgerichtet** durch den Staat auferlegt werden (**Finalität**).
- Die Belastung ist die **unmittelbare** Folge eines hoheitlichen Handelns.
- Die auferlegte Belastung muss in einer **Rechtspflicht** bestehen.
- Die auferlegte Rechtspflicht muss **zwangsweise durchsetzbar** sein, z.B. indem man sie vollstreckt durch die Verhängung eines Zwangsgeldes.

Diese Voraussetzungen werden durch einen belastenden **Verwaltungsakt** gem. § 35 S. 1 VwVfG erfüllt, der das „klassische" Handlungsinstrument der Verwaltung darstellt. Deshalb wird auch der durch ihn verursachte Grundrechtseingriff als „klassisch" bezeichnet.

> **Beispiel:** Ein polizeilicher Platzverweis erlegt seinem Adressaten unmittelbar und zielgerichtet die Pflicht auf, einen bestimmten Ort zu verlassen. Sollte der Adressat dieser Pflicht nicht nachkommen, wird er zwangsweise von dem Ort entfernt. Somit stellt der Platzverweis einen Grundrechtseingriff dar.

bb) Mittelbarer / moderner Eingriff

Es ist schon vor langer Zeit erkannt worden, **dass die Voraussetzungen des klassischen Eingriffs zu eng sind. So können beispielsweise** alle tatsächlichen Handlungen des Staates (sog. **Realakte**) wie das Überwachen von Personen keinen klassischen Eingriff darstellen, weil es an der Auferlegung einer Rechtspflicht fehlt. **Daher** hat sich die Erkenntnis durchgesetzt, dass der klassische **Eingriffsbegriff** zu **erweitern** ist, **hin zu** einem **mittelbaren / modernen Eingriffsbegriff**. Allerdings darf dieser wiederum nicht zu weit gefasst werden, da nicht jede noch so entfernte Folge eines staatlichen Handelns ein rechtfertigungsbedürftiger Grundrechtseingriff sein kann.

> **Beispiel:** Äußert sich der Bundeskanzler negativ über den US-Präsidenten und nimmt dies ein US-Unternehmen zum Anlass, bei einem deutschen Geschäftspartner keine Produkte mehr zu kaufen, kann das nicht als Eingriff der Bundesregierung in die Berufsfreiheit des deutschen Unternehmens gewertet werden.

Daher gibt es zur **Konkretisierung des mittelbaren Eingriffs** folgende **Fallgruppen**:

- **Finalität**
  Es handelt sich um eine **Verselbständigung** der **ersten Voraussetzung** des **klassischen Eingriffsbegriffs**. Geht es dem Staat zielgerichtet um eine Belastung seiner Bürger oder Einwohner, handelt es sich um einen Grundrechtseingriff, der einer Rechtfertigung bedarf.

- **Intensität**

  Das bedeutet, die vom Staat verursachte **Belastung** muss ein **gewisses Gewicht** besitzen, sie muss die sog. **Bagatellgrenze** überschreiten. Damit wird abgegrenzt von den bloßen Belästigungen, die den Einzelnen zwar subjektiv sehr stören können, aber gleichwohl keine Grundrechtseingriffe sind.

  > **Beispiel:** Bilden sich an einer Baustellenampel lange Staus, mag das den einzelnen Kraftfahrer sehr erzürnen, es liegt jedoch kein Eingriff in das Grundrecht der allgemeinen Handlungsfreiheit gem. Art. 2 I GG vor.

  Wann die Bagatellgrenze genau überschritten ist, lässt sich leider nicht verallgemeinernd festlegen, sondern hängt von den Umständen des konkreten Einzelfalls ab.

Welche der beiden Fallgruppen vorliegt ist nicht egal, sondern **wirkt sich** bei dem **Prüfungspunkt „Festlegung der Schranke"** (s.u.) **aus**. Handelt es sich um einen **finalen Grundrechtseingriff**, muss eine **ausdrückliche gesetzliche Befugnis** für die Verwaltung existieren, um ihr Handeln rechtfertigen zu können. **Fehlt** es hingegen an der **Finalität**, liegt also nur die Fallgruppe der Intensität vor, **genügt** es, wenn die **Behörde** für das umstrittene Verhalten **zuständig** war. Einer ausdrücklichen gesetzlichen Befugnis bedarf es dann nicht.

> **Beispiel:** Gibt der Bundesgesundheitsminister aus Gesundheitsgründen objektive Informationen zu einem Produkt bekannt und löst damit einen massiven Umsatzrückgang aus, liegt zwar ein Grundrechtseingriff vor, der aber nicht final ist. Daher bedarf das Handeln des Ministers keiner ausdrücklichen gesetzlichen Befugnis, sondern es genügt seine aus Art. 65 S. 2 GG folgende Befugnis zur Öffentlichkeitsarbeit.

Beachte: In einer **Klausur** sind in der zu erstellenden Lösungsskizze **zunächst** die **Voraussetzungen des klassischen Eingriffs** zu **prüfen. Sind sie erfüllt**, liegt unproblematisch ein Grundrechtseingriff vor, sodass folgende **Formulierung** zu verwenden ist: „Ein Eingriff ist jede staatliche Maßnahme, durch die ein grundrechtlich geschütztes Verhalten ganz oder teilweise unmöglich gemacht wird." Der klassische und mittelbare Eingriffsbegriff werden dann nicht erwähnt.

Liegen die **Voraussetzungen** des **klassischen Eingriffs** hingegen **nicht vor**, müssen dessen Voraussetzungen in einer Klausur genannt und ihr

Vorliegen abgelehnt werden, um sodann den mittelbaren Eingriff zu prüfen. Eine **Einwilligung** lässt den Eingriff nur entfallen, wenn auf den Schutz des konkret betroffenen Grundrechts überhaupt verzichtet werden kann, das **Grundrecht** also **disponibel** ist.

> **Beispiel:** Art. 1 I 1 GG ist nicht disponibel, eine Einwilligung also nicht möglich.

Ferner muss der Einwilligende im **Vollbesitz seiner geistigen Kräfte** sein, die **Konsequenzen** seiner Einwilligung **abschätzen können,** die Einwilligung **klar und deutlich** erklären **und** die Einwilligung muss **ausreichend konkret** sein, sich also auf ein ganz bestimmtes Verhalten beziehen.

> **Beispiel:** Es kann nicht generell auf die Eigentumsfreiheit des Art. 14 I 1 GG verzichtet werden, wohl aber kann das Eigentum an einer ganz bestimmten Sache wie ein Buch aufgegeben werden.

2. Verfassungsrechtliche Rechtfertigung

Der Eingriff in den Schutzbereich eines Freiheitsrechts ist **gerechtfertigt, wenn** das betroffene **Grundrecht einschränkbar** ist **und** die **Grenzen der Einschränkbarkeit beachtet** wurden.

Der **Obersatz** in einer **Klausur** lautet daher: „Der **Eingriff** in den Schutzbereich ist **gerechtfertigt, soweit** er **durch** die **Schranken des Grundrechts gedeckt** ist."

a) Festlegung der Schranke

Demnach ist zunächst zu prüfen, inwieweit das Freiheitsgrundrecht einschränkbar ist, d.h. **welche Schranke** für dieses Grundrecht **existiert**.

Insgesamt betrachtet gibt es folgende Schranken:

- **Einfacher Gesetzesvorbehalt**

  Das bedeutet, der Eingriff in den Schutzbereich kann durch **jedes Gesetz** gerechtfertigt werden. Grundrechte mit einem einfachen Gesetzesvorbehalt sind z.B. Art. 2 I, 2 II 3, 8 II, 12 I, 14 I 2 GG.

- **Qualifizierter Gesetzesvorbehalt**

  Hier stellt das Grundgesetz **besondere Anforderungen an das einschränkende Gesetz**, z.B. in Art. 5 II, 11 II, 13 VII Hs. 2 GG.

- **Verfassungsimmanente Schranken**

  Die verfassungsimmanenten Schranken kommen zum Zuge, wenn eine **ausdrückliche Einschränkungsmöglichkeit fehlt**, also bei den sog. **vorbehaltlos geschützten Grundrechten** (z.B. Art. 5 III 1 GG). Die **verfassungsimmanenten Schranken sind Grundrechte Dritter und andere Rechtsgüter von Verfassungsrang**, die mit dem beeinträchtigten Freiheitsgrundrecht kollidieren.

  > **Beispiel:** Werden einem Unternehmen Tierversuche zu medizinischen Zwecken untersagt, greift das in die Wissenschaftsfreiheit des Unternehmens aus Art. 5 III 1 Var. 2 GG ein, was aber aus Gründen des in Art. 20a GG garantierten Tierschutzes gerechtfertigt sein kann.

Beachte: In einer Klausur sind die kollidierenden Grundrechte Dritter oder Rechtsgüter von Verfassungsrang konkret zu benennen. Bei Zweifeln über ihre Einschlägigkeit muss der Schutzbereich des kollidierenden Grundrechts definiert werden, um sodann zu prüfen, ob er eröffnet ist.

Da die Lösung eines solchen Grundrechtskonflikts eine wichtige Angelegenheit ist, **muss** das **Parlament** (Bundestag oder der zuständige Landtag) diesen **Konflikt lösen** und darf das nicht der Verwaltung überlassen. Es muss daher eine **gesetzliche Grundlage** geben, **auf die sich** der **Grundrechtseingriff stützen kann.** Darüber hinaus muss diese gesetzliche Grundlage die Grundrechtskollision nach dem **Prinzip der praktischen Konkordanz** lösen. Das bedeutet, keines der kollidierenden Grundrechte oder Rechtsgüter von Verfassungsrang darf übermäßig verkürzt werden, sondern sie müssen beide ein maximales Maß an Wirksamkeit behalten. In einer Klausur genügt es, den Begriff zu verwenden und ihn - wie gerade geschehen - zu umschreiben.

b) Schranken-Schranken

Um zu **verhindern**, dass die **Grundrechte** aufgrund ihrer gerade geschilderten Einschränkbarkeit **übermäßig verkürzt** werden, unterliegt ihre Einschränkbarkeit wiederum Grenzen, den sog. **Schranken-Schranken**. Diese verlangen konkret die **Verfassungsmäßigkeit des Gesetzes**, das dem konkreten Grundrechtseingriff zugrunde liegt, **sowie** die **Verfassungsmäßigkeit des** konkreten **Einzelakts**, der den Grundrechtseingriff ausgelöst hat.

Beachte: Dass es die sog. Schranken-Schranken überhaupt gibt ist allgemein anerkannt und muss daher in einer Klausur nicht begründet werden. Der Begriff selbst ist allerdings nicht unumstritten und kann daher auch weggelassen werden. In diesem Fall ist direkt der Prüfungspunkt „Verfassungsmäßigkeit des eingreifenden Gesetzes" (s. sogleich unten) zu bilden.

aa) Verfassungsmäßigkeit des eingreifenden Gesetzes

Zunächst ist die Verfassungsmäßigkeit des eingreifenden Gesetzes zu prüfen, also des Gesetzes, das **beim Prüfungspunkt „Festlegung der Schranke" genannt wurde**. Ist nämlich schon das zugrunde liegende Gesetz verfassungswidrig, ist automatisch auch der darauf beruhende Einzelakt verfassungswidrig.

Die Prüfung der Verfassungsmäßigkeit des Gesetzes umfasst die Untersuchung der **formellen und materiellen Verfassungsmäßigkeit** des Gesetzes.

(1) Formelle Verfassungsmäßigkeit

Dieser Prüfungspunkt ist eine **Schnittstelle mit** dem **Staatsorganisationsrecht**, es werden geprüft:

(a) Gesetzgebungskompetenz, Art. 70 ff. GG
(b) Gesetzgebungsverfahren, Art. 76 ff. GG
(c) Ausfertigung und Verkündung, Art. 82 I GG

(2) Materielle Verfassungsmäßigkeit

In der materiellen Verfassungsmäßigkeit sind die **inhaltlichen Vorgaben des Grundgesetzes** zu prüfen, und zwar konkret:

(a) Verhältnismäßigkeit

Die Verhältnismäßigkeit des Gesetzes ist **immer zu prüfen** und stets der **Schwerpunkt der Prüfung**. Im Detail verlangt das Verhältnismäßigkeitsprinzip Folgendes:

*   Legitimer Zweck
    Das Gesetz muss einem legitimen Zweck dienen, d.h. einem Zweck, der **nicht per se gegen das Grundgesetz verstößt**.

    > **Beispiel:** Die Einführung der Todesstrafe verfolgt keinen legitimen Zweck, weil ein Verstoß gegen Art. 102 GG vorliegt.

- Geeignetheit
Geeignet ist das Gesetz, wenn es den verfolgten **Zweck fördert**, also nicht komplett am Ziel vorbeigeht.

- Erforderlichkeit
Das Gesetz ist erforderlich, wenn es **kein** für den Betroffenen **weniger eingriffsintensives Mittel** gibt, das **gleich geeignet** ist wie das vom Gesetzgeber gewählte Mittel.

Beachte: Ein möglicherweise milderes Mittel scheitert oftmals daran, dass es den verfolgten Zweck nicht ebenso gut erreicht wie das vom Gesetzgeber gewählte Mittel.

- Angemessenheit bzw. Verhältnismäßigkeit im engeren Sinne
Das Gesetz ist angemessen, wenn sich der **Grundrechtseingriff und** das mit dem Gesetz verfolgte **Ziel** in einem **wohl abgewogenen Verhältnis** gegenüberstehen (sog. **Zweck-Mittel-Relation**). Es muss also eine Abwägung zwischen der Intensität des Grundrechtseingriffs und dem Wert des verfolgten Ziels erfolgen.

Beachte: Dies stellt **innerhalb der Verhältnismäßigkeitsprüfung** den **Schwerpunkt** dar.
Es müssen alle Angaben des Klausursachverhalts genau berücksichtigt werden.

(b) Ggf. Art.19 I, II GG
Die in Art. 19 I, II GG verankerten Schranken-Schranken sind nur anzusprechen, wenn sie in einer Klausur ernsthaft in Betracht kommen, vor allem wenn der Klausursachverhalt zu ihnen Hinweise enthält.
Art. 19 I 2 GG (**Zitiergebot**) hat eine **Warnfunktion** für den Gesetzgeber und eine **Hinweisfunktion** für den Rechtsanwender. Beide sollen wissen, in welche Grundrechte das Gesetz eingreift. Daher gilt das Zitiergebot nur für Gesetze, die nach Inkrafttreten des Grundgesetzes erlassen wurden (sog. **nachkonstitutionelle Gesetze**). Wegen des Zusammenhangs mit dem Wortlaut des Art. 19 I 1 GG soll das Zitiergebot zudem nur bei Grundrechten anwendbar sein, die **durch oder aufgrund eines Gesetzes eingeschränkt** werden können (z.B. Art. 2 II 3, 8 II, 10 II, 11 II GG, nicht hingegen Art. 2 I, 4 I, II, 5 I, III, 12 I, 14 I GG).

(c) Ggf. sonstige Verfassungsprinzipien

Damit sind Verfassungsprinzipien gemeint, die neben dem Verhältnismäßig-keitsprinzip bestehen, **z.B.** das **Rückwirkungsverbot**. Es handelt sich somit um eine **Schnittstelle** mit dem **materiellen Staatsorganisationsrecht**. Eine Prüfung erfolgt wie bei Art. 19 I, II GG nur, wenn sie in einer Klausur ernsthaft in Betracht kommen, vor allem wenn der Klausursachverhalt dazu Hinweise enthält.

bb) Ggf. Verfassungsmäßigkeit des Einzelaktes

Der konkrete Einzelakt ist natürlich nur zu prüfen, wenn es ihn gibt. Wird der Grund-rechtseingriff ausschließlich durch das eingreifende Gesetz ausgelöst, entfällt die Prüfung der Verfassungsmäßigkeit des Einzelakts.

In der Sache ist die Verhältnismäßigkeit des Einzelakts zu prüfen, wobei die Prü-fungspunkte die gleichen sind wie bei der Prüfung der Verhältnismäßigkeit des Gesetzes (legitimer Zweck, Geeignetheit, Erforderlichkeit und Angemessenheit).

II. Prüfungsaufbau der Gleichheitsrechte

Da die Gleichheitsrechte keine persönlichen Freiheitsbereiche schützen, sondern „nur" verlangen, dass alle gleich behandelt werden, können sie nur verletzt sein, wenn der Staat ungleich handelt, ohne dafür einen überzeugenden Grund zu haben. Folgerichtig lautet der **Obersatz** in einer **Prüfung**: „Das **Gleichheitsrecht** aus Art. 3 I GG ist **verletzt**, wenn eine **Ungleichbehandlung** vorliegt, die **nicht gerechtfertigt** ist."

1. Ungleichbehandlung

Eine Ungleichbehandlung liegt vor, wenn **wesentlich Gleiches ungleich oder wesentlich Ungleiches gleich behandelt** wird. Das verlangt die **Bildung von Ver-gleichsgruppen**, die einem **gemeinsamen Oberbegriff unterfallen**.

> **Beispiel:** Bei der Altersgrenze für das Wahlrecht bei der Bundestagswahl lautet der Oberbegriff „Menschen" und die Vergleichsgruppen „Menschen bis zum vollendeten 18. Lebensjahr" sowie „Menschen ab dem vollen-deten 18. Lebensjahr".

Nicht vergleichbar sind von vornherein **Gesetze**, die **von verschiedenen Gesetz-gebern** stammen. Anderenfalls könnte evtl. verlangt werden, dass alle Gesetzgeber ihr Gesetzgebungsrecht gleich ausüben, womit die Aufteilung der Gesetzgebungs-befugnisse auf Bund und Länder ausgehebelt werden könnte.

> **Beispiel:** Die Anzahl der gesetzlichen Feiertage in NRW ist von vornherein nicht mit derjenigen in Bayern vergleichbar, sodass auch nicht verlangt werden kann, dass der Landesgesetzgeber in NRW so viele Feiertage schafft wie der bayerische Landesgesetzgeber.

2. Verfassungsrechtliche Rechtfertigung der Ungleichbehandlung

Eine **ausdrückliche** Möglichkeit der **Rechtfertigung** einer Ungleichbehandlung **sieht** das **Grundgesetz nicht vor**. Sie muss **aber** möglich sein wie sich im **Umkehrschluss aus Art. 3 II, III GG** ergibt. Diese beiden Regelungen sehen vor, dass aus bestimmten Gründen nicht ungleich behandelt werden darf (z.B. aufgrund des Geschlechts oder der Rasse). Dann muss jedoch aus anderen Gründen eine Ungleichbehandlung möglich sein. Wäre nämlich jede Ungleichbehandlung per se verboten, wäre Art. 3 II, III GG überflüssig.

Zur Rechtfertigung der Ungleichbehandlung bedarf es eines sachlichen Grundes. Der **Obersatz** in einer **Prüfung** lautet: „Die **Ungleichbehandlung** ist **gerechtfertigt, wenn** es für sie einen **sachlichen Grund** gibt."

Beachte: Der sachliche Grund ist gleichsam das, was bei einem Freiheitsrecht der Gesetzesvorbehalt ist.

Dass ein sachlicher Grund eine Ungleichbehandlung rechtfertigen kann ist allgemein anerkannt und muss daher in einer Klausur nicht begründet werden.

Der **sachliche Grund** ist sodann in einer Klausur **genau** zu **bezeichnen**.

> **Beispiel:** Festlegung einer Altersgrenze um sicherzustellen, dass eine verantwortungsbewusste Entscheidung getroffen wird.

Der sachliche Grund muss weiterhin **in einem Parlamentsgesetz konkretisiert** sein. Es muss also eine **gesetzliche Grundlage** geben, **auf die sich** die **Ungleichbehandlung stützen kann**. Dieses Parlamentsgesetz muss - wie bei den Freiheitsrechten - verfassungsmäßig sein.

a) Formelle Verfassungsmäßigkeit des Gesetzes (s.o. Prüfungsaufbau der Freiheitsrechte)

b) Materielle Verfassungsmäßigkeit des Gesetzes

aa) Verhältnismäßigkeit

Die Verhältnismäßigkeit schützt an sich vor übermäßigen Grundrechtseingriffen und ist daher **primär auf** die **Freiheitsrechte zugeschnitten**. Bei den **Gleichheitsrechten** ist die Verhältnismäßigkeit daher **nur zu prüfen, wenn** eine **wesentliche Ungleichbehandlung** vorliegt, d.h.:

- unterschiedliche Behandlung verschiedener Personengruppen, oder
- Unterscheidungsmerkmal ähnelt einem der in Art. 3 III GG genannten Kriterien, oder
- mit der Ungleichbehandlung ist zugleich ein Eingriff in ein Freiheitsgrundrecht verbunden.

Falls **keine** dieser **Fallgruppen** vorliegt, erfolgt eine reine **Willkürprüfung**, was in einer Klausur aber nicht zu erwarten ist.

Inhaltlich weicht die **Verhältnismäßigkeitsprüfung** auch **ein wenig** von derjenigen bei den Freiheitsrechten **ab**. Konkret sind zu prüfen:

(1) Legitimes Ziel der Ungleichbehandlung

(2) Verwendung eines **verbotenen Differenzierungskriteriums**

Verbotene Differenzierungskriterien / Unterscheidungsmerkmale finden sich **z.B. in Art. 3 III 1 GG. Diese Unterscheidungsmerkmale** sind **grundsätzlich von vornherein kein sachlicher Grund**, sodass die Ungleichbehandlung verfassungswidrig ist. Ausnahmsweise dürfen sie nur in folgenden Konstellationen verwendet werden:

- **Äußere Umstände zwingen** den Gesetzgeber **zur Ungleichbehandlung, insbesondere** die zwischen den Geschlechtern bestehenden **objektiven biologischen Unterschiede.**

    Beispiel: Mutterschutz kann es nur für Frauen geben und nicht für Männer.

- **Kollidierendes Verfassungsrecht** erlaubt ausnahmsweise die Verwendung eines an sich verbotenen Unterscheidungsmerkmals.

    Beispiel: Die Bevorzugung von Frauen bei Stellenbesetzungen kann durch Art. 3 II 2 GG gerechtfertigt sein.

Beachte: Wird ein **verbotenes Unterscheidungsmerkmal verwendet**, ist **von vornherein die Vorschrift** zu **zitieren, in der sich** das **verbotene Unterscheidungsmerkmal findet**. Es heißt dann also in einer Klausur nicht „es könnte ein Verstoß gegen Art. 3 I GG vorliegen", sondern „es könnte ein Verstoß gegen Art. 3 III 1 GG vorliegen".

(3) Geeignetheit
(4) Erforderlichkeit
(5) Angemessenheit

bb) Ggf. Art.19 I, II GG
Siehe dazu oben die Ausführungen zu den Freiheitsrechten. Folglich greift insbesondere das Zitiergebot des Art. 19 I 2 GG bei Gleichheitsrechten nicht, weil deren Wortlaut nicht vorsieht, dass sie eingeschränkt werden können.

cc) Ggf. sonstige Verfassungsprinzipien
Siehe dazu oben die Ausführungen zu den Freiheitsrechten.

c) Ggf. Verfassungsmäßigkeit des Einzelaktes
Prüfung der Verhältnismäßigkeit.

Beachte: Die Prüfung der Verfassungsmäßigkeit des Einzelakts ist nur erforderlich, wenn die Ungleichbehandlung **nicht** durch das Gesetz zwingend vorgegeben ist. Anderenfalls steht die Verfassungsmäßigkeit der Ungleichbehandlung schon nach der Prüfung des Gesetzes fest.

C. Einzelne prüfungsrelevante Grundrechte
Im Folgenden werden die Freiheitsrechte näher beleuchtet, die unbedingt beherrscht werden müssen. **Konkret** sind das **Art. 1 I, Art. 2 I, Art. 2 I i.V.m. Art. 1 I 1, Art. 2 II i.V.m. Art. 104, Art. 4, Art. 5, Art. 6 (Grundzüge), Art. 11, Art. 12, Art. 13, Art. 14 GG**. Da es sich durchgehend um **Freiheitsrechte** handelt, entspricht der Prüfungsaufbau den obigen Ausführungen zum „Prüfungsaufbau der Freiheitsrechte". Es werden daher nachfolgend keine Erläuterungen mehr zum Prüfungsaufbau erfolgen, sondern **nur** noch diejenigen **Definitionen und Probleme** dargestellt, die oben noch nicht beschrieben wurden.
Das ebenfalls zu beherrschende **Gleichheitsrecht des Art. 3 GG** wurde **bereits** im Rahmen der Darstellung des Prüfungsaufbaus der Gleichheitsrechte **erläutert** und bleibt daher nachfolgend unerwähnt.

I. Menschenwürde, Art. 1 I 1 GG

1. Eingriff in den SB

a) Persönlicher SB
Jedermannrecht.
Nicht anwendbar auf **juristische Personen** gem. Art. 19 III GG, weil die Menschenwürde nur den einzelnen Menschen und nicht Personenvereinigungen oder Vermögensmassen schützt.

b) Sachlicher SB

🄓 **Definition:** Mit der Menschenwürde ist der **soziale Wert- und Achtungsanspruch** gemeint, der dem Menschen wegen seines Menschseins zukommt. D.h. die Menschenwürde muss man sich nicht verdienen, sondern man hat sie, weil man ein Mensch ist. Konturen gewinnt diese recht abstrakte Umschreibung durch die Frage, wann ein Eingriff in die Menschenwürde vorliegt (s. dazu sogleich).

c) Eingriff
Ein Eingriff in den Schutzbereich der Menschenwürde liegt vor, wenn der **Mensch** zum bloßen **Objekt staatlichen Handelns** gemacht wird (sog. **Objektformel**). Notwendig ist eine Erniedrigung, Brandmarkung, Verfolgung oder Ächtung des Einzelnen.

> **Beispiele:** Sklaverei, Folter oder Gehirnwäsche.

Als oberstes Wertprinzip des Grundgesetzes kann auf die Menschenwürde **nicht verzichtet** werden.
Eingriffe sind zudem ausnahmsweise nicht nur durch den Staat, sondern **auch durch Privatpersonen möglich**.

2. Rechtfertigung des Eingriffs
Gem. Art. 1 I 1 GG ist die Menschenwürde **„unantastbar"**. Sie stellt zudem das **oberste Verfassungsgut** dar. Daher können Eingriffe nicht gerechtfertigt werden. **Jeder Eingriff führt** also automatisch **zu einer Verletzung** der Menschenwürde.

II. Allgemeine Handlungsfreiheit, Art. 2 I GG

1. Eingriff in den SB

a) Persönlicher SB
Jedermannrecht.
Auch anwendbar auf juristische Personen nach Art. 19 III GG.

b) Sachlicher SB

Ⓓ Definition: Art. 2 I GG schützt die **allgemeine Handlungsfreiheit**, d.h. jedes menschliche Tun, Dulden und Unterlassen. Das kommt im Wortlaut des Art. 2 I GG zwar nicht klar zum Ausdruck, entspricht aber dem Willen des Gesetzgebers und **gewährleistet** einen **lückenlosen Grundrechtsschutz**.

> **Beispiele:** Geschützt sind das Reiten im Walde, das Tragen einer Tätowierung, das Motorradfahren ohne Helm.

Wegen seines extrem weiten Schutzbereichs stellt **Art. 2 I GG** ein **Auffanggrundrecht** dar, das **hinter** die **speziellen Freiheitsrechte zurücktritt, sobald nur deren Schutzbereich eröffnet** ist (es muss also nicht einmal ein Eingriff in das spezielle Freiheitsrecht vorliegen).

c) Eingriff
Beim **mittelbaren / modernen Eingriff** ist besonders genau zu prüfen, ob tatsächlich eine Beeinträchtigung des Schutzbereichs oder nur eine Belästigung vorliegt. Das verlangt eine ganz **genaue Betrachtung des Einzelfalls**.

> **Beispiel:** Wird ein Waldstück wegen des Abholzens von Bäumen durch die zuständige Behörde gesperrt, kann das einen Eingriff in die allgemeine Handlungsfreiheit von Waldspaziergängern darstellen, wenn es weit und breit kein anderes Waldstück gibt. Ist das betroffene Waldstück hingegen nur eines von vielen, liegt kein Eingriff vor.

2. Rechtfertigung des Eingriffs

a) Festlegung der Schranke

Der Eingriff kann durch die **Schrankentrias** des Art. 2 I GG („Rechte anderer", verfassungsmäßige Ordnung" und „Sittengesetz") gerechtfertigt sein.

> **ⓓ Definition:** Mit **„verfassungsmäßige Ordnung"** ist **jedes Gesetz** gemeint, es handelt sich also um einen **ganz weiten einfachen Gesetzesvorbehalt**.

Daneben haben die Schranken der **„Rechte anderer"** und der **„Sittengesetze" keine** eigenständige **Bedeutung**.

b) Schranken-Schranken

aa) Verfassungsmäßigkeit des eingreifenden Gesetzes

(1) Formelle Verfassungsmäßigkeit

(2) Materielle Verfassungsmäßigkeit

bb) Verfassungsmäßigkeit des Einzelakts

III. Allgemeines Persönlichkeitsrecht (APR), Art. 2 I i.V.m. Art. 1 I 1 GG

1. Eingriff in den SB

a) Sachlicher SB

Das APR schützt die persönliche Lebenssphäre. Wegen der ständig neu auftretenden Gefahrensituationen für die Persönlichkeitsentwicklung ist der Schutzbereich „offen", d.h. Erweiterungen zugänglich. Eine Konkretisierung ist möglich durch Bildung von Fallgruppen.

Fallgruppen:
- Schutz der Privatsphäre, z.B.:
  - Recht auf Kenntnis der eigenen Abstammung
  - Schutz von Tagebuchaufzeichnungen

- Öffentliche Darstellung, z.B.:
  - Recht am eigenen Bild und Wort
  - Recht auf Gegendarstellung
  - Recht auf informationelle Selbstbestimmung (das ist der Datenschutz)
  - Vertraulichkeit und Integrität informationstechnischer Systeme (sog. Computer-grundrecht/Online-Durchsuchung)

b) Persönlicher SB

Jedermannrecht.

Juristische Personen können sich gem. Art. 19 III GG auf diejenigen Einzelausprä-gungen des APR berufen, die auch für Personenvereinigungen „passen", z.B. das Recht am eigenen Bild und Wort.

Beachte: Weil die Anwendbarkeit bei juristischen Personen von der konkreten Einzelausprägung des APR abhängt, sollte der **persönliche Schutzbereich** ausnahmsweise **zwingend nach** dem **sachlichen Schutzbereich** geprüft werden.

c) Eingriff

2. Rechtfertigung des Eingriffs

a) Festlegung der Schranke

Der Eingriff kann durch die **Schrankentrias** des Art. 2 I GG („Rechte anderer", ver-fassungsmäßige Ordnung" und „Sittengesetz") gerechtfertigt sein. Die Schranke ist aus Art. 2 I GG abzuleiten, weil das **APR primär in Art. 2 I GG wurzelt**. Bzgl. der Details zur Schrankentrias kann auf die Ausführungen zu Art. 2 I GG verwiesen werden.

b) Schranken-Schranken

aa) Verfassungsmäßigkeit des eingreifenden Gesetzes

(1) Formelle Verfassungsmäßigkeit
(2) Materielle Verfassungsmäßigkeit

Beachte: **Sphärentheorie** i.R.d. Verhältnismäßigkeit/Angemessenheit. Danach sind zu trennen:

- **Intimsphäre:** Das ist der Wesensgehalt des APR. Wenn die Intimsphäre betroffen ist, kann der Eingriff nicht gerechtfertigt werden.

  > **Beispiel:** Totalüberwachung einer Person bis in sein Schlafzimmer hinein.

- **Privatsphäre**: Damit ist der Privatbereich jenseits der Intimsphäre gemeint. Ein Eingriff in diese Sphäre ist gerechtfertigt, wenn er dem Schutz eines besonders wichtigen Rechtsguts dient.

  > **Beispiel:** Polizei hört Gespräche in einem Büro ab, um eine schwere Straftat aufzuklären.

- **Sozialsphäre:** Hierunter fällt das Verhalten in der Öffentlichkeit. Da die Öffentlichkeit freiwillig gesucht wird, sind an die Rechtfertigung des Eingriffs keine hohen Anforderungen zu stellen

bb) Verfassungsmäßigkeit des Einzelakts

IV. Recht auf Leben und körperliche Unversehrtheit

1. Eingriff in den SB

a) Persönlicher SB
Jedermannrecht.
Nicht anwendbar auf juristische Personen nach Art. 19 III GG, weil es bei ihnen kein zu schützendes „Leben" oder eine „körperliche Unversehrtheit" gibt.

b) Sachlicher SB

Ⓓ **Definition: Leben** ist das körperliche Dasein, also die **biologische-physische Existenz**.

Das Leben endet mit der irreversiblen Funktionsunfähigkeit des Hirns; dann erlischt der Schutz durch Art. 2 II 1 GG. Das **Recht auf den Tod**, der Suizid, ist **nicht** als negative Ausprägung des Art. 2 II 1 GG **geschützt**, sondern unterfällt der allgemeinen Handlungsfreiheit des Art. 2 I GG.

ⓓ Definition: Körperliche Unversehrtheit umfasst die **physische und psychische Gesundheit**.

c) Eingriff

Ein **Eingriff** in das **Leben** ist jede staatliche Maßnahme, die zum **Tode** führt.
In das Recht auf **körperliche Unversehrtheit** wird durch alle staatlichen Maßnahmen eingegriffen, die die **Gesundheit** des Betroffenen **beeinträchtigen**.

> **Beispiele:** Körperliche Strafen, Züchtigungen, Blutentnahme, Liquorentnahme.

Richtigerweise müssen sie eine **gewisse Intensität** aufweisen, dürfen also nicht ganz geringfügig und zumutbar sein wie z.B. eine Hirnstrommessung oder eine bloße Berührung.
Da es kein Recht auf den Tod gibt, ist das **Leben** nicht disponibel, d.h. einen **Einwilligung** kommt **nicht** in Betracht. Hingegen ist bzgl. der **körperlichen Unversehrtheit** eine **Einwilligung möglich**.

> **Beispiel:** Einwilligung in eine ärztliche Heilbehandlung.

2. Rechtfertigung des Eingriffs

a) Festlegung der Schranke
Art. 2 II 3 GG beinhaltet einen **einfachen Gesetzesvorbehalt**.

> **Beispiel:** Die polizeirechtlichen Vorschriften über die Anwendung des unmittelbaren Zwangs (bis hin zum finalen Rettungsschuss) sind einschränkende Vorschriften, die sich auch Art. 2 II 3 GG stützen.

b) Schranken-Schranken

aa) Verfassungsmäßigkeit des eingreifenden Gesetzes

(1) Formelle Verfassungsmäßigkeit

(2) Materielle Verfassungsmäßigkeit
Spezielle Schranken-Schranken beinhalten **Art. 102, 104 I 2 GG**.

Ⓓ Definition: Die **Todesstrafe** im Sinne des Art. 102 GG ist die Tötung eines Menschen als **staatliche Reaktion auf** die Begehung einer **Straftat**.

Folglich verstößt der im Polizeirecht vorgesehene **finale Rettungsschuss nicht** gegen Art. 102 GG, weil er nicht der **Bestrafung, sondern** der **Gefahrenabwehr** dient.

Ⓓ Definitionen:
Eine **seelische Misshandlung** im Sinne des Art. 104 I 2 GG ist eine **entwürdigende und entehrende Behandlung**.

> **Beispiel:** Schwere Beleidigungen.

Als **körperliche Misshandlung** nach Art. 104 I 2 GG wird ein **übles, unangemessenes Behandeln** angesehen, das entweder das **körperliche Wohlbefinden oder** die **körperliche Unversehrtheit nicht unerheblich beeinträchtigt**.

> **Beispiel:** Folter.

bb) Verfassungsmäßigkeit des Einzelakts

V. Recht auf Freiheit der Person, Art. 2 II 2 i.V.m. Art. 104 GG

1. Eingriff in den SB

a) Persönlicher SB
Jedermannrecht.
Nicht anwendbar auf juristische Personen nach Art. 19 III GG, weil sie nicht in der durch Art. 2 II 2 GG geschützten körperlichen Bewegungsfreiheit beeinträchtigt sein können.

b) Sachlicher SB

Ⓓ Definition: Freiheit der Person meint **körperliche Bewegungsfreiheit**.

Geschützt ist das Recht, sich an einen Ort zu begeben, dort zu bleiben und ihn wieder zu verlassen. In negativer Hinsicht schützt Art. 2 II 2 GG auch das Recht, einen Ort zu meiden.

c) Eingriff

Ein Eingriff ist nur gegeben, wenn die **Bewegungsfreiheit** des Betroffenen **auf** einen **relativ begrenzten Raum beschränkt** wird **und gegen** das **Verlassen** dieses Raumes besondere **Sicherungen bestehen**, indem er entweder verschlossen ist oder bei dem Versuch des Verlassens des Raumes sofortiger unmittelbarer Zwang droht.

Eine **besonders intensive Form** der Freiheitsbeschränkung ist die **Freiheitsentziehung** im Sinne des **Art. 104 GG**. Eine Freiheitsentziehung liegt vor, wenn die körperliche Bewegungsfreiheit auf einen eng umgrenzten Raum beschränkt wird, sodass die **Bewegungsfreiheit in jede Richtung aufgehoben** ist. Angesichts der strengen Anforderungen des Art. 104 II-IV GG muss die Aufhebung der Bewegungsfreiheit eine **gewisse Mindestdauer** angehalten haben. **Wenige Stunden genügen** deshalb **nicht**, um von einer Freiheitsentziehung ausgehen zu können

2. Rechtfertigung des Eingriffs

a) Festlegung der Schranke

Art. 2 II 3 GG gilt zwar an sich auch für das Recht auf Freiheit der Person, wird aber **durch** den **qualifizierten Gesetzesvorbehalt** des **Art. 104 I 1 GG ergänzt**. Das in Art. 104 I 1 GG genannte **„förmliche Gesetz"** ist ein **Parlamentsgesetz**, d.h. der Bundestag oder der jeweilige Landtag muss eine Freiheitsbeschränkung per Gesetz regeln. Nicht ausreichend sind folglich Satzungen und Rechtsverordnungen. Mit **„Formen"** meint Art. 104 I 1 GG gesetzliche Regelungen zur **zuständigen Behörde**, zum **Verfahren** und zur **Form** der Anordnung einer Freiheitsbeschränkung.

Für **Freiheitsentziehungen** formuliert **Art. 104 II-IV GG** weitere Anforderungen, denen ein eingreifendes Gesetz genügen muss.

b) Schranken-Schranken

aa) Verfassungsmäßigkeit des eingreifenden Gesetzes

(1) Formelle Verfassungsmäßigkeit

(2) Materielle Verfassungsmäßigkeit

bb) Verfassungsmäßigkeit des Einzelakts

Auch hier sind für **Freiheitsentziehungen** die **speziellen Anforderungen** des **Art. 104 II-IV GG** zu beachten.

VI. Glaubens- und Gewissensfreiheit sowie Recht der Kriegsdienstverweigerung, Art. 4 GG

Art. 4 I, II GG beinhaltet die Glaubens- und Gewissensfreiheit, wohingegen Art. 4 III GG das Recht zur Kriegsdienstverweigerung verbürgt. **Art. 4 III GG** ist **im Verhältnis zu Art. 4 I, II GG abschließend**, d.h. aus Gewissensgründen kann zwar der Kriegsdienst (womit auch der Wehrdienst gemeint ist) verweigert werden, der mögliche Ersatzdienst nach Art. 12a II 1 GG kann dann jedoch nicht auch noch unter Berufung auf Art. 4 I, II GG verweigert werden.

Art. 4 III GG hat keine Relevanz mehr, weil der Vollzug der Wehrpflicht ausgesetzt ist. Daher konzentriert sich die nachfolgende Darstellung auf Art. 4 I, II GG.

1. Eingriff in den SB

a) Persönlicher SB
Jedermannrechte.

Die Glaubensfreiheit ist auf juristische Personen gem. Art. 19 III GG anwendbar, weil der Glaube nicht nur einzeln, sondern im Kollektiv gelegt werden kann. Hingegen können sich juristische Personen nicht auf die Gewissensfreiheit berufen, weil diese kein Gewissen entwickeln können.

b) Sachlicher SB
Art. 4 I, II GG beinhaltet einen **einheitlichen Schutzbereich** der Glaubens- und Gewissenfreiheit, weil ansonsten gem. Art. 4 II GG nur die Religionsfreiheit ausgeübt werden dürfte, die anderen Rechte aus Art. 4 I GG hingegen nicht; diese dürfte man nur haben, nicht aber ausleben. Das wäre eine unzulässige Privilegierung der Religionsfreiheit.

ⓓ Definitionen:

Glauben ist jede Überzeugung des Einzelnen von der Stellung des Menschen in der Welt und seinen Beziehungen zu höheren Mächten und tieferen Seinsschichten. Es muss also ein sog. **transzendenter Bezug** vorliegen, d.h. der Glaube an etwas Übersinnlichem.

Gewissen ist jede ernstlich an den **Kategorien „gut/böse"** und „gerecht/ungerecht" orientierte Überzeugung, die der **Einzelne für sich** als **verbindlich** erfährt.

Geschützt ist das Recht, einen Glauben/ein Gewissen zu bilden und zu haben (**forum internum**) sowie das Recht, nach seinem Glauben/Gewissen zu leben (**forum externum**). Ebenfalls geschützt ist - wie bei jedem Grundrecht - die **negative Freiheit**, d.h. das Recht, einen Glauben/Gewissen nicht zu bilden/haben/leben.

Beachte: Entscheidend für die Eröffnung des sachlichen Schutzbereichs ist die **individuelle** Glaubensüberzeugung (für das Gewissen ist das ohnehin klar, da es stets individuell ist). Ob andere Personen den Glauben teilen, spielt keine Rolle. Allerdings schützt Art. 4 I, II GG auch die **kollektive Glaubensfreiheit** und damit die Betätigung von Religionsgemeinschaften. Bestätigt wird dies durch **Art. 140 GG i.V.m. Art. 137 WRV**. Art. 137 III WRV gewährt den Religionsgemeinschaften ein Selbstverwaltungsrecht, das so weit geht, dass es auch eine eigene Kirchengerichtsbarkeit erfasst.

Erforderlich ist eine **substantiierte Darlegung der Glaubens- bzw. Gewissensgeleitetheit des Handelns**, bloße Verbalbehauptungen genügen nicht. Daher fällt ein lediglich religiös motiviertes wirtschaftliches Handeln, bei dem primär finanzielle Interessen verfolgt werden, nicht in den Schutzbereich.

> **Beispiele:** Verkauf von Kaffee und Kuchen auf einem Pfarrfest; Kauf eines Grundstücks durch eine Kirchengemeinde zwecks Errichtung einer religiösen Begegnungsstätte.

c) Eingriff

2. Rechtfertigung des Eingriffs

a) Festlegung der Schranke

Für die **Gewissensfreiheit** existiert kein Gesetzesvorbehalt, es greifen nur die **verfassungsimmanenten Schranken**.

Fraglich ist, was bei der **Glaubensfreiheit** gilt. Nach einer **Mindermeinung** existiert ein **Gesetzesvorbehalt gem. Art. 140 GG i.V.m. Art. 136 I WRV**. Über den Anwendungsbefehl des Art. 140 GG handele es sich bei Art. 136 I WRV um voll gültiges Verfassungsrecht. Zudem akzeptiere auch die h.M. Art. 136 III 2 WRV als Gesetzesvorbehalt. Es gebe keinen Grund, dies bei Art. 136 I WRV anders zu sehen. Die **herrschende Meinung** (BVerfG) geht gleichwohl von einem **vorbehaltlos**

geschützten Grundrecht aus. Die Glaubensfreiheit sei bewusst vom Verfassungs-gesetzgeber an die Spitze des GG gestellt worden, um ihre starke Stellung zu betonen. Art. 4 I, II GG überlagere und verdränge deshalb Art. 136 I WRV (sog. **„Über-lagerungstheorie"**). Zudem bestehe kein sachlicher Grund, die Glaubensfreiheit anders zu behandeln als die ebenfalls in Art. 4 I, II GG geschützte Gewissensfreiheit, die keinen Gesetzesvorbehalt hat.

b) Schranken-Schranken

aa) Verfassungsmäßigkeit des eingreifenden Gesetzes

bb) Verfassungsmäßigkeit des Einzelakts

VII. Grundrechte des Art. 5 GG
Art. 5 GG beinhaltet **insgesamt 7 Grundrechte**, weshalb stets ganz **genau** zu **zitieren**.

Im Einzelnen handelt es sich um:

- Meinungsfreiheit, Art. 5 I 1 Hs. 1. GG
- Informationsfreiheit, Art. 5 I 1 Hs. 2. GG
- Pressefreiheit, Art. 5 I 2 Var. 1 GG
- Rundfunkfreiheit, Art. 5 I 2 Var. 2 GG
- Filmfreiheit, Art. 5 I 2 Var. 3 GG
- Kunstfreiheit, Art. 5 III 1 Var. 1 GG
- Wissenschaftsfreiheit, Art. 5 III 1 Var. 2 GG (Forschung und Lehre sind Unterfälle der Wissenschaftsfreiheit)

Nachfolgend werden zunächst die Grundrechte aus Art. 5 I 1, 2 GG und sodann die Grundrechte aus Art. 5 III 1 GG gebündelt dargestellt.

1. Grundrechte des Art. 5 I 1, 2 GG

a) Eingriff in den SB

aa) Persönlicher SB
Alle Grundrechte aus Art. 5 I 1, 2 GG sind Jedermannrechte.
Sie sind gem. Art. 19 III GG auch auf juristische Personen anwendbar.

bb) Sachlicher SB

🅓 **Definition: Meinung** im Sinne des Art. 5 I 1 Hs. 1 GG ist **jedes Werturteil**, unabhängig davon, ob es vernünftig oder unvernünftig ist.

Erfasst sind **auch Beleidigungen** einschließlich der sog. **Schmähkritik** (damit sind Begriffe aus der „Gossensprache" gemeint). Dass auch Beleidigungen und Schmähkritik geschützt werden folgt im **Umkehrschluss** aus der Schranke **„Recht der persönlichen Ehre"** in **Art. 5 II GG**. Kann nämlich zum Schutz der persönlichen Ehre in die Meinungsfreiheit eingegriffen werden, setzt das voraus, dass ehrverletzende Äußerungen vom Schutzbereich erfasst sind.

Weiterhin erfasst sind **verfassungsfeindliche Äußerungen**. Hingegen ist der Schutzbereich nicht eröffnet, wenn der Zwang besteht, erkennbar fremde Meinungen wiederzugeben (z.B. Warnhinweise auf Produkten).

Tatsachen werden nur geschützt, wenn sie Voraussetzung für die Bildung einer Meinung und weder bewusst noch erwiesen unwahr sind (kein Schutz der sog. „Auschwitz-Lüge", also der Leugnung des Holocausts). Bei Vermengung von Tatsachen und Werturteilen kommt es darauf an, wo der Schwerpunkt der Äußerung liegt.

Geschützt ist jede Form der Meinungsäußerung, die **Aufzählung in Art. 5 I 1 Hs. 1 GG** ist nur **exemplarisch**. Eine Grenze ist erreicht, wenn dem anderen die eigene Meinung aufgezwungen wird.

> **Beispiel:** Androhung wirtschaftlicher Sanktionen, wenn der andere die eigene Meinung nicht teilt.

🅓 **Definitionen:**

Informationsquellen im Sinne des Art. 5 I 1 Hs. 2 GG sind **alle Träger von Informationen**, unabhängig davon, ob die Informationen Meinungen oder Tatsachen enthalten oder ob sie öffentliche oder private Angelegenheiten betreffen.

> **Beispiele:** Zeitungen, Radio, Fernsehen, Internet, aber auch ein Verkehrsunfall oder eine Naturkatastrophe.

Allgemein zugänglich ist die Informationsquelle, wenn sie dazu **geeignet und bestimmt** ist, einem individuell **nicht näher bestimmten Personenkreis Informationen zu verschaffen**.

> **Beispiele:** Zeitungen, Radio, Fernsehen sind danach allgemein zugänglich, nicht aber der Polizeifunk oder eine Behördenakte.

Mit **Presse** im Sinne des Art. 5 I 2 Var. 1 GG ist **jedes zur Verbreitung geeignete und bestimmte Druckerzeugnis** gemeint, unabhängig davon, ob es einmalig oder periodisch wiederkehrend erscheint.

Daher sind z.B. auch Flugblätter und Plakate geschützt. Auf die Qualität oder den Wahrheitsgehalt kommt es nicht an, sodass z.B. auch reine Anzeigenblätter als „Presse" anzusehen sind. Weiterhin unterfallen richtigerweise auch **Onlinedienste** von Zeitungen und Zeitschriften dem sachlichen Schutzbereich.

Adressat muss die **Masse** sein, nicht ein Individuum (dann ist Art. 10 I GG einschlägig).

Geschützt ist der **komplette Vorgang des Erstellens und des Vertriebs** des Presseerzeugnisses. Das beginnt mit dem Sammeln von Informationen (Stichwort: Informantenschutz), setzt sich fort mit der Produktion und endet beim Verkauf. Folglich ist auch der Druckereimitarbeiter geschützt, der ein Presseerzeugnis druckt, sowie der Straßenverkäufer, der Zeitungen verkauft (daneben ist häufig auch Art. 12 I GG anwendbar).

Zum **Verhältnis Meinungsfreiheit ←→ Pressefreiheit:** Die **Meinungsfreiheit** schützt den Inhalt des Presseartikels, also das **„OB"** der Meinungskundgabe. Die **Pressefreiheit** schützt die Form der Verbreitung, das **„WIE"** der Meinungskundgabe, also z.B. die Redakteure bei ihrer Arbeit oder das Presseerzeugnis als solches.

Ⓓ **Definition: Rundfunk** gem. Art. 5 I 2 Var. 3 GG ist jede **an** eine **unbestimmte Vielzahl von Personen gerichtete** drahtlose oder drahtgebundene **Übermittlung von Gedankeninhalten** durch physikalische Wellen.

Damit ist **auch** das **Fernsehen** erfasst (sog. Fernsehrundfunk) sowie Pay-TV, Videotext oder das **Internet**. Inhalt und Niveau des Programms spielen keine Rolle, sodass auch Werbesendungen oder Wahlspots geschützt sind.

Ⓓ **Definition:** Unter **Film** gem. Art. 5 I 2 Var. 3 GG wird eine **Übermittlung von Gedankeninhalten durch Bilderreihen** verstanden, die zur **Projektierung in der Öffentlichkeit** bestimmt sind.

Damit greift die Filmfreiheit nur ein, wenn der Film öffentlich gezeigt wird.

cc) Eingriff

b) Rechtfertigung des Eingriffs

aa) Festlegung der Schranke
Für alle Grundrechte in Art. 5 I 1, 2 GG gilt der **qualifizierte Gesetzesvorbehalt** des **Art. 5 II GG**.

Ⓓ Definition: Allgemeine Gesetze sind Gesetze, die sich **nicht gegen** eine **bestimmte Meinung** als solche richten, **sondern** dem **Schutz** eines **höherrangigen Rechtsguts** dienen.

In einer Klausur muss an dieser Stelle das geschützte Rechtsgut genannt und an einer Vorschrift des Grundgesetzes festgemacht werden.

> **Beispiel:** Äußert ein Schüler in der Schule Beleidigungen und wird deshalb bestraft, ist das geschützte Rechtsgut die Aufrechterhaltung der schulischen Ordnung, die durch Art. 7 I GG geschützt ist.

Nach der Rechtsprechung des BVerfG **gilt** das **Gebot der Meinungsneutralität auch für** die Schranken des **Jugend- und Ehrenschutzes**, sodass diese beiden Schranken keine eigenständige Bedeutung haben. Zur Begründung verweist das BVerfG darauf, dass dadurch Diskriminierungen bestimmter Meinungen verhindert werden. Speziell für politische Meinungen folgt dies aus Art. 3 III 1 GG. Das müsse auch beim Jugend- und Ehrenschutz gelten. Eine **Ausnahme** vom Gebot der Meinungsneutralität soll jedoch gelten, wenn es um die **Sanktionierung der propagandistischen Gutheißung der NS-Gewaltherrschaft** geht.

> **Beispiel:** § 130 IV StGB. Solche Äußerungen stellen wegen der Einmaligkeit der Verbrechen während der NS-Zeit eine Sonderkonstellation dar. Es liegt hier eine immanente Ausnahme vom Gebot der Allgemeinheit der Gesetze vor, weil das Grundgesetz gerade ein Gegenentwurf zu den Zuständen während der NS-Zeit ist. Daher ist diese Ausnahme auch nicht auf andere Konstellationen übertragbar (wie z.B. das stalinistische Terrorregime).

bb) Schranken-Schranken

(1) Verfassungsmäßigkeit des eingreifenden Gesetzes

(a) Formelle Verfassungsmäßigkeit

(b) Materielle Verfassungsmäßigkeit

(aa) Verhältnismäßigkeit

Beachte: **Wechselwirkungslehre** im Rahmen der Angemessenheit, d.h. das einschränkende Gesetz muss seinerseits die besondere Bedeutung der Grundrechte aus Art. 5 I 1, 2 GG in einem demokratischen Rechtsstaat beachten. Das einschränkende Gesetz wird also seinerseits begrenzt durch die besondere Wertigkeit der Meinungsfreiheit.

(bb) Zensurverbot, Art. 5 I 3 GG

D **Definition: Zensur** ist die Pflicht, Äußerungen oder Medienprodukte **vorab** einer **Behörde vorzulegen**, die über die Zulässigkeit der Verbreitung und Verwendung entscheidet.

Gemeint ist nur die Vorzensur. Wäre auch jede nachträgliche Einschränkung der Grundrechte aus Art. 5 I 1, 2 GG gem. Art. 5 I 3 GG verboten, dann wären die Schranken in Art. 5 II GG überflüssig.

(2) Verfassungsmäßigkeit des Einzelakts
Verhältnismäßigkeit.

Beachte: **Wechselwirkungslehre** im Rahmen der Angemessenheit, d.h. Betonung der besonderen Bedeutung der Grundrechte aus Art. 5 I 1, 2 GG.
Speziell bei der Meinungsfreiheit spielt für die Abwägung eine Rolle, ob sich die Meinungsäußerung mit **privaten oder öffentlichen Themen** beschäftigt, ob es sich um einen **Erstschlag oder** um einen **Gegenschlag** handelt. Im Zweifel besteht eine Vermutung für die Zulässigkeit der freien Rede.

Bei **mehrdeutigen Äußerungen** ist zu **differenzieren**:

- **Repression** (z.B. strafrechtliche Verurteilung, Schadensersatzansprüche, Gegendarstellung): Sie ist nur zulässig, wenn jede für den Betroffenen günstigere Auslegung seiner Äußerung plausibel ausgeschlossen werden kann.

> **Beispiel:** Die Äußerung „Soldaten sind Mörder" muss nicht zwingend so verstanden werden, dass alle Soldaten den Straftatbestand des § 211 StGB verwirklichen; folglich kann derjenige, der diese Äußerung tätigt, nicht wegen Beleidigung bestraft werden.

- **Prävention** (z.B. zivilrechtliche Unterlassungsklagen): Hier kann ohne weiteres die ungünstigste Auslegung zugrunde gelegt werden, weil es dem Äußernden freisteht, sich in Zukunft eindeutig auszudrücken und damit klarzustellen, wie er seine Äußerung versteht.

2. Grundrechte des Art. 5 III 1 GG

a) Eingriff in den SB

aa) Persönlicher SB

Die Grundrechte aus Art. 5 III 1 GG sind Jedermannrechte.
Gem. Art. 19 III GG sind sie auch auf juristische Personen anwendbar, wenn sie eine geschützte Tätigkeit ausüben.

> **Beispiel:** Eine Galerie hat die Rechtsform einer GmbH und stellt Kunst aus.

bb) Sachlicher SB

Die Definition des Begriffs **„Kunst"** bereitet Schwierigkeiten, weil er sich nur schwer umschreiben lässt. Letztlich werden **drei Kunstbegriffe** vertreten, **die sich** aber nicht gegenseitig verdrängen, sondern **ergänzen**. Der Schutzbereich der Kunstfreiheit ist also bereits eröffnet, wenn die Voraussetzungen eines dieser drei Begriffe erfüllt sind. Nach dem sog. **formalen Kunstbegriff** ist Kunst, was zu den klassischen Kunstrichtungen wie Theater, Malerei etc. gehört. Nach dem sog. **materiellen Kunstbegriff** zeichnet sich Kunst durch eine freie schöpferische Gestaltung aus, in der Eindrücke, Erfahrungen und Erlebnisse des Künstlers mittels einer Formensprache zur Anschauung gebracht werden. Schließlich sieht der sog. **offene**

Kunstbegriff das Wesen der Kunst darin, dass sie einer fortdauernden Interpretation offen steht. In Zweifelsfällen ist darauf abzustellen, ob ein in Kunstfragen sachverständiger Dritter das Werk als Kunst einstufen würde.

Erfasst ist auch die sog. **unfriedliche Kunst**, die in Rechte Dritter eingreift (z.B. Sprayer), weil Art. 5 III 1 GG keine Beschränkungen des Schutzbereichs kennt.

Geschützt sind ferner der **Werk- und Wirkbereich**, d.h. nicht nur die Produktion des Kunstwerks, sondern auch ihre Darstellung und Verbreitung. Eine Grenze ist erst erreicht, wenn es nur noch um Kommerz geht. Dann greift Art. 12 I GG.

Gegenüber den **Grundrechten aus Art. 5 I 1, 2 GG** ist die Kunstfreiheit **vorrangig** (lex specialis), weil sie die strengeren Rechtfertigungsanforderungen hat.

Wissenschaft im Sinne des Art. 5 III 1 Var. 2 GG ist der **Oberbegriff für Forschung und Lehre**.

D Definitionen:

> Wissenschaftliche **Forschung** ist jede Tätigkeit, die nach Inhalt und Form als ernsthafter und planmäßiger Versuch zur **Ermittlung der Wahrheit** anzusehen ist.

> Wissenschaftliche **Lehre** ist die fundierte **Übermittlung der** durch die Forschung gewonnenen **Erkenntnisse**.

Geschützt sind damit die privaten und öffentlichen Forschungs- und Lehreinrichtungen, nicht aber die Schulen, für die der speziellere Art. 7 GG gilt.

cc) Eingriff

b) Rechtfertigung des Eingriffs

aa) Festlegung der Schranke
Der qualifizierte Gesetzesvorbehalt des **Art. 5 II GG** greift nach seinem Wortlaut („**diese** Rechte") und seiner systematischen Stellung vor Art. 5 III GG **nicht**, sodass die **verfassungsimmanente Schranken gelten**.

bb) Schranken-Schranken

(1) Verfassungsmäßigkeit des eingreifenden Gesetzes

(2) Verfassungsmäßigkeit des Einzelakts

VIII. Ehe und Familie, Art. 6 GG

Art. 6 GG muss **nur in Grundzügen** beherrscht werden und wird deshalb verkürzt dargestellt.

Art. 6 I und Art. 6 II GG beinhalten die zentralen Regelungen. **Art. 6 II GG hat** dabei **Vorrang** vor Art. 6 I GG.

Art. 6 II 1 GG schützt umfassend das elterliche Pflege- und Erziehungsrecht, das die **Sorge für** die **Person** des Kindes **sowie** für seine **Bildung und Ausbildung** beinhaltet.

> ▌ **Beispiele:** Religiöse Erziehung, Auswahl der Lektüre des Kindes.

Die elterlichen Befugnisse nehmen mit fortschreitendem Alter des Kindes ab und erlöschen mit dessen Volljährigkeit.

Staatliche Eingriffe können durch den **qualifizierten Gesetzesvorbehalt** des **Art. 6 II 2 GG** gerechtfertigt sein. Er gestattet staatliche Eingriffe zum Wohle des Kindes, wenn die Eltern ihrem Erziehungsauftrag nicht gerecht werden (sog. **Wächteramt des Staates**). Jenseits des Art. 6 II 2 GG können **auch** die **verfassungsimmanenten Schranken** einen Eingriff rechtfertigen.

Art. 6 III GG ist eine **spezielle Schranke-Schranke** und vorsichtig anzuwenden.

Art. 6 I GG schützt die Ehe und Familie.

> Ⓓ **Definition:** Die **Ehe** ist eine freiwillig eingegangene Lebensgemeinschaft, die grundsätzlich auf lebenslange Verbindung abzielt und die durch Eheschließung nach den gesetzlichen Bestimmungen begründet wird.

Umstritten ist, ob nur die Lebensgemeinschaft von Mann und Frau eine Ehe sein kann oder ob auch **gleichgeschlechtliche Lebensgemeinschaften** erfasst sind. Zumindest der historische Gesetzgeber wollte nur die heterosexuelle Ehe schützen, wohingegen die zwischenzeitlich eingetretene gesellschaftliche Akzeptanz gleichgeschlechtlicher Beziehungen für eine Ausweitung des Ehebegriffs spricht.

Nicht geschützt sind hingegen **Scheinehen**, die nur pro forma geschlossen werden, um einen Namen weiterzugeben oder um in den Genuss eines ausländerrechtlichen Aufenthaltstitels zu gelangen. Sie stellen einen Rechtsmissbrauch dar. Weiterhin nicht geschützt sind die **Mehrehen**.

ⓓ Definition: Familie ist die umfassende Gemeinschaft der Eltern mit ihren Kindern, seien die Eltern miteinander verheiratet oder nicht. Ferner spielt es keine Rolle, ob die Kinder minder- oder volljährig, Adoptiv- Stief- oder Pflegekinder, aus einer Ein- oder Mehrehe hervorgegangen sind.

Geschützt sind das Recht, eine Ehe zu schließen bzw. eine Familie zu gründen sowie dies nicht zu tun und die Entscheidung, ob, wann und wie viele Kinder die Eltern haben wollen.
Eingriffe in die Ehe und Familie können mangels Gesetzesvorbehalts **nur** durch die **verfassungsimmanenten Schranken** gerechtfertigt werden.

Art. 6 IV GG beinhaltet einen unmittelbaren Leistungsanspruch gegenüber dem Staat, der aber wegen der Wesentlichkeitstheorie durch den Gesetzgeber zu konkretisieren ist. Folglich kann eine Mutter aus Art. 6 IV GG z.B. keinen Anspruch auf eine bestimmte staatliche Geldleistung herleiten.

Art. 6 V GG ist eine spezielle Ausprägung des allgemeinen Gleichheitssatzes aus Art. 3 I GG.

IX. Versammlungsfreiheit, Art. 8 GG

1. Eingriff in den SB

a) Persönlicher SB
Deutschenrecht. Personen, die nicht EU-Bürger sind, können sich auf Art. 2 I GG berufen.
Gem. Art. 19 III GG ist die Versammlungsfreiheit auch auf juristische Personen anwendbar, wenn sie z.B. eine Versammlung veranstalten.

b) Sachlicher SB

aa) Versammlung

ⓓ Definition: Eine Versammlung ist das Zusammentreffen **mehrerer Personen**, zwischen denen eine **innere Verbindung** besteht.

Innere Verbindung bedeutet, dass die Personen einander brauchen, um das verfolgte Ziel zu erreichen. Fehlt die innere Verbindung, handelt es sich nur um eine Ansammlung.

> **Beispiel:** Personen, die an einer Bushaltestelle auf den Bus warten, stellen nur eine Ansammlung dar.

Wegen des individualbezogenen Schutzzwecks des Art. 8 I GG sind **2 Teilnehmer ausreichend**, um von einer Versammlung ausgehen zu dürfen.

Zweck der Versammlung muss es nach der Rechtsprechung des BVerfG sein, auf die **öffentliche Meinungsbildung einzuwirken** (sog. **enger Versammlungsbegriff**). Folglich genügt die Erörterung privater Themen oder aber die Veranstaltung eines Konzerts oder Fußballspiels nicht, um von einer Versammlung ausgehen zu dürfen. Hintergrund ist einerseits die historische Auslegung: Art. 8 GG ist eine Reaktion auf die Weimarer und NS-Zeit und sollte nach dem Willen des Verfassungsgebers dem Schutz politischer Veranstaltungen dienen. Darüber hinaus soll der sehr gute Schutz des Art. 8 GG nicht jeder Spaß- und Konsumveranstaltung zugutekommen.

Beachte: Geschützt ist nicht nur die Abhaltung der Versammlung selbst, sondern auch deren Vorbereitung (**Festlegung von Ort, Zeit, Motto der Versammlung**) sowie der Weg zur Versammlung sowie das Verlassen der Versammlung. Auch die „kritische Teilnahme" an einer Versammlung (Buhrufe, Trillerpfeifen etc.) ist grds. geschützt. Eine Grenze ist erst erreicht, wenn die Handlung darauf ausgerichtet ist, die Versammlung zu verhindern.

Die Versammlungsfreiheit gewährt **kein Zutrittsrecht zu beliebigen Orten**. Art. 8 I GG schützt jedoch die Durchführung von Versammlungen an solchen **Orten, die dem allgemeinen öffentlichen Verkehr und der allgemeinen Kommunikation dienen**. Das gilt zum einen im öffentlichen Straßenraum. Zum anderen können auch andere Orte der allgemeinen Kommunikation erfasst sein wie Einkaufszentren und Ladenpassagen.

> **Beispiel:** Für die Terminals des Frankfurter Flughafens ist das insoweit zu bejahen, als sie frei zugänglich sind. Für die Bereiche hinter den Sicherheitsschleusen und die Gepäckausgabe liegt diese Voraussetzung nicht vor. Hier wird der Zugang individuell kontrolliert bzw. diese Bereiche dienen nur einer ganz bestimmten Funktion.

> **Gegenbeispiel:** Der Stuttgarter Hauptbahnhof ist wegen seiner Bauweise und der Anordnung des Gastronomie- und Geschäftsangebots nicht dem allgemeinen öffentlichen Verkehr eröffnet, sondern dient primär der Abwicklung des Reiseverkehrs.

Art. 8 I GG umfasst weiterhin grundsätzlich auch das **Recht**, sich der **Redner** auf der Versammlung **frei auszusuchen**. Das findet seine **Grenze** jedoch im **Auftritt ausländischer Regierungsmitglieder**, da dann der Bereich der auswärtigen Angelegenheiten betroffen ist, der in die alleinige Entscheidungsgewalt der Bundesregierung fällt.

bb) Schutzbereichsausschlüsse

Der Schutzbereich des Art. 8 I GG ist von vornherein nicht eröffnet, wenn Versammlungsteilnehmer unfriedlich sind oder Waffen bei sich führen (sog. Schutzbereichsausschlüsse).

Ⓓ Definitionen:

Eine **Waffe** ist jeder gefährliche Gegenstand, der mit **Verwendungsabsicht** mitgeführt wird.

> **Beispiel:** Ein Regenschirm mit Spitze ist somit eine Waffe, wenn er mitgeführt wird, um ihn gegen andere Personen einzusetzen.

Unfriedlichkeit liegt bei einem gewalttätigen und aufrührerischen Verlauf vor (vgl. § 5 Nr. 3 VersammlG), d.h. es muss aggressiv-körperlich auf Personen oder Sachen eingewirkt werden. Eine bloße Sitzblockade erfüllt diese Voraussetzung nicht.

c) Eingriff

Hier ist besonders darauf zu achten, ob sich die umstrittene staatliche Maßnahme wirklich **gegen die Versammlung richtet** oder aber ein anderes Ziel verfolgt und damit nur anlässlich einer Versammlung ergeht. Verkürzt formuliert muss eine sog. **versammlungstypische Gefahr** bekämpft werden.

> **Beispiel:** Ein Eingriff liegt nicht vor, wenn ein Versammlungsraum von der Polizei geräumt wird, weil die Decke einzustürzen droht.

Hingegen liegt ein Eingriff vor, wenn die Wahrnehmbarkeit der Versammlung behindert wird, z.B. durch Sichtblenden. Ein Eingriff ist ferner die

Videoüberwachung einer Versammlung wegen der Gefahr der Einschüchterung der Versammlungsteilnehmer.

2. Rechtfertigung des Eingriffs

a) Festlegung der Schranke
Einfacher Gesetzesvorbehalt in **Art. 8 II GG**, der allerdings voraussetzt, dass die Versammlung unter freiem Himmel stattfindet.

> **D** **Definition:** „Unter freiem Himmel" findet eine Versammlung statt, wenn sie **keine feste seitliche Begrenzung** (Bauzäune, Mauern etc.) hat.

Es geht also nicht darum, ob die Teilnehmer ein Dach über dem Kopf haben, sondern ob eine **unmittelbare Auseinandersetzung mit einer unbeteiligten Öffentlichkeit** gewollt ist. Deshalb sind z.B. auch Versammlungen in einem Flughafenterminal „unter freiem Himmel".
Bei Versammlungen, die **nicht unter freiem Himmel**, sondern in geschlossenen Räumen stattfinden, greifen nur die **verfassungsimmanenten Schranken**.

Etwas problematisch ist das **Verhältnis** zwischen dem **VersammlG und** dem **allgemeinen Polizeirecht**. Das **VersammlG** ist spezielles Polizeirecht und deshalb gegenüber dem allgemeinen Polizeirecht **vorrangig** (sog. **Polizeifestigkeit von Versammlungen**). Bei Maßnahmen im Vorfeld einer Versammlung (z.B. Personenkontrollen auf der Anfahrt) ist ein Rückgriff auf das allgemeine Polizeirecht jedoch zulässig, soweit das VersammlG keine Regelung enthält (wie z.B. für das Versammlungsverbot in § 15 I, II VersG). Problematisch an diesem Rückgriff auf das PolG NRW bzw. OBG ist, dass § 7 PolG NRW und § 44 OBG nicht Art. 8 GG als eingeschränktes Grundrecht zitieren. Nach herrschender Meinung ist dies aber unschädlich, weil **Vorfeldmaßnahmen** nur als **unbeabsichtigte Nebenfolge** Einschränkungen des Art. 8 I GG in Kauf nähmen und daher nicht dem Zitiergebot genügen müssten.
Hat die **Versammlung** hingegen **bereits begonnen**, scheidet ein Rückgriff auf das allgemeine Polizeirecht aus. Stattdessen sollen behördliche Handlungen, die im VersammlG nicht ausdrücklich normiert sind, als sog. **Minus-Maßnahmen** gerechtfertigt werden. Legitimiere das VersammlG nämlich mit §§ 13 I, 15 III VersammlG sogar die Auflösung einer Versammlung, also den denkbar schwersten Eingriff in die Versammlungsfreiheit, gestatte es erst recht auch weniger eingriffsintensive Maßnahmen.

b) Schranken-Schranken

aa) Verfassungsmäßigkeit des eingreifenden Gesetzes

Zu beachten ist, dass der Bund für das Versammlungsrecht keine Gesetzgebungsbefugnis mehr hat und die Länder daher eigene Versammlungsgesetze erlassen dürfen. Solange dies jedoch noch nicht geschehen ist, gilt weiterhin gem. **Art. 125a I GG** das VersammlG des Bundes.

bb) Verfassungsmäßigkeit des Einzelakts

Prüfung der **Verhältnismäßigkeit**. Dabei treten häufig folgende **Probleme** auf:

- **Unfriedliche Gegendemonstranten**

  Treten unfriedliche Gegendemonstranten auf, muss gegen diese eingeschritten werden. Ein Handeln gegen die friedliche Ausgangsversammlung ist nur möglich bei Vorliegen, wenn die Polizei die unfriedlichen Gegendemonstranten auch unter Aufbietung aller Kräfte (notfalls aus dem gesamten Bundesgebiet) nicht in den Griff bekommt.

- **Spontan- und Eilversammlungen**

D Definitionen:

Spontanversammlungen sind Versammlungen, die aus einem momentanen Anlass entstehen und **keinen Veranstalter** haben.

> **Beispiel:** Nach einem großen Unglücksfall findet spontan noch am gleichen Abend eine Trauerkundgebung statt.

Eilversammlungen haben einen Veranstalter, jedoch wird der **Versammlungszweck vereitelt, wenn** die **Anmeldefrist** des § 14 I VersammlG **beachtet** werden muss.

> **Beispiel:** A liest in der Zeitung, dass morgen der US-Verteidigungsminister in die Stadt kommt und will gegen ihn demonstrieren.

Problematisch ist in beiden Fällen die **Anmeldefrist** des **§ 14 I VersammlG**, da der Versammlungszweck vereitelt würde, wenn der Veranstalter der Versammlung die Frist beachten müsste. Daher gilt die Anmeldefrist für Spontanversammlungen gar nicht und bei Eilversammlungen ist § 14 I VersammlG so auszulegen, dass die Anmeldung zwar möglichst früh erfolgen, jedoch nicht die 48-Stundenfrist einhalten muss.

Ein bloßer Verstoß gegen die Anmeldepflicht legitimiert im Übrigen keine Auflösung der Versammlung, weil es unangemessen wäre, auf diesen rein formalen Rechtsverstoß mit der härtesten Sanktion der Auflösung zu reagieren.

- **Öffentliche Ordnung als Verbots- bzw. Auflösungsgrund**
  Die öffentliche Ordnung als Merkmal des § 15 I VersammlG kann das Verbot bzw. die Auflösung einer Versammlung nicht rechtfertigen, weil Art. 8 GG wegen seiner besonderen Bedeutung für die Demokratie ein zu wichtiges Grundrecht, Verbot und Auflösung zu erhebliche Eingriffe und die öffentliche Ordnung ein zu unbestimmter Rechtsbegriff ist. Zulässig sind nur weniger eingriffsintensive Maßnahmen wie z.B. die Verlegung einer Demonstrationsroute.

X. Freizügigkeit, Art. 11 GG

1. Eingriff in den SB

a) Persönlicher SB

Deutschenrecht. Personen, die nicht EU-Bürger sind, können sich auf Art. 2 I GG berufen.
Art. 19 III GG ist einschlägig, weil auch juristische Personen einen Sitz innehaben, an dessen Beibehaltung oder Wechsel sie interessiert sein können.

b) Sachlicher SB

Ⓓ Definitionen:

Freizügigkeit ist das Recht, an jedem Ort innerhalb des Bundesgebiets **Aufenthalt und Wohnsitz** zu nehmen.

Wohnsitz ist die ständige Niederlassung an einem Ort.

Aufenthalt ist das vorübergehende Verweilen an einem Ort, wobei allerdings fraglich ist, welche Anforderungen an das Verweilen zu stellen sind. Wegen der engen Schranke des Art. 11 II GG ist richtigerweise auch der Schutzbereich eng zu verstehen, sodass das Verweilen von einer **gewissen Dauer** sein muss (Orientierung: 1 Übernachtung).

Geschützt ist die Fortbewegung zwecks Wohnsitz- und Aufenthaltsnahme innerhalb des Bundesgebiets, zwischen Gemeinden und innerhalb einer Gemeinde. **Erfasst** ist auch die **Einreise und Einwanderung**. **Nicht geschützt** sind hingegen

Ausreise und Auswanderung. Das verdeutlicht einerseits der Wortlaut („**im Bundesgebiet**"). Andererseits differenziert auch Art. 73 I Nr. 3 GG zwischen Freizügigkeit und Auswanderung.

c) Eingriff

2. Rechtfertigung des Eingriffs

a) Festlegung der Schranke
Primär greift der **qualifizierte Gesetzesvorbehalt** des **Art. 11 II GG**. Soweit dessen Voraussetzungen nicht erfüllt sind, gelten **ergänzend** die **verfassungsimmanenten Schranken**.

Zu den Voraussetzungen des Art. 11 II GG:

Ⓓ Definitionen:
- **„Ausreichende Lebensgrundlage nicht vorhanden"** (sog. **Sozialvorbehalt**)
  Der Betroffene kann seinen Lebensmindestbedarf nicht selbst verdienen und verursacht dadurch in besonderem Maße eine Belastung der öffentlichen Hand.

- **„Freiheitlich demokratische Grundordnung"** (sog. **Notstandsvorbehalt**)
  Das umfasst die Menschenwürde des Art. 1 I GG sowie Kernelemente des Rechtsstaats- und Demokratieprinzips wie z.B. das Willkürverbot.

- **„Bestand des Bundes oder eines Landes"** (sog. **Notstandsvorbehalt**)
  Eines der drei Elemente des Staates (Staatsvolk, Staatsgebiet, Staatsgewalt) muss infrage gestellt werden.

- **„Seuchengefahr"** (sog. **Katastrophenvorbehalt**)
  Bekämpfung schwerer übertragbarer Krankheiten.

- **„Naturkatastrophen"** (sog. **Katastrophenvorbehalt**)
  Durch Naturgewalten hervorgerufene Ereignisse, die erhebliche Schäden für eine Vielzahl von Personen oder in einem größeren Gebiet verursachen.

- **„Besonders schwere Unglücksfälle"** (sog. **Katastrophenvorbehalt**)
  Auswirkungen wie Naturkatastrophen, beruhen jedoch auf einer technischen Ursache.

- **„Jugendschutz"** (sog. **Jugendschutzvorbehalt**)
  Konkretisierung durch das Jugendschutzgesetz.

- **„Strafbare Handlungen"** (sog. **Kriminalvorbehalt**)
  Hinreichende Wahrscheinlichkeit, dass Straftaten begangen werden.

  ▮ **Beispiel:** Aufenthaltsverbot zur Bekämpfung der Drogenkriminalität.

b) Schranken-Schranken

aa) Verfassungsmäßigkeit des eingreifenden Gesetzes

bb) Verfassungsmäßigkeit des Einzelakts

XI. Berufsfreiheit, Art. 12 I GG

1. Eingriff in den SB

a) Persönlicher SB
Deutschenrecht. Personen, die nicht EU-Bürger sind, können sich auf Art. 2 I GG berufen. Gem. Art. 19 III GG ist die Berufsfreiheit auch auf juristische Personen anwendbar, da auch sie sich beruflich betätigen können.

b) Sachlicher SB
Art. 12 I GG beinhaltet ein **einheitliches Grundrecht** der **Berufsfreiheit**.

Ⓓ Definition: Beruf ist jede auf gewisse Dauer angelegte Tätigkeit, die der Schaffung und Erhaltung einer Lebensgrundlage dient.

Fraglich ist, ob es sich auch um eine **erlaubte Tätigkeit** handeln muss. Dieses Merkmal kann jedenfalls nicht so verstanden werden, dass der Gesetzgeber durch das Verbot bestimmter Tätigkeiten den Schutzbereich beeinflussen kann. Wenn überhaupt fallen nur solche Tätigkeiten aus dem Schutzbereich, die schlechthin, also insgesamt gegen Straf- oder Bußgeldvorschriften verstoßen, z.B. Berufsdieb, Berufshehler.

Beachte: In einer Klausur ist das Merkmal fast immer unproblematisch. Dann sollte das Problem nur erwähnt, aber nicht vertieft werden. Es kann z.B. formuliert werden: „Zwar ist fraglich, ob die Tätigkeit darüber hinaus auch erlaubt sein muss. Das ist aber hier der Fall, sodass dieser Frage nicht weiter nachzugehen ist."

c) Eingriff

Von der Eingriffsintensität her ist zwischen Beschränkungen des Zugangs zu einem Beruf (sog. **Berufswahlregeln**) und gesetzlichen Vorgaben für die Ausübung des Berufs (sog. **Berufsausübungsregeln**) zu differenzieren. Berufswahlregeln greifen in aller Regel intensiver in das Grundrecht der Berufsfreiheit ein als Berufsausübungsregeln und unterliegen daher höheren Rechtfertigungsanforderungen. Um die unterschiedliche Eingriffsintensität angemessen zu berücksichtigen, hat das BVerfG die sog. **3 Stufen-Theorie** entwickelt. Danach sind Eingriffe in Art. 12 I GG folgenden Stufen zuordnen:

- **Berufsausübungsregeln**
  Sie regeln die Art und Weise der Berufsausübung, das **„WIE"**, z.B. LadenschlussG, Arbeitsschutzbestimmungen, Standesregeln für Rechtsanwälte. Sie stellen die unterste Eingriffsstufe dar.

- **Subjektive Berufswahlregeln**
  Sie regeln den Zugang zum Beruf (**„OB"**), der **von persönlichen Merkmalen abhängig** gemacht wird, z.B. Berufsabschlüsse. Nicht erforderlich ist, dass der Betroffene das Merkmal beeinflussen kann. Folglich ist z.B. das Lebensalter als Berufszugangsvoraussetzung eine subjektive Berufswahlregel.
  Subjektive Berufswahlregeln stellen die mittlere Eingriffsstufe dar.

- **Objektive Berufswahlregeln**
  Sie regeln ebenfalls den Zugang zum Beruf (**„OB"**), der hier aber von Merkmalen abhängig ist, die **außerhalb der Person** liegen.

  > **Beispiel:** Man erhält eine behördliche Genehmigung für die Ausübung eines Gewerbes nur, wenn ein öffentliches Bedürfnis an der Leistung besteht, die der Gewerbetreibende anbietet.

  Objektive Berufswahlregeln stellen die höchste Eingriffsstufe dar.

In einer Klausur muss die 3 Stufen-Theorie vorgestellt werden und eine Einordnung des Eingriffs erfolgen.

Beachte: Mittelbare Eingriffe sind bei Art. 12 I GG besonders häufig, weil der Schutzbereich sehr weit ist und sehr viele staatliche Maßnahmen zumindest mittelbar Einfluss auf die Berufsausübung haben, z.B. Arbeitsschutzbestimmungen.

2. Rechtfertigung des Eingriffs

a) Festlegung der Schranke
Weil Art. 12 I GG ein einheitliches Grundrecht beinhaltet, gilt auch der **einfache Gesetzesvorbehalt** des **Art. 12 I 2 GG** für die gesamte Berufsfreiheit.

b) Schranken-Schranken

aa) Verfassungsmäßigkeit des eingreifenden Gesetzes
Innerhalb der Verhältnismäßigkeitsprüfung ist nochmals auf die **3 Stufen-Theorie** einzugehen, und zwar bei der:

- **Erforderlichkeit:**
  Hier ist zu prüfen, ob das verfolgte Ziel durch eine Maßnahme auf einer niedrigeren Stufe oder durch eine mildere Maßnahme auf der gleichen Stufe erreicht werden kann?

- **Angemessenheit:**
  Die Rechtfertigungsanforderungen sind umso höher, je höher die Eingriffsstufe ist. Folglich sind **Berufsausübungsregeln** schon angemessen, wenn für sie sachliche Gründe des Allgemeinwohls sprechen. **Subjektive Berufswahlregeln** sind angemessen, wenn sie dem Schutz wichtiger Gemeinschaftsgüter dienen. **Objektive Berufswahlregeln** sind angemessen, wenn sie zur Abwehr höchstwahrscheinlicher Gefahren für ein überragend wichtiges Gemeinschaftsgut zwingend geboten sind.

  Beachte: Die Zuordnung zu einer Eingriffsstufe entbindet nicht von der Pflicht, die Eingriffsintensität genau zu untersuchen. Ist die Eingriffsintensität sehr hoch, müssen auch höhere Rechtfertigungsanforderungen erfüllt sein.

  > **Beispiel:** Handelt es sich „nur" um eine Berufsausübungsregel, die aber faktisch den Berufszugang blockiert, müssen die für subjektive Berufswahlregeln geltenden Rechtfertigungsanforderungen erfüllt sein.

bb) Verfassungsmäßigkeit des Einzelakts
Auch bei der Prüfung der Verhältnismäßigkeit des Einzelakts ist nochmals die **3 Stufen-Theorie** zu prüfen.

XII. Unverletzlichkeit der Wohnung, Art. 13 GG

1. Eingriff in den SB

a) Persönlicher SB

Jedermannrecht, geschützt ist der Wohnungsinhaber.

Das Wohnungsgrundrecht ist gem. Art. 19 III GG auf juristische Personen anwendbar, weil auch sie Inhaber einer Wohnung sein können.

Richtigerweise **nicht geschützt** sind **Hausbesetzer**, weil niemand in den Genuss des Art. 13 GG kommen soll, der sich ein Recht selbst nimmt, hier das Recht auf Nutzung der Wohnung.

b) Sachlicher SB

> ⒟ **Definition: Wohnung** sind alle Räume, die der allgemeinen Zugänglichkeit durch räumliche Abschottung entzogen und zur **Stätte privaten Lebens und Wirkens** gemacht sind.

Nach **überwiegender Meinung** unterfallen dem Wohnungsbegriff **auch Betriebs- und Geschäftsräume**. Dort wird zwar im eigentlichen Wortsinne nicht gewohnt. Jedoch dient Art. 13 I GG nach seinem Sinn und Zweck dem Schutz der freien Entfaltung der Persönlichkeit. Die Persönlichkeitsentfaltung findet aber auch und gerade an der Arbeitsstätte statt.

Damit fallen **im Übrigen auch** Treppenhäuser, Keller, Garagen, Terrassen, Gärten, Hotelzimmer in den sachlichen Schutzbereich, nicht aber Strafgefangenenzellen.

c) Eingriff

Art. 13 II-VII GG differenziert bzgl. des Eingriffs:

- **Durchsuchung, Art. 13 II GG**

> ⒟ **Definition:** Durchsuchung ist das **ziel- und zweckgerichtete Suchen staatlicher Organe** nach Personen oder Sachen, die der Wohnungsinhaber verborgen hält.

Erforderlich ist also im wahrsten Sinne des Wortes ein <u>Durch</u>suchen, also das **Öffnen verschlossener Türen und Behältnisse**. Die einfache Nach- und Umschau in einer Wohnung ist folglich keine Durchsuchung.

- **Akustische und optische Wohnraumüberwachung, Art. 13 III-VI GG**
  Diese Eingriffe sind in Art. 13 III-VI GG ganz genau umschrieben.

- **Sonstige Eingriffe und Beschränkungen, Art. 13 VII GG**
  Bei Art. 13 VII GG handelt es sich um den **Auffangtatbestand** (siehe den Wortlaut „im Übrigen"), die Vorschrift greift also immer dann, wenn Art. 13 II-VI GG nicht einschlägig ist.

Probleme bereitet allerdings das **Betreten von Betriebs- und Geschäftsräumen**. Da diese Räume weniger schutzwürdig sind, soll das bloße Betreten (gilt also nicht für Durchsuchung und Wohnraumüberwachung) unter folgenden Voraussetzungen kein Eingriff sein:

1. Es besteht eine gesetzliche Ermächtigung für das Betreten.
2. Das Betreten dient einem legitimen Zweck und ist dafür erforderlich.
3. Zweck, Gegenstand und Umfang des Betretens sind gesetzlich geregelt.
4. Das Betreten erfolgt nur zu den üblichen Betriebs- und Geschäftszeiten.

Hintergrund: Betretungsrechte sind für eine effektive Kontrolle im Steuerrecht, Baurecht, Wirtschaftsverwaltungsrecht zwingend erforderlich, da die Behörden ansonsten keine Kontrollen mehr vor Ort durchführen könnten. Sie genügen jedoch den hohen Rechtfertigungsanforderungen des Art. 13 VII GG nicht. Deshalb bietet es sich an, bereits den Eingriffsbegriff ausnahmsweise enger zu fassen.

Beachte: Stellt das Betreten von Betriebs- und Geschäftsräumen nach den o.g. Voraussetzungen keinen Eingriff in Art. 13 I GG dar und greifen auch andere spezielle Freiheitsgrundrechte nicht, soll Art. 2 I GG ausnahmsweise anwendbar sein, obwohl der Schutzbereich des speziellen Art. 13 I GG eröffnet ist. Damit soll auch den Betriebs- und Geschäftsräumen ein verfassungsrechtlicher Mindestschutz gewährleistet werden.

2. Rechtfertigung des Eingriffs

a) Festlegung der Schranke

Die einschlägige Schranke bestimmt sich nach der Art des Eingriffs:

- **Durchsuchung, Art. 13 II GG**
  Qualifizierter Gesetzesvorbehalt, da das Gesetz einen Richtervorbehalt vorsehen muss. Nur bei Gefahr im Verzug dürfen „andere Organe" (z.B. die Polizei) die Durchsuchung anordnen.

  > **D** **Definition: Gefahr im Verzug** liegt nur vor, wenn der **Zweck der Durchsuchung gefährdet oder vereitelt** wird, wenn zuvor ein richterlicher Durchsuchungsbeschluss eingeholt werden muss.

  Es gelten **strenge Anforderungen**, um Missbrauch zu verhindern. Konkret muss sich die Verwaltung ernsthaft um einen rechtzeitigen richterlichen Durchsuchungsbeschluss bemühen und diese Bemühungen auch dokumentieren; im Gegenzug haben die Gerichte und Staatsanwaltschaften auch außerhalb der Dienstzeiten einen Notdienst vorzuhalten, um erreichbar zu sein.

- **Akustische und optische Wohnraumüberwachung, Art. 13 III-VI GG**
  Qualifizierter Gesetzesvorbehalt, dessen Voraussetzungen sehr detailliert in Art. 13 II-VI GG geschildert sind.

- **Sonstige Eingriffe, Art. 13 VII GG**
  Art. 13 VII Hs. 1.GG normiert eine **verfassungsunmittelbare Schranke**, d.h. Eingriffe können direkt auf diese Vorschrift gestützt werden.

  > **D** **Definition: Gemeine Gefahr** ist eine Gefahr für einen **unbestimmten Kreis** von Personen oder Sachen, z.B. Lawinen, Überschwemmungen.

  Art. 13 VII Hs. 2 GG ist ein **qualifizierter Gesetzesvorbehalt**.

  > **D** **Definition: Dringende Gefahr** meint die **hinreichende Wahrscheinlichkeit** eines Schadens an einem **wichtigen Rechtsgut**. Beispielhaft nennt die Vorschrift die Behebung der Raumnot, die Bekämpfung von Seuchengefahr und den Schutz gefährdeter Jugendlicher.

b) Schranken-Schranken

aa) Verfassungsmäßigkeit des eingreifenden Gesetzes

(1) Formelle Verfassungsmäßigkeit

(2) Materielle Verfassungsmäßigkeit
Prüfung der Verhältnismäßigkeit.

Beachte: Bei einer **Wohnraumüberwachung** muss das Gesetz unter Verhältnismäßigkeitsgesichtspunkten vorsehen, dass der sog. **Kernbereich privater Lebensgestaltung** nicht berührt wird, d.h. es darf nicht zu einer Ausforschung des menschlichen Intimbereichs kommen (sog. „Blick in das Schlafzimmer").

Besonders schwere Straftaten im Sinne des Art. 13 III GG liegen nur vor, wenn die gesetzliche Höchststrafe über 5 Jahren liegt.

bb) Verfassungsmäßigkeit des Einzelakts
Neben der Verhältnismäßigkeit kann im Falle des Art. 13 II GG auch einmal zu prüfen sein, ob im konkreten Einzelfall tatsächlich eine Gefahr im Verzug vorlag.

XIII. Eigentumsfreiheit, Art. 14 GG

1. Eingriff in den SB

a) Persönlicher SB
Jedermannrecht.
Die Eigentumsfreiheit ist gem. Art. 19 III GG auch auf juristische Personen anwendbar, da z.B. auch eine GmbH Eigentum erwerben kann.

b) Sachlicher SB

ⒹDefinition: Eigentum ist die Summe aller **vermögenswerten Rechte**, die dem Einzelnen **durch die Gesetze zugewiesen** sind und ihm eine private Nutzungs- oder Verfügungsbefugnis einräumen.

Die durch das **Zivilrecht** zugewiesenen Rechtspositionen sind **allesamt geschützt**, z.B. Eigentum im Sinne des BGB, schuldrechtliche Forderungen, Immaterialgüterrechte (Patente, Markenrechte etc.). Rechtspositionen aufgrund des **öffentlichen Rechts** sind hingegen nur geschützt, wenn sie **Äquivalent eigener Leistung** sind, d.h. sie müssen auf Eigenleistungen des Betroffenen beruhen, z.B. die Rente (hingegen nicht z.B. die Sozialhilfe).

Geschützt sind der Bestand des Eigentums, seine Nutzung, Veräußerung und jede sonstige inhaltliche Verfügung über das Eigentum. **Nicht** von Art. 14 I 1 GG erfasst wird der **Eigentumserwerb**. Er unterfällt Art. 2 I GG.

Ebenfalls **nicht** geschützt ist von Art. 14 I 1 GG ist das **generelle Recht**, ein **Grundstück bebauen zu dürfen**. Dieses Recht ist einem Grundstückseigentümer nämlich nicht von der Rechtsordnung zugewiesen. Geschützt ist allein das Recht, im Rahmen der Vorschriften des Baurechts zu bauen (sog. **potentielle Baufreiheit**).

c) Eingriff

2. Rechtfertigung des Eingriffs

a) Festlegung der Schranke

Art. 14 GG kennt **zwei Schranken**: einen **einfachen Gesetzesvorbehalt** in **Art. 14 I 2 GG** und einen **qualifizierten Gesetzesvorbehalt** in **Art. 14 III GG**. Diese beiden Vorschriften müssen folglich voneinander abgegrenzt werden. Dies geschieht anhand des Anwendungsbereichs des Art. 14 III GG, weil die dort geregelte **Enteignung** den **Ausnahmefall** darstellt.

🅓 **Definition:** Eine **Enteignung** zeichnet sich dadurch aus, dass der Gesetzgeber die Verwaltung dazu ermächtigt, eine ganz bestimmte Eigentumsposition im konkreten Einzelfall zu entziehen und auf den Staat oder eine Privatperson zu übertragen (sog. **Vorgang der Güterbeschaffung**).

> **Beispiel:** Das Bundesfernstraßengesetz und die Landesstraßengesetze ermächtigen die zuständigen Behörden dazu, bestimmte Grundstücke zu enteignen, wenn sie für einen Straßenbau unbedingt erforderlich sind und der Eigentümer das Grundstück nicht verkaufen will.

Sollte ausnahmsweise eine Enteignung gem. **Art. 14 III GG** vorliegen, müssen die **Anforderungen des qualifizierten Gesetzesvorbehalts** erfüllt sein. Gem. **Art. 14 III 1 GG** muss die Enteignung dem Wohl der Allgemeinheit dienen. Eine

Enteignung zugunsten einer Privatperson ist daher nur zulässig, wenn es um gemeinnützige Aufgaben geht und die Enteignung unmittelbar der Allgemeinheit dient.

> **Beispiel:** Eine Ackerfläche wird enteignet, um dort den für die Stromversorgung dringend benötigten Strommast eines privaten Energieunternehmens errichten zu können.

Art. 14 III 2 GG beinhaltet ferner die sog. **Junktimklausel**, wonach unmittelbar im Gesetz eine Entschädigungsregelung zu finden sein muss. Die Höhe der Entschädigung orientiert sich am Verkehrswert des Eigentums.

b) Schranken-Schranken

aa) Verfassungsmäßigkeit des eingreifenden Gesetzes

(1) Formelle Verfassungsmäßigkeit

(2) Materielle Verfassungsmäßigkeit

Problematisch können im Rahmen der Angemessenheit innerhalb der Verhältnismäßigkeitsprüfung die sog. **ausgleichpflichtigen Inhalts- und Schrankenbestimmungen** sein. Hierbei handelt es sich um Beschränkungen des Eigentums nach **Art. 14 I 2 GG**, bei denen der Gesetzgeber **ausnahmsweise** eine **Geldentschädigung** vorsieht, um die Intensität des Eingriffs in das Eigentum abzumildern. Da der Wortlaut des Art. 14 I 2 GG keine Geldentschädigung vorsieht, darf sie nur unter folgenden **engen Voraussetzungen** gewährt werden:

1. Die Entschädigungsregelung muss in einem formellen Gesetz, also direkt im Gesetz des Bundestags oder Landtags und nicht nur in einer Satzung oder Rechtsverordnung vorgesehen sein.

2. Da Art. 14 I 2 GG eigentlich keine Geldentschädigung vorsieht, muss sie die Ausnahme sein. Unverhältnismäßige Eingriffe in das Eigentum sind primär durch einen sog. „Realausgleich" zu verhindern, d.h. der Gesetzgeber muss das Eigentum selbst schützen, z.B. durch Ausnahmevorschriften und Härtefallklauseln. Nur wenn dies nicht möglich ist oder das gesetzgeberische Ziel dadurch nicht mehr erreicht wird, ist ein Geldausgleich möglich.

> **Beispiel:** Von allen neu erschienenen Druckwerken muss ein Exemplar kostenlos an eine öffentliche Bücherei abgegeben werden, um das kulturelle Erbe zu bewahren. Um zu verhindern, dass die Verleger sehr wertvoller Bücher dadurch unverhältnismäßig hart getroffen werden, darf hier ein Geldausgleich gewährt werden. Die Alternative wäre nämlich, derart kostbare Bücher nicht abgeben zu müssen, wodurch aber der beschriebene Zweck der Abgabepflicht gefährdet wäre.

3. Gleichzeitig mit dem Eingriff in das Eigentum muss über den Geldausgleich entschieden werden, damit sich der Betroffene entscheiden kann, ob er den Geldausgleich annimmt oder gegen den Eingriffsakt vorgeht.

bb) Verfassungsmäßigkeit des Einzelakts

Probleme bereiten die sog. **Altlastenfälle**, d.h. jemand erwirbt gutgläubig ein Grundstück, das z.B. durch Chemikalien im Boden belastet ist. Um eine übermäßige Belastung des Grundstückseigentümers zu verhindern, dürfen ihm grundsätzlich maximal Kosten in Höhe des Verkehrswerts des Grundstücks nach der Sanierung auferlegt werden. Diese Grenze hebt sich, wenn der Betroffene von der Altlast wusste bzw. hätte wissen müssen. Sie senkt sich, wenn die Sanierung die wirtschaftliche Existenz des Eigentümers gefährdet.

D. Verfassungsbeschwerde

Die Verfassungsbeschwerde ist in **Art. 93 I Nr. 4a GG i.V.m. §§ 13 Nr. 8a, 90 ff. BVerfGG** geregelt. Sie gibt dem Einzelnen die Möglichkeit, sich unmittelbar an das BVerfG zu wenden, um dort seine Grundrechte oder grundrechtsgleichen Rechte gegen den Staat durchzusetzen.

Die Verfassungsbeschwerde ist **das wichtigste Verfahren** vor dem BVerfG und wird daher nachfolgend detailliert im Prüfungsaufbau dargestellt (zu den anderen relevanten Verfahren vor dem BVerfG s.o. im Staatsorganisationsrecht den Abschnitt „Rechtsprechung / Judikative, Art. 92 ff. GG").
Derjenige, der die Verfassungsbeschwerde erhebt, heißt **„Beschwerdeführer"** (also nicht „Antragsteller" und auf gar keinen Fall „Kläger"). Einen **Beschwerdegegner gibt es nicht.**
In einer Klausur lautet die **Fallfrage**, die zur Prüfung einer Verfassungsbeschwerde führt, typischerweise: „Hat die erhobene Verfassungsbeschwerde Erfolg?" Der dazu passende **Obersatz** am Anfang der Prüfung lautet dann: „Die **Verfassungsbeschwerde hat Erfolg, soweit** sie **zulässig und begründet** ist."

I. Zulässigkeit der Verfassungsbeschwerde

1. Zuständigkeit des Bundesverfassungsgerichts, Art. 93 I Nr. 4a GG, §§ 13 Nr. 8a, 90 ff. BVerfGG

Als erstes wird kurz und knapp die Zuständigkeit des BVerfG für die Entscheidung über die Verfassungsbeschwerde begründet. Dieser Prüfungspunkt **grenzt ab von** der Zuständigkeit der **Landesverfassungsgerichte**. Das **BVerfG** ist **zuständig**, wenn ein Verstoß gegen die Grundrechte oder grundrechtsgleichen Rechte **des Grundgesetzes** gerügt wird, was in einer Klausur immer der Fall ist. Daher wird hier auch nur ein Ergebnissatz formuliert, der z.B. lautet: „Für die Entscheidung über die erhobene Verfassungsbeschwerde ist das BVerfG zuständig gem. Art. 93 I Nr. 4a GG, §§ 13 Nr. 8a, 90 ff. BVerfGG."

2. Beschwerdefähigkeit bzw. Grundrechtsfähigkeit, Art. 93 I Nr. 4a GG

Fähig, die Verfassungsbeschwerde zu erheben, ist gem. Art. 93 I Nr. 4a GG **„jedermann"**.

Ⓓ Definition: „Jedermann" ist jeder, der **Träger von Grundrechten oder grundrechtsgleichen Rechten** ist.

D.h. die Verfassungsbeschwerde kann von allen Personen erhoben werden, die **grundrechtsfähig** sind, weshalb der Prüfungspunkt alternativ auch „Grundrechtsfähigkeit" genannt werden kann.

Die **Grundrechtsfähigkeit** wurde bereits ausführlich oben **im Abschnitt „Allgemeine Grundrechtslehren / Grundrechtsfähigkeit" erklärt**, auf den hiermit verwiesen wird.

3. Prozessfähigkeit bzw. Grundrechtsmündigkeit

Ⓓ Definition: Prozessfähig ist derjenige, der selbst oder durch einen selbst bestellten Vertreter wirksam Prozesshandlungen vor Gericht vornehmen kann.

In vielen Gesetzen knüpft die Prozessfähigkeit an ein bestimmtes Lebensalter an, nicht hingegen im Grundgesetz und im BVerfGG. Deshalb stellt das BVerfG auf die **individuelle Einsichtsfähigkeit des Beschwerdeführers** ab, das bedeutet der Beschwerdeführer muss den Inhalt und Umfang seiner Grundrechte begreifen können. Sollte der Beschwerdeführer nicht prozessfähig sein, kann die

Verfassungsbeschwerde nur durch seinen gesetzlichen Vertreter erhoben werden, z.B. bei Minderjährigen durch die Erziehungsberechtigten.

Die beschriebene Einsichtsfähigkeit wird als „Grundrechtsmündigkeit" bezeichnet, weshalb der Prüfungspunkt alternativ auch „Grundrechtsmündigkeit" genannt werden kann.

4. Beschwerdegegenstand, Art. 93 I Nr. 4a GG

Im nächsten Prüfungsschritt ist zu bestimmen, **gegen was** sich die Verfassungsbeschwerde richtet, der sog. Beschwerdegegenstand. Gem. Art. 93 I Nr. 4a GG ist das „die öffentliche Gewalt", d.h. der Beschwerdeführer muss mit seiner Verfassungsbeschwerde einen **Akt der öffentlichen Gewalt** angreifen.

Ⓓ **Definition:** Akt der öffentlichen Gewalt ist **jedes Verhalten der (deutschen) Legislative, Exekutive oder Judikative**, vgl. §§ 93 I, III, 95 I-III BVerfGG.

Damit kann mit der Verfassungsbeschwerde jedes staatliche Tun, Dulden oder Unterlassen angegriffen werden, sodass die Verfassungsbeschwerde einen **umfassenden Grundrechtsschutz gewährleistet**.

Greift der Beschwerdeführer, was häufig vorkommt, eine behördliche Entscheidung, das zugrunde liegende Gesetz und die Gerichtsentscheidungen an, die die behördliche Entscheidung bestätigt haben, **wird in einer Klausur formuliert**: „Der Beschwerdeführer wendet sich gegen eine behördliche Entscheidung und die sie bestätigenden Gerichtsentscheidungen, sodass Akte der öffentlichen Gewalt im Sinne des Art. 93 I Nr. 4a GG vorliegen." Das zugrunde liegende Gesetz muss also nicht erwähnt werden, weil es im Rahmen der Überprüfung der behördlichen Entscheidung ohnehin kontrolliert wird.

Beachte: Auch **Entscheidungen von Zivilgerichten** können Gegenstand einer Verfassungsbeschwerde sein. Einerseits handelt es sich um Akte der Judikative. Andererseits gelten die Grundrechte zwischen den an einem Zivilrechtsstreit beteiligten Privatpersonen zwar nicht unmittelbar, entfalten aber eine mittelbare Drittwirkung/Ausstrahlungswirkung, die vom Zivilgericht zu beachten ist (s.o. „Allgemeine Grundrechtslehren / Grundrechtsbindung"). Alternativ können diese Ausführungen in einer Klausur auch im nächsten Prüfungspunkt „Beschwerdebefugnis" erfolgen.

Sind **juristische Personen des Zivilrechts mit staatlicher Beteiligung** nicht grundrechtsberechtigt (s.o. „Allgemeine Grundrechtslehren /

Grundrechtsfähigkeit / Grundrechtsbindung"), dann sind sie spiegelbildlich grundrechtsverpflichtet. Ihre Handlungen können dann tauglicher Beschwerdegegenstand sein.

5. Beschwerdebefugnis, Art. 93 I Nr. 4a GG

Gem. Art. 93 I Nr. 4a GG muss der Beschwerdeführer weiterhin **behaupten**, durch den angegriffenen Akt der öffentlichen Gewalt **in** einem seiner **Grundrechte oder grundrechtsgleichen Rechte verletzt zu sein**. Es **müssen** also in einer Klausur **im Einzelnen** die Grundrechte und grundrechtsgleichen Rechte **genannt werden**, die **möglicherweise** verletzt sind. Ob die Behauptung des Beschwerdeführers zutrifft, er also tatsächlich in Grundrechten oder grundrechtsgleichen Rechten verletzt ist, spielt hier noch keine Rolle, sondern ist erst im Rahmen der Begründetheit der Verfassungsbeschwerde zu klären.

Zudem muss der Beschwerdeführer **selbst, gegenwärtig und unmittelbar** betroffen sein.

Beachte: Hierbei handelt es sich um **zusätzliche** Voraussetzungen, die **neben** der Behauptung einer Verletzung in Grundrechten oder grundrechtsgleichen Rechten zu prüfen sind. Daher ist **folgender** - leider häufig zu lesender - **Satz** in einer Klausur **falsch**: „Gem. Art. 93 I Nr. 4a GG muss der Beschwerdeführer behaupten, durch den angegriffenen Akt der öffentlichen Gewalt in einem seiner Grundrechte oder grundrechtsgleichen Rechte verletzt zu sein. **Das ist der Fall**, wenn er selbst, gegenwärtig und unmittelbar betroffen ist." Die Formulierung „Das ist der Fall" ist falsch, stattdessen muss es heißen: „**Darüber hinaus** muss der Beschwerdeführer selbst, gegenwärtig und unmittelbar betroffen sein."

„**Selbst**" ist der Beschwerdeführer betroffen, wenn er **eigene** Grundrechte und grundrechtsgleiche Rechte rügt. Damit ist es **nicht möglich**, dass eine andere Person den Beschwerdeführer ermächtigt, ihre Grundrechte in seinem eigenen Namen geltend zu machen (sog. **gewillkürte Prozessstandschaft**).
„**Gegenwärtig**" verlangt eine **aktuelle Betroffenheit**. Sie darf folglich **nicht** irgendwann in der Zukunft liegen (sog. **virtuelle Betroffenheit**). Es genügen allerdings zukünftige Belastungen, wenn sie heute bereits zu Entscheidungen zwingen, die später nicht mehr zu korrigieren sind.

> **Beispiel:** Festlegung eines zwingenden Renteneintrittsalters für Rechts-
> anwälte hat auch Auswirkungen auf einen 45-jährigen Rechtsanwalt, weil
> er seine Altersvorsorge ändern muss.

Liegt die **Belastung in der Vergangenheit**, kann sie angegriffen werden, **wenn
sie noch fortwirkt**, z.B. weil eine Wiederholungsgefahr besteht, die beeinträchti-
gende Wirkung noch andauert oder die Beeinträchtigung so kurzfristig, dass der
Beschwerdeführer sie nicht rechtzeitig beim BVerfG angreifen kann.
„Unmittelbar" bedeutet, dass **kein weiterer Vollzugsakt** erforderlich ist, um die
Belastung auszulösen. Das ist insbesondere dann **problematisch**, wenn sich die
Verfassungsbeschwerde gegen ein Gesetz richtet, da dieses in der Regel noch
durch einen Einzelakt umgesetzt werden muss und dann erst dieser Einzelakt die
konkrete Belastung auslöst.

> **Beispiel:** Die Vorschrift im Baurecht, wonach illegale Gebäude abgerissen
> werden dürfen, löst noch nicht die Belastung aus, sondern erst die auf-
> grund dieser Vorschrift ergehende konkrete Abrissverfügung.

Daher können Vorschriften eines Gesetzes nur „unmittelbar" wirken, wenn sie
direkt Pflichten begründen (sog. **self-executing-law**).

> **Beispiel:** Ein Gesetz verpflichtet Reiter dazu, im Wald nur die gekenn-
> zeichneten Reitwege zu nutzen, um Konflikte mit anderen Waldbesu-
> chern zu verhindern.

Eine **Ausnahme** vom Erfordernis der unmittelbaren Betroffenheit gilt allerdings,
wenn dem Beschwerdeführer das **Abwarten des Vollzugsaktes unzumutbar** ist.

> **Beispiel:** Der Vollzugsakt besteht in einer Bestrafung.

Ein sog. **Besonderes Gewaltverhältnis**, das eine mögliche Grundrechtsverletzung
pauschal ausschließt, **besteht** - wie bereits dargelegt - **nicht** (s.o. „Allgemeine
Grundrechtslehren / Grundrechtsfähigkeit").

6. Rechtswegerschöpfung / Subsidiarität, § 90 II BVerfGG
Gem. **§ 90 II 1 BVerfGG** darf die Verfassungsbeschwerde erst nach Erschöpfung
eines vorhandenen Rechtswegs erhoben werden. Der **Sinn und Zweck** dieser
Regelung besteht darin, dass das **BVerfG entlastet** werden **und auf** einen

juristisch aufbereiteten Sachverhalt treffen soll, d.h. vor Erhebung der Verfassungsbeschwerde sollen sich erst die zuständigen Fachgerichte mit dem Fall befassen (Vorrang der Fachgerichtsbarkeit). Der Beschwerdeführer muss daher alle Rechtsmittel und Rechtsbehelfe ausschöpfen, bevor er die Verfassungsbeschwerde erhebt (z.B. Berufung, Revision, Nichtzulassungsbeschwerde, Anhörungsrüge gem. § 152a VwGO, Wiedereinsetzung in den vorigen Stand).

Dieses Gebot der Rechtswegerschöpfung hat das BVerfG **ausgebaut zum Grundsatz der Subsidiarität** der Verfassungsbeschwerde. Dieser Grundsatz beinhaltet die **Pflicht des Beschwerdeführers**, jenseits der Rechtswegerschöpfung **alle** ihm **zumutbaren Maßnahmen zu ergreifen, um die gerügte Grundrechtsbeeinträchtigung zu beseitigen, bevor** er die **Verfassungsbeschwerde** erhebt.

> **Beispiel:** Der Beschwerdeführer muss bei den Fachgerichten vollständig und umfassend vortragen. Hält er dort etwas zurück, wird er damit beim BVerfG nicht mehr gehört.

Ausnahmen vom Gebot der Rechtswegerschöpfung und dem Grundsatz der Subsidiarität sieht **§ 90 II 2 BVerfGG** vor.

> **Beispiel:** Der Rechtsweg muss nicht erschöpft werden, wenn sich der Beschwerdeführer gegen eine Freiheitsstrafe wehrt.

7. Form und Frist, §§ 23, 92, 93 I, III BVerfGG

II. Begründetheit der Verfassungsbeschwerde
Die Prüfung der Begründetheit der Verfassungsbeschwerde ist **mit** einem **Obersatz zu beginnen**. Dieser lautet bei den **Freiheitsrechten**: „Die Verfassungsbeschwerde ist begründet, soweit ein **Eingriff in den Schutzbereich** vorliegt, der **nicht gerechtfertigt** ist."
Bei den **Gleichheitsrechten** lautet der Obersatz hingegen: „Die Verfassungsbeschwerde ist begründet, wenn eine **Ungleichbehandlung** vorliegt, die **nicht gerechtfertigt** ist."

Der Inhalt der Prüfung der Freiheits- und Gleichheitsrechte wurde bereits dargestellt, sodass darauf verwiesen werden kann (s.o. „Prüfungsaufbau der Grundrechte / Prüfungsaufbau der Freiheitsrechte / Prüfungsaufbau der Gleichheitsrechte").

Beachte: Das **BVerfG** ist **keine „Superrevisionsinstanz"**. Daher kann bei ihm nur die **Verletzung spezifischen Verfassungsrechts** geltend gemacht werden, was bedeutet, dass mit der Verfassungsbeschwerde nicht die Verletzung von Vorschriften des Zivilrechts oder Öffentlichen Rechts gerügt werden kann, sondern nur, dass der **angegriffene Akt der öffentlichen Gewalt ein Grundrecht übersehen oder falsch angewendet hat**.

In einer **Klausur** sollte **zu Beginn** der **Prüfung** der **Begründetheit** der Verfassungsbeschwerde darauf hingewiesen werden, dass das BVerfG keine „Superrevisionsinstanz" ist, **wenn** sich die **Verfassungsbeschwerde gegen** eine **gerichtliche Entscheidung** richtet. Denn **nur in diesem Fall** (der allerdings wegen des Gebots der Rechtswegerschöpfung die Regel ist) **besteht** überhaupt die **Gefahr, dass** das **BVerfG** nach Abschluss des Rechtsschutzes vor den Fachgerichten **als „Superrevisionsinstanz" missverstanden wird** und der Beschwerdeführer versucht, beim BVerfG Verstöße gegen das Zivilrecht oder Öffentliche Recht vorzutragen. Sollte er dies tatsächlich tun, ist dieses Vorbringen unter Verweis darauf, dass das BVerfG keine „Superrevisionsinstanz" ist, als irrelevant zu qualifizieren.

Noch ein **weiterer Hinweis zum Prüfungsaufbau**: Sollte der Beschwerdeführer **mehrere Grundrechte oder grundrechtsgleiche Rechte** als verletzt rügen (was absolut üblich ist), sind die Grundrechte **stets getrennt** zu **prüfen**. Sollten gar **mehrere Beschwerdeführer** auftreten, sind auch diese **getrennt** zu **prüfen**.

Europarecht

A. Historischer Überblick / Rechtsnatur der Europäischen Union

Im Europarecht geht es um das Recht der **Europäischen Union (EU)**. Die EU wurde **1992** in dem Ort Maastricht in den Niederlanden durch den sog. Maastrichter Vertrag **gegründet**. Sie ist die wichtigste, aber nicht die einzige und nicht die erste europäische Organisation.

Die **erste europäische Organisation** war die **Europäische Gemeinschaft für Kohle und Stahl** (**EGKS**, auch „Montanunion" genannt), die **1951** gegründet wurde, und zwar von Deutschland, Frankreich, Italien und den Beneluxstaaten Niederlande, Belgien und Luxemburg. Die EGKS ermöglichte einerseits den **freien Handel mit Kohle und Stahl** zwischen den Mitgliedstaaten, war also ein Wirtschaftsverband. Andererseits war es aber auch das Ziel der EGKS, die kriegswichtigen Industrie-güter Kohle und Stahl einer effektiven überstaatlichen Kontrolle zu unterwerfen, um einen **erneuten Krieg in Europa zu verhindern**. Salopp formuliert stand die EGKS unter dem Motto: „Wer miteinander Handel treibt und dadurch voneinander abhängig ist, bringt sich nicht so schnell um." Diese Idee steckt letztlich im Kern hinter dem gesamten Projekt der europäischen Zusammenarbeit und ist damit auch Wesenselement der EU.

Der EGKS-Vertrag lief im Jahr 2002 aus und wurde nicht verlängert, weil Kohle und Stahl ihre überragende wirtschaftliche Bedeutung inzwischen eingebüßt hatten.

Im Jahr **1957** wurden die **Europäische Atomgemeinschaft** (**EAG**, auch „EURATOM" genannt) und die **Europäische Wirtschaftsgemeinschaft** (**EWG**) in Rom durch die sog. Römischen Verträge gegründet. Die auch heute noch existierende EAG beschäftigt sich mit der friedlichen Nutzung der Kernenergie und spielt für die Prüfungen keine Rolle. Deutlich wichtiger war demgegenüber die **EWG**, die mit Abschluss des Maastrichter Vertrages 1992 **in Europäische Gemeinschaft (EG) umbenannt** wurde. **Ziel** der EWG und EG war es insbesondere, einen **Gemein-samen Markt** in Europa zu schaffen, in dem frei mit Waren gehandelt werden kann sowie die Dienstleistungs-, Personen- und Kapitalverkehrsfreiheit garantiert sind (nähere Ausführungen zu diesen sog. Grundfreiheiten unten im Abschnitt „Grundfreiheiten"). Ferner sollte eine **gemeinsame Handelspolitik gegenüber Drittstaaten** (das sind Staaten, die nicht zur EWG / EG gehören) ermöglicht werden. Schließlich wurden **Institutionen** wie die Europäische Kommission (dazu unten sogleich mehr) geschaffen, die eine Verwirklichung der gesetzten Ziele gewähr-leisten sollten. Insgesamt betrachtet ging es bei der EWG / EG - wie auch schon bei der EGKS - darum, die Wirtschaft zu stärken und den Frieden in Europa zu sichern.

Nur war der Ansatz bei der EWG / EG weiter als bei der EGKS, weil es nicht nur um Kohle und Stahl ging.

Mit dem **Vertrag von Lissabon** im **Jahr 2009** wurde die EU, die bis dahin eine Art „Dachorganisation" über EG und EAG war, umfassend reformiert. Ihre **gesetzlichen Regelungen** finden sich seitdem in dem Vertrag über die Europäische Union (**EUV**) und in dem Vertrag über die Arbeitsweise der Europäischen Union (**AEUV**). Grob gesagt legt der **EUV** die **Grundsätze** fest, wohingegen der **AEUV** die **Detailregelungen** trifft. Gem. **Art. 1 III 1 EUV** ist die **EU** die **Rechtsnachfolgerin der EG**, sodass die EG nicht mehr existiert.

Beachte: **Zur Zitierung im Europarecht:** Wenn eine Vorschrift wie z.B. Art. 3 EUV Absatzzeichen enthält, wird wie im deutschen Recht mit „Absatz" zitiert. Sollten sich zudem in einem Absatz weitere Einrückungen finden wie z.B. in Art. 3 III EUV, stellt jede Einrückung einen sog. Unterabsatz dar, abgekürzt „UAbs.".

   Beispiel: Art. 3 Abs. 3 UAbs. 1 S. 1 EUV.

   Enthält eine Vorschrift keine Absatzzeichen, weist aber Einrückungen auf wie z.B. Art. 1 EUV, wird jede Einrückung als Absatz zitiert. Folglich hat Art. 1 EUV insgesamt 3 Absätze, weil die Vorschrift 3 Einrückungen aufweist.

Weiterhin ist die **EU** gem. Art. 335 AEUV **rechtsfähig**.

Sie ist aber **kein Staat**, weil es ihr **insbesondere** an der **Staatsgewalt fehlt**. Denn sie kann gem. **Art. 5 I 1, II 1 EUV** nur tätig werden, wenn ihr die Mitgliedstaaten entsprechende Kompetenzen übertragen haben (**Prinzip der begrenzten Einzelermächtigung**). Damit fehlt der EU die Kompetenz, sich selbständig Kompetenzen zu geben (sog. **Kompetenz-Kompetenz**), was aber für einen Staat gerade typisch ist. **Andererseits** ist die EU aber auch **keine bloße internationale Organisation** wie z.B. die UNO, weil sie direkt in den Mitgliedstaaten Recht setzen kann, z.B. durch Verordnungen nach Art. 288 II AEUV. Ihre Rechtsakte müssen also nicht zwingend noch in das innerstaatliche Recht umgesetzt werden durch einen sog. Transformationsakt. Vor diesem Hintergrund wird die EU als sog. **supranationale Organisation oder** als **Staatenverbund** bezeichnet. Bildlich gesprochen bewegt sich die EU damit zwischen einer internationalen Organisation und einem Staat.

Mit dem Vertrag von Lissabon wurde der Zuständigkeitsbereich der EU nochmals erheblich ausgeweitet. Sie besitzt inzwischen nicht mehr nur - wie die frühere EWG - Zuständigkeiten im wirtschaftlichen Bereich, sondern u.a. auch auf den Gebieten

Kultur, Gesundheitswesen sowie der Außen- und Sicherheitspolitik. Damit ist sie **nicht** mehr **nur** eine **Wirtschaftsgemeinschaft, sondern** eine **Wertegemeinschaft**, deren **Ziel** eine **umfassende europäische Integration** ist, also ein immer engeres Zusammenwachsen der Mitgliedstaaten. Genau das bringen auch **Art. 1 II und Art. 3 EUV** zum Ausdruck. Folgerichtig bekennt sich die EU in Art. 2 EUV zu demokratischen und rechtsstaatlichen Grundwerten, deren Verletzung gem. Art. 7 EUV sanktioniert werden kann. Darüber hinaus statuiert Art. 6 I EUV i.V.m. Grundrechtecharta eigene EU-Grundrechte.

Im Folgenden werden das **Unionsrecht**, die **Organe der EU** sowie die **Grundfreiheiten und EU-Grundrechte** dargestellt. Die Darstellung der Grundfreiheiten und EU-Grundrechte erfolgt im Prüfungsaufbau, also so, wie sie in einer Klausur zu prüfen sind.

B. Unionsrecht

Das Unionsrecht setzt sich zusammen aus dem **Primärrecht** und dem **Sekundärrecht** der EU.

I. Primärrecht

Das Primärrecht der EU besteht aus den Regelungen des **EUV und AEUV** (samt ihrer Anhänge und Protokolle, die aber keine besondere Prüfungsrelevanz haben), der **Grundrechtecharta** sowie aus dem **sog. ungeschriebenen Primärrecht**, das sich vor allem aus den Prinzipien des **Art. 2 EUV** ableitet, z.B. das Rückwirkungsverbot und das Bestimmtheitsgebot.

Im deutschen Recht ist das Primärrecht vergleichbar mit dem Verfassungsrecht.

II. Sekundärrecht

Sekundärrecht ist das **Recht**, das die **Organe der EU** (dazu sogleich unten) **auf der Basis des Primärrechts erlassen**. Das Sekundärrecht wird daher auch **abgeleitetes EU-Recht** genannt. Es findet sich im Wesentlichen in **Art. 288 AEUV**. Danach gibt es folgende Sekundärrechtsakte: Verordnung (Art. 288 II AEUV), Richtlinie (Art. 288 III AEUV) und Beschlüsse (Art. 288 IV AEUV). Die Empfehlungen und Stellungnahmen sind gem. Art. 288 V AEUV rechtsunverbindlich und daher für die Prüfungen irrelevant.

Die **Verordnung** gilt gem. Art. 288 II AEUV **unmittelbar** in jedem Mitgliedstaat. Sie **bedarf** also **keiner Umsetzung** in das mitgliedstaatliche Recht, **sondern wirkt direkt**, auch für und gegen Privatpersonen. Sie wirkt also gleichsam wie ein innerstaatliches Gesetz.

> **Beispiel:** Die Datenschutzgrundverordnung (DSGVO) muss nicht nur von allen staatlichen Stellen, sondern auch von allen Privatpersonen als unmittelbar geltendes Recht beachtet werden.

Vorteil der Verordnung ist, dass sich mit ihr das Europarecht effektiv durchsetzen lässt. Ihr **Nachteil** besteht jedoch darin, dass sie keine Rücksicht auf das bestehende nationale Recht nimmt und damit ein „Fremdkörper" im Recht eines Mitgliedstaates sein kann, zu dem das restliche mitgliedstaatliche Recht nicht passt.

> **Beispiel:** Würde eine Verordnung der EU erlassen, mit der zwingende Vorgaben für die Abiturprüfung verbunden sind, würde das in Deutschland nicht zur Bildungshoheit der Bundesländer passen.

Die **Richtlinie** bedarf hingegen gem. Art. 288 III AEUV der **Umsetzung durch die Mitgliedstaaten**, um innerstaatlich wirken zu können. Die Umsetzung **muss per Gesetz erfolgen**, um dem **Grundsatz der praktischen Wirksamkeit** des EU-Rechts (sog. **effet utile**) gerecht zu werden, d.h. um eine dauerhafte und effektive Beachtung der Richtlinie zu gewährleisten. Folglich ist es z.B. nicht ausreichend, wenn zwar die Gerichte die Vorgaben der Richtlinie berücksichtigen, der Gesetzgeber aber untätig bleibt. **Vorteil** der Richtlinie ist, dass sie nur das zu erreichende Ziel vorgibt, die Umsetzung aber in der Hand der Mitgliedstaaten bleibt und diese somit bei der Umsetzung die Besonderheiten ihres nationalen Rechtssystems berücksichtigen können. Ihr **Nachteil** liegt darin, dass eine Mitwirkung der Mitgliedstaaten vonnöten ist, die oftmals unterbleibt, indem Richtlinien entweder gar nicht oder nur unvollständig in das nationale Recht umgesetzt werden.
Um derartige **Pflichtverstöße zu sanktionieren**, hat der EuGH das **Institut des unionsrechtlichen Staatshaftungsanspruchs** entwickelt. Danach kommt in Fällen grober Pflichtverstöße (insbesondere vollständige Nichtumsetzung einer Richtlinie) eine Schadensersatzhaftung des jeweiligen Mitgliedstaates in Betracht. **Weiterhin können** einzelne **Richtlinienvorschriften** unter bestimmten Voraussetzungen **unmittelbar innerstaatlich wirken**, also auch ohne Umsetzungsakt direkt in den Mitgliedstaaten Rechtswirkungen entfalten. **Voraussetzung** für eine unmittelbare innerstaatliche Wirkung ist, dass die Umsetzungsfrist abgelaufen und die jeweilige Richtlinienvorschrift inhaltlich unbedingt und hinreichend bestimmt ist, sie also ohne weitere Konkretisierung angewandt werden kann. Will sich ein Unionsbürger auf eine Richtlinienvorschrift berufen, muss sie ihm zusätzlich auch ein eigene Rechtsposition, ein subjektiv-öffentliches Recht vermitteln. Da die unmittelbare innerstaatliche Wirkung eine Sanktion des Mitgliedstaates für seine

Untätigkeit darstellt, kann sie nur im Verhältnis Bürger → Staat (sog. **vertikale Wirkung**) geltend gemacht werden. Hingegen kann sich der Staat gegenüber seinem Bürger nicht auf eine unmittelbare innerstaatliche Wirkung berufen (sog. **umgekehrt vertikale Wirkung**). Auch im Verhältnis zwischen Privatpersonen (sog. **horizontale Wirkung**) sind Richtlinien daher nicht anwendbar, würde das doch auf eine Sanktion einer Privatperson hinauslaufen, die aber für die Nichtumsetzung der Richtlinie nicht verantwortlich ist.

Schließlich können sich **Beschlüsse** gem. Art. 288 IV AEUV an Einzelpersonen oder an einen größeren Personenkreis richten. Richten sie sich an bestimmte Adressaten, sind sie mit einem Verwaltungsakt im deutschen Recht vergleichbar.

> **Beispiel:** Wird die Fusion zweier Unternehmen von der EU per Beschluss untersagt, ist dieser Beschluss an diese beiden Unternehmen gerichtet, hat also „bestimmte Adressaten" im Sinne des Art. 288 IV AEUV.

III. Verhältnis des Europarechts zum nationalen Recht
Abschließend soll noch kurz beleuchtet werden, in welchem **Rangverhältnis** das **Europarecht und** das **nationale Recht** stehen.
Das unmittelbar innerstaatlich geltende EU-Recht besitzt gegenüber dem nationalen Recht grds. einen **Anwendungsvorrang**. D.h. **bei einer Kollision** mit dem EU-Recht **wird** das entgegenstehende **nationale Recht verdrängt**. Das muss von allen nationalen Gerichten und Behörden beachtet werden, weil das mit Anwendungsvorrang ausgestattete EU-Recht als „Recht" im Sinne des Art. 20 III GG zu qualifizieren ist.
Eine **Grenze** ist jedoch erreicht, wenn durch das EU-Recht die Kernprinzipien des Grundgesetzes, insbes. die Grundrechte infrage gestellt werden (sog. Solange-Rspr. und Identitätskontrolle). Sie sind auch gegenüber dem EU-Recht durch **Art. 23 I 3 i.V.m. Art. 79 III GG** absolut geschützt.
Ist das **EU-Recht nicht unmittelbar innerstaatlich anwendbar**, besteht für die nationalen Behörden und Gerichte „nur" eine **Pflicht zur europarechtskonformen Auslegung des nationalen Rechts**. D.h. die Vorschriften des nationalen Rechts sind - soweit dies möglich ist - so auszulegen und anzuwenden, dass das EU-Recht möglichst effektiv zur Geltung gelangt (Grundsatz des **effet utile**).

C. Organe der Europäischen Union
Die Organe der EU sind in **Art. 13 I EUV** aufgelistet.
Das **Europäische Parlament** mit Sitz in Straßburg und Brüssel wird gem. Art. 14

III EUV direkt von den EU-Bürgern (s. dazu Art. 20 AEUV) gewählt und ist damit das EU-Organ mit der **besten demokratischen Legitimation**. Es besteht aus 750 Abgeordneten zzgl. des Präsidenten, Art. 14 II 2 EUV. Das Parlament wirkt maßgeblich an der **Gesetzgebung** mit, bestimmt diese allerdings nicht alleine, sondern gem. Art. 14 I 1 EUV **zusammen mit dem Rat** (dazu sogleich unten). Damit hat es eine Stellung, die seiner unmittelbaren demokratischen Legitimation nicht vollständig gerecht wird. Man spricht daher auch von einem **„demokratischen Defizit"**. Weiterhin **wählt** das Parlament gem. Art. 14 I 3 EUV den **Präsidenten der Europäischen Kommission**.

Der **Europäische Rat** mit Sitz in Brüssel besteht gem. Art. 15 II 1 EUV aus den **Staats- und Regierungschefs der Mitgliedstaaten**, dem **Präsidenten des Europäischen Rates** und dem **Präsidenten der Europäischen Kommission**. Der Europäische Rat trifft gem. Art. 15 I 1 EUV die **politischen Grundsatzentscheidungen** in der EU, z.B. wenn es um die Aufnahme eines neuen Mitgliedstaates geht.
Repräsentiert wird der Europäische Rat durch seinen **Präsidenten**, der gem. Art. 15 V 1 EUV für die Dauer von 2,5 Jahren gewählt wird und gem. Art. 15 VI EUV eine **Koordinierungsfunktion** hat.

Der **Rat** mit Sitz in Brüssel umfasst gem. Art. 16 II EUV die **Fachminister**, z.B. die Finanzminister der Mitgliedstaaten, weshalb er auch „Ministerrat" genannt wird. Er ist gem. Art. 16 I 1 EUV **zusammen mit** dem **Europäischen Parlament** der **Gesetzgeber** in der EU und **legt** zusammen mit ihm den **EU-Haushalt fest**, womit das bereits angesprochene „demokratische Defizit" noch einmal besonders deutlich wird.

Die **Europäische Kommission** mit Sitz in Brüssel besteht aus **einem Vertreter pro Mitgliedstaat**. Die in Art. 17 V EUV vorgesehene Verkleinerung der Kommission wurde durch einen Beschluss des Europäischen Rates verhindert. Die Kommission wird repräsentiert durch ihren **Präsidenten**, der gem. Art. 17 Abs. 7 UAbs. 1 EUV vom Europäischen Parlament gewählt wird. Weiterhin muss die **gesamte Kommission** gem. Art. 17 Abs. 7 UAbs. 3 EUV **vom Europäischen Parlament bestätigt werden**.
Die **Aufgaben** der Europäischen Kommission sind in Art. 17 I EUV festgelegt. Sie besitzt gem. Art. 17 I 1 EUV einerseits das sog. **Initiativmonopol**, d.h. ohne einen Vorschlag der Kommission kommt insbesondere kein Sekundärrechtsakt zustande. Weiterhin überwacht sie gem. Art. 17 I 2, 3 EUV die Anwendung des EU-Rechts, insbesondere durch die Mitgliedstaat. Sie ist damit die **„Hüterin der Verträge"**.

Schließlich führt sie gem. Art. 17 I 4 EUV den Haushaltsplan aus und hat nach Art. 17 I 5, 6 EUV Verwaltungs- und Vertretungsfunktionen. Insgesamt betrachtet kann man die Europäische Kommission als die Regierung der EU bezeichnen, sie ist ihr **Hauptexekutivorgan.**

Der in Art. 18 EUV geregelte **Hohe Vertreter der Union für Außen- und Sicherheitspolitik** ist gleichsam der **Außenminister der EU**, aber **kein eigenständiges EU-Organ**, sondern gem. Art. 18 III, IV 1 EUV Mitglied im Rat und in der Europäischen Kommission. Man sagt auch, er habe einen **„Doppelhut"** auf. Seine **Aufgabe** besteht gem. Art. 18 II EUV darin, in Absprache mit den Mitgliedstaaten die **Außenpolitik** so zu **koordinieren**, dass die EU möglichst einheitlich nach außen auftritt.

Der **Gerichtshof der Europäischen Union** mit Sitz in Luxemburg setzt sich gem. Art. 19 I 1 EUV aus dem Gerichtshof **(EuGH)**, dem Gericht **(EuG)** sowie etwaigen **Fachgerichten** zusammen. EuG und die Fachgerichte sollen den EuGH entlasten. Die Abgrenzung ihrer Zuständigkeiten erfolgt durch Art. 256, 257 AEUV.
Am **EuGH** stellt gem. Art. 19 Abs. 2 UAbs. 1 S. 1 EUV **jeder Mitgliedstaat einen Richter**. Unterstützt wird der EuGH gem. Art. 19 Abs. 2 UAbs. 1 S. 2 EUV von **Generalanwälten**, die dem EuGH einen Entscheidungsvorschlag in Form eines sog. Schlussantrags unterbreiten, Art. 252 AEUV.
Die **wichtigsten Verfahren** vor dem Gerichtshof der Europäischen Union sind das **Vertragsverletzungsverfahren** gem. Art. 258 AEUV, die **Nichtigkeitsklage** gem. Art. 263 AEUV sowie das **Vorabentscheidungsverfahren** gem. Art. 267 AEUV.

- **Vertragsverletzungsverfahren, Art. 258 AEUV**
  Mit dem Vertragsverletzungsverfahren kann die **Europäische Kommission** ihrer Rolle als „Hüterin der Verträge" gerecht werden, indem sie **Mitgliedstaaten** wegen Verstoßes gegen das Europarecht vor dem Gerichtshof **verklagt**. Vor Klageerhebung muss sie dem Mitgliedstaat gem. Art. 258 I AEUV allerdings die Möglichkeit zur Äußerung einräumen. Kommt der Mitgliedstaat einem Urteil nicht nach, kann er in einem zweiten Verfahren gem. Art. 260 AEUV zu (empfindlichen) Geldzahlungen verurteilt werden, die von der EU regelmäßig dadurch beigetrieben werden, dass dem Mitgliedstaat zustehende Subventionen einbehalten werden.

- **Nichtigkeitsklage, Art. 263 AEUV**
  Mit der Nichtigkeitsklage können Rechtsakte der EU nach Maßgabe des Art. 263 I AEUV unmittelbar beim Gerichtshof angegriffen werden. Die Klageberechtigten

sind in Art. 263 II-IV AEUV genannt, wobei die Klagevoraussetzungen differieren. Die in **Art. 263 II AEUV** genannten Klageberechtigten müssen keine Verletzung eigener Rechte geltend machen, sie sind **privilegiert klagebefugt**. Insoweit **entspricht** die Nichtigkeitsklage im deutschen Recht der **abstrakten Normenkontrolle gem. Art. 93 I Nr. 2 GG**. Die in **Art. 263 III AEUV** genannten Klageberechtigten müssen hingegen eine **Verletzung ihrer Rechte geltend machen**. Da es sich bei diesen Klageberechtigten um Organe der EU handelt, also letztlich ein EU-interner Streit vorliegt, **entspricht** Art. 263 III AEUV im deutschen Recht dem **Organstreitverfahren nach Art. 93 I Nr. 1 GG**. Schließlich sieht **Art. 263 IV AEUV** eine Klagemöglichkeit für **natürliche und juristische Personen** vor. Sind diese Adressat einer Handlung der EU, was bei Beschlüssen gem. Art. 288 IV AEUV möglich ist, dürfen sie ohne Weiteres klagen. Ansonsten bedarf es einer **unmittelbaren und individuellen Betroffenheit**, was vom Gerichtshof sehr eng verstanden wird. Verlangt wird, dass der Kläger sich so von der Allgemeinheit abhebt, dass er gleichsam Adressat des Rechtsakts ist.

> **Beispiel:** Wurde der Kläger vor Erlass einer Beihilfe zugunsten eines Konkurrenten von der Kommission am Beihilfeverfahren beteiligt (z.B. in Form einer Anhörung), hebt er sich so von der Allgemeinheit ab, dass er individuell betroffen ist.

„Rechtsakte mit Verordnungscharakter" im Sinne des Art. 263 IV AEUV sind schließlich nicht Verordnungen gem. Art. 288 II AEUV, sondern Durchführungsverordnungen der Europäischen Kommission, mit denen festgelegt wird, wie eine Verordnung, Richtlinie oder ein Beschluss durchzuführen ist. Insgesamt betrachtet können **natürliche und juristische Personen nur selten erfolgreich direkt Klage beim Gerichtshof erheben**.

- **Vorabentscheidungsverfahren, Art. 267 AEUV**
  Im Vorabentscheidungsverfahren können mitgliedstaatliche Gerichte den EuGH um eine **verbindliche Auslegung des Primär- und Sekundärrechts sowie** um die **Prüfung** der **Wirksamkeit von Sekundärrecht** bitten, Art. 267 I AEUV. Voraussetzung ist allerdings gem. Art. 267 II AEUV, dass die Antwort des EuGH Auswirkungen auf ein schwebendes Verfahren vor dem vorlegenden Gericht hat (sog. **Entscheidungserheblichkeit**). Letztinstanzliche Gericht, d.h. Gerichte deren Entscheidungen im konkreten Einzelfall nicht mehr angefochten werden können, trifft gem. Art. 267 III AEUV eine **Vorlagepflicht**.

> **Beispiele:** Letztinstanzliche Gerichte sind in Deutschland das BVerfG, die obersten Gerichtshöfe des Bundes wie etwa der BGH, aber durchaus auch ein Amtsgericht, wenn dessen Entscheidung im konkreten Fall nicht anfechtbar ist.

Das Vorabentscheidungsverfahren lässt sich im deutschen Recht grob mit der konkreten Normenkontrolle gem. Art. 100 GG vergleichen.

Die **Europäische Zentralbank (EZB)** mit Sitz in Frankfurt a.M. spielt für die Prüfungen keine besondere Rolle. Ihre Zusammensetzung ist in Art. 283 AEUV geregelt, ihre Aufgaben in Art. 282 AEUV.
Wie die EZB ist auch der **Rechnungshof** mit Sitz in Luxemburg kaum prüfungsrelevant. Detailregelungen finden sich in Art. 285 ff. AEUV.

Nicht zu verwechseln mit den Organen der EU, insbesondere mit dem Rat und dem Europäischen Rat ist der **Europarat**. Dieser hat **mit der EU nichts zu tun**, sondern ist eine völkerrechtliche Organisation, dessen Organe ihren Sitz in Straßburg haben. Am bekanntesten ist im Zusammenhang mit dem Europarat die **Europäische Menschenrechtskonvention**, über deren Einhaltung der **Europäische Gerichtshof für Menschenrechte (EGMR)** wacht, der nicht mit dem Gerichtshof der Europäischen Union verwechselt werden darf.

D. Grundfreiheiten
Die Grundfreiheiten sind das **Kernstück des Gemeinsamen Marktes** (s. dazu oben „Historischer Überblick / Rechtsnatur der Europäischen Union") und zentrales Element der „Wirtschaftsunion", indem sie den **freien Handel und Verkehr in der EU garantieren** und damit ein ausgewogenes Wirtschaftswachstum gewährleisten sollen. Sie müssen sicher beherrscht werden.
Es gibt folgende Grundfreiheiten:
- Warenverkehrsfreiheit, Art. 28 II, 34 AEUV
- Arbeitnehmerfreizügigkeit, Art. 45 AEUV
- Niederlassungsfreiheit, Art. 49 AEUV
- Dienstleistungsfreiheit, Art. 56, 57 AEUV
- Kapital- und Zahlungsverkehrsfreiheit, Art. 63 AEUV

Der Prüfungsaufbau der Grundfreiheiten ist zwar nicht identisch mit demjenigen bei den deutschen Grundrechten, weist aber Parallelen auf.

I. Eröffnung des Schutzbereichs
Zunächst muss überhaupt der Schutzbereich der Grundfreiheit eröffnet sein.

1. Kein spezielles Sekundärrecht
Das bedeutet, der **streitgegenständliche Sachverhalt** darf **nicht abschließend durch** eine **Verordnung, Richtlinie oder einen Beschluss geregelt** sein.

> **Beispiel:** Gibt es Zweifel an der Vereinbarkeit einer deutschen Vorschrift zum Arzneimittelhandel mit dem Europarecht und existiert dazu eine abschließende Regelung in einer EU-Richtlinie, ist die deutsche Vorschrift nur an dieser Richtlinie und nicht an den Grundfreiheiten zu messen.

Beachte: Niemand muss auswendig Sekundärrecht der EU kennen. Daher spielt es in einer Klausur nur eine Rolle, wenn es im Sachverhalt abgedruckt ist, was aber kaum einmal der Fall sein dürfte. Folglich **schreibt man** standardmäßig **in** einer **Klausur:** „Vorrangiges Sekundärrecht existiert nicht."

2. Unmittelbare innerstaatliche Anwendbarkeit
Die Überprüfung des Handelns des Gesetzgebers oder einer Behörde oder eines Gerichts am Maßstab der Grundfreiheiten ist nur möglich, wenn diese unmittelbar im Mitgliedstaat wirken, also innerstaatlich gelten. Das ist **für** die **Grundfreiheiten allgemein anerkannt**, da sie so klar und genau formuliert sind, dass sie ohne Umsetzungsakt direkt Bindungswirkung für alle staatlichen Stellen entfalten. Daher wird **in einer Klausur** nur folgender Ergebnissatz formuliert: „Die Grundfreiheit ist unmittelbar innerstaatlich anwendbar."

3. Grenzüberschreitender Sachverhalt
Das bedeutet, es muss ein **Bezug zum Europarecht** bestehen, der umstrittene Sachverhalt darf sich also nicht nur innerhalb eines Mitgliedstaates abspielen (vgl. Wortlaut des Art. 34 AEUV „zwischen den Mitgliedstaaten").

> **Beispiele für grenzüberschreitenden Sachverhalt:** Export deutscher Waren in ein anderes EU-Land; deutscher Klempner repariert Regenrinne in den Niederlanden; deutscher Arbeitnehmer pendelt zur Arbeitsstelle nach Frankreich.

Liegt nur ein **rein innerstaatlicher Sachverhalt** vor, **greifen** die **Grundfreiheiten nicht**. Das kann dazu führen, dass ein EU-Ausländer, der sich in Deutschland auf die Grundfreiheiten berufen kann, besser gestellt ist als ein Deutscher (sog. **Inländerdiskriminierung**).

> **Beispiel:** Ausländische EU-Handwerker können sich in Deutschland auf die Grundfreiheiten berufen und müssen daher unter gesetzlich näher festgelegten Voraussetzungen keinen Meistertitel haben, um in Deutschland selbständig einen Handwerksbetrieb führen zu dürfen. Für deutsche Handwerker, die nie im Ausland waren, gilt dies nicht.

4. Sachlicher Schutzbereich

Wie bei den deutschen Grundrechten geht es hier um die Bestimmung dessen, was die Grundfreiheit schützt. Die **Definitionen** sind für die Prüfungen **auswendig** zu **lernen**, sie müssen sicher beherrscht werden.

a) Warenverkehrsfreiheit, Art. 28 II, 34 AEUV

ⓓ **Definition:** Eine **Ware** ist jeder (körperliche oder unkörperliche) **Gegenstand**, der einen **Geldwert hat** und damit **Gegenstand von Handelsgeschäften sein kann**.

Damit ist der Warenbegriff **sehr weit** und umfasst z.B. auch Müll, weil damit Handel getrieben wird.
Weiterhin muss die Ware gem. **Art. 28 II AEUV** aus einem Mitgliedstaat stammen oder sich im freien Verkehr befinden (sog. **Unionsware**).

ⓓ **Definition:** Die **Ware stammt** dann **aus** einem **Mitgliedstaat**, wenn sie **dort hergestellt** wurde **oder ihren letzten wesentlichen Verarbeitungsschritt durchlaufen** hat.

> **Beispiele:** Handys aus Südkorea, die in Einzelteilen nach Portugal geschickt und dort zusammengebaut werden, stammen aus Portugal; werden hingegen Kfz aus den USA ohne Reifen nach Europa geschickt und erhalten im Hamburger Hafen ihre Reifen, bleiben sie eine Ware aus den USA, weil kein wesentlicher Verarbeitungsschritt in der EU erfolgt.

„**Im freien Verkehr**" definiert **Art. 29 AEUV**. Es geht hier um Waren aus „**Dritt-ländern**", also **Staaten außerhalb der EU**. Sie müssen **verzollt** werden, d.h. für ihren Grenzübertritt ist eine Abgabe zu entrichten. Wenn das geschehen ist, kann mit der Ware frei in der EU gehandelt werden.

Was eine „**Zollunion**" ist, ergibt sich aus **Art. 28 I AEUV**. Sie ist **Voraussetzung für** den **freien Warenverkehr**. Würden nämlich innerhalb der EU weiterhin nationale Zölle erhoben werden, könnte nicht frei mit Waren gehandelt werden, da Zölle eine Ware so verteuern, dass sie regelmäßig schwerer zu verkaufen ist.

b) Arbeitnehmerfreizügigkeit, Art. 45 AEUV

Ⓓ **Definition: Arbeitnehmer** sind Personen, die während einer bestimmten Zeit für einen anderen **nach dessen Weisung** Leistungen erbringen, für die sie als Gegenleistung eine **nicht völlig unerhebliche Vergütung** erhalten.

Anders als im deutschen Recht sind damit **auch Beamte** als **Arbeitnehmer** zu qualifizieren.

Wie Art. 45 II AEUV zu entnehmen ist, gewährleistet die Arbeitnehmerfreizügigkeit das Recht, sich in der gesamten EU um Arbeit zu bemühen, und verbietet Diskriminierungen.

c) Niederlassungsfreiheit, Art. 49 AEUV

Ⓓ **Definition:** Die **Niederlassungsfreiheit** umfasst die **auf Dauer angelegte, selbständige Teilnahme am Wirtschaftsverkehr an einem festen Standort** in einem anderen Mitgliedstaat.

Die **Selbständigkeit** grenzt die Niederlassungsfreiheit von der Arbeitnehmerfreizügigkeit ab. Sie erfordert ein Tätigwerden **auf eigene Rechnung und eigenes Risiko**.

▎ **Beispiel:** Deutscher Staatsangehöriger eröffnet Weinhandel in Frankreich.

Beachte: **Arbeitnehmerfreizügigkeit und Niederlassungsfreiheit** haben als gemeinsamen **Oberbegriff** die „**Freizügigkeit der Personen**".

d) Dienstleistungsfreiheit, Art. 56, 57 AEUV

Ⓓ Definition: Die Dienstleistung ist eine **selbständige Tätigkeit**, die in der Regel **gegen Entgelt** erbracht wird (Art. 57 I AEUV), **zeitlich begrenzt** ist (Art. 57 III AEUV) und eine Grenze überschreitet.

In Abgrenzung zur Niederlassungsfreiheit handelt es sich um eine vorübergehende, nicht dauerhafte Tätigkeit. Von der Arbeitnehmerfreizügigkeit unterscheidet sich die Dienstleistungsfreiheit dadurch, dass sie Selbständigkeit voraussetzt.

> **Beispiel:** Deutscher Rechtsanwalt berät einen Mandanten in Rom.

Weiterhin kann die Dienstleistungsfreiheit in folgenden **Konstellationen** auftreten:

- **Positive / aktive Dienstleistungsfreiheit, Art. 57 III AEUV**
  Damit ist gemeint, dass der Dienstleistende zum Dienstleistungsempfänger kommt, um dort seine Dienstleistung zu erbringen (z.B. deutscher Klempner repariert in den Niederlanden eine Regenrinne) oder der Dienstleistende reist zusammen mit dem Dienstleistungsempfänger ins Ausland und erbringt dort seine Dienstleistung (z.B. deutscher Reiseführer reist mit deutscher Reisegruppe nach Rom).

- **Negative / passive Dienstleistungsfreiheit**
  Erfasst den umgekehrten Fall, d.h. der Dienstleistungsempfänger reist zum Dienstleistenden, um sich die Dienstleistung dort „abzuholen".

  > **Beispiel:** Der gesamte Tourismusbereich, da dort der Urlauber zum Hotel reist, um bezahlte Dienstleistungen zu nutzen.

- **Korrespondenzdienstleistungsfreiheit**
  Hier bewegt sich nur die Dienstleistung über die Grenze.

  > **Beispiele:** Im IT-Bereich werden nur Daten verschickt, Absender und Empfänger bewegen sich nicht. Bei der Nutzung ausländischer Fernsehprogramme bewegen sich weder der Fernsehsender noch der Zuschauer.

e) Kapital- und Zahlungsverkehrsfreiheit, Art. 63 AEUV

Der **Kapitalverkehr** beinhaltet jede über die Grenzen eines Mitgliedstaates der EU hinweg stattfindende **einseitige Übertragung von Geld- oder Sachkapital**, die **primär zu Anlagezwecken** erfolgt.

> **Beispiel:** Kauf ausländischer Aktien.

Die **Zahlungsverkehrsfreiheit** schützt den **Transfer von Kapitalmitteln als Gegenleistung im Rahmen eines Vertrags**. Sie ist das notwendige Gegenstück zu den anderen Grundfreiheiten, da letztere ohne die freie Transferierung von Gehältern, Erlösen und Gewinnen wirkungslos wären. Daher wird sie auch als „Annex- oder Hilfsfreiheit" bezeichnet.

> **Beispiel:** Der Arbeitslohn eines polnischen Arbeitnehmers in Deutschland soll von Deutschland nach Polen überwiesen werden.

5. Persönlicher Schutzbereich

Der persönliche Schutzbereich **bestimmt** wie bei den deutschen Grundrechten, **wer sich auf** eine **Grundfreiheit berufen kann**. Hierbei ist **zwischen** den einzelnen **Grundfreiheiten zu differenzieren**:

- Bei der **Warenverkehrsfreiheit** spielt die Staatsangehörigkeit keine Rolle, weil es nur um die Sache, die Ware, geht. Folglich schützt die Warenverkehrsfreiheit **jedermann**.

- Die **Arbeitnehmerfreizügigkeit** schützt gem. **Art. 45 II AEUV** nur „Arbeitnehmer der Mitgliedstaaten", also **EU-Bürger**.

- Innerhalb der **Niederlassungsfreiheit** ist nochmals **zwischen Art. 49 I 1 AEUV und Art. 49 I 2 AEUV zu unterscheiden**. **Art. 49 I 1 AEUV** schützt nur **EU-Bürger** („Staatsangehörigen eines Mitgliedstaats", sog. **primäre Niederlassungsfreiheit**).

> **Beispiel:** Deutscher Staatsangehöriger lebt in den USA, will aber einen Weinhandel in Italien eröffnen.

Art. 49 I 2 AEUV verlangt darüber hinaus nicht nur einen EU-Bürger, sondern auch noch eine Ansässigkeit in der EU („Angehörige eines Mitgliedstaats, die im Hoheitsgebiet eines Mitgliedstaats ansässig sind", sog. **sekundäre Niederlassungsfreiheit**).

> **Beispiel:** Wenn der deutsche Staatsangehörige aus dem obigen Beispiel bereits einen Weinhandel in den USA hat und nach Italien expandieren will durch Eröffnung einer Zweigniederlassung, ist er nicht von der Niederlassungsfreiheit geschützt. Dafür muss er mit seinem Hauptsitz in der EU ansässig sein.

- Für die **Dienstleistungsfreiheit** sind gem. **Art. 56 I AEUV** („Angehörige der Mitgliedstaaten, die in einem anderen Mitgliedstaat … ansässig sind") **Unionsbürgerschaft und Ansässigkeit in der EU** immer erforderlich.

- Bei der **Kapital- und Zahlungsverkehrsfreiheit** spielt die **Staatsangehörigkeit** gem. Art. 63 AEUV wiederum **keine Rolle**, d.h. auch Staatsangehörigen von Staaten außerhalb der EU können sich auf diese Grundfreiheit berufen.

Beachte: Die **Niederlassungs- und Dienstleistungsfreiheit** wird sehr häufig von **Gesellschaften** (z.B. GmbH) genutzt. Für diese gibt es eine spezielle Vorschrift in **Art. 54 AEUV**, die gem. Art. 62 AEUV auch für die Dienstleistungsfreiheit gilt.

6. Keine Bereichsausnahme

Die Bereichsausnahme entspricht bei den deutschen Grundrechten dem Schutzbereichsausschluss, wie er z.B. von Art. 8 I GG bekannt ist („friedlich und ohne Waffen").

Vorgesehen ist ein Schutzbereichsausschluss **nur** für die Arbeitnehmerfreizügigkeit, die Niederlassungs- und Dienstleistungsfreiheit in **Art. 45 IV, 51 I, 62 AEUV**. Da es sich um Ausnahmevorschriften handelt, kommen sie nur **selten zur Anwendung. Inhaltlich** verlangen die Vorschriften trotz ihres abweichenden Wortlauts **das Gleiche**: die konkrete Tätigkeit muss mit der Ausübung hoheitlicher Befugnisse oder der Wahrnehmung solcher Aufgaben verbunden sein, die auf die Wahrung der allgemeinen Belange des Staates und anderer öffentlicher Körperschaften gerichtet sind, und die deshalb ein **Verhältnis besonderer Verbundenheit des jeweiligen Stelleninhabers zum Staat verlangt**.

> **Beispiele:** Der Richterdienst oder der Polizeivollzugsdienst dürfen eigenen Staatsangehörigen vorbehalten bleiben, ebenso hohe Ränge in Behörden und Ministerien.

II. Eingriff in den Schutzbereich

Weiterhin muss ein Eingriff in den Schutzbereich der Grundfreiheit vorliegen.

1. Handeln eines Verpflichteten

Dafür bedarf es eines Handelns eines Verpflichteten der Grundfreiheiten, d.h. es muss um das **Verhalten einer Person** gehen, die **an die Grundfreiheiten gebunden** ist. Das sind **primär** die **Mitgliedstaaten**. Für sie gilt der **Grundsatz der**

Alleinverantwortlichkeit, d.h. es spielt keine Rolle welche staatliche Stelle tätig geworden ist, nach außen ist **stets der gesamte Mitgliedstaat verantwortlich**. Anderenfalls könnte die Durchsetzung der Grundfreiheiten massiv erschwert werden.

> **Beispiel:** Eine deutsche Gemeinde beschließt per Satzung, dass im Gemeindegebiet keine Tomaten aus den Niederlanden verkauft werden dürfen. Als sich daraufhin die Europäische Kommission an die Bundesregierung wendet, verweist diese darauf, dass sie nichts falsch gemacht habe, sondern die Gemeinde verantwortlich sei. Die Kommission möge sich also an die Gemeinde wenden. Wenn die Kommission das tatsächlich machen müsste, würde das die effektive Durchsetzung der Grundfreiheiten erheblich erschweren. Zudem ist die Bundesrepublik Deutschland Vertragspartnerin des EUV und AEUV, also ist sie auch für die Einhaltung dieser Verträge verantwortlich und nicht irgendeine Gemeinde.

Weiterhin sind die **EU-Organe** an die Grundfreiheiten **gebunden**. Es wäre nämlich widersprüchlich, wenn die EU von den Mitgliedstaaten die Beachtung der Grundfreiheiten verlangen könnte, selbst aber an die Grundfreiheiten nicht gebunden wäre.

> **Beispiel:** Erlässt die EU einen Beschluss, wonach Deutschland kein Rindfleisch mehr in die anderen EU-Mitgliedstaaten exportieren darf, beeinträchtigt dies die Warenverkehrsfreiheit.

Ein **Eingriff kann** im Übrigen **auch in einem Unterlassen bestehen, wenn** eine **Handlungspflicht** existiert, insbesondere aus Art. 4 III EUV.

> **Beispiel:** Die französische Regierung lässt es zu, dass französische Landwirte an der Grenze Lastwagen kontrollieren und Lebensmittelimporte vernichten.

2. Vorliegen eines Eingriffs

In die Grundfreiheiten kann wie folgt eingegriffen werden:

a) Offene/unmittelbare Diskriminierung

ⓓ Definition: Eine offene Diskriminierung liegt vor, wenn die umstrittene Maßnahme **ausdrücklich** zwischen dem inländischen und dem grenzüberschreitenden Sachverhalt differenziert, also **auf** die **Inländer- oder Ausländereigenschaft abstellt.**

> **Beispiele:** Deutschland verbietet den Import niederländischer Tomaten oder den Zuzug polnischer Arbeitnehmer.

Beachte: Bei der **Warenverkehrsfreiheit** wird **statt** des Begriffs **„offene Diskriminierung"** der in **Art. 34 AEUV** vorgesehene **Begriff „mengenmäßige Einfuhrbeschränkungen"** verwendet.

Ⓓ **Definition: Mengenmäßige Einfuhrbeschränkungen** sind alle Begrenzungen der Einfuhr einer Ware der Menge oder dem Wert nach (sog. **Kontingentierung**).

> **Beispiele:** Es dürfen pro Jahr nur noch 1.000 Tonnen Oliven aus Italien nach Deutschland geliefert werden. Die Einfuhr von französischen Autos nach Deutschland wird auf einen Gesamtwert von 100 Millionen Euro pro Jahr begrenzt. Niederländische Tomaten dürfen gar nicht mehr nach Deutschland geliefert werden (sog. **Nullkontingent**).

Mengenmäßige Einfuhrbeschränkungen sind damit nichts anderes als **offene Diskriminierungen.** Es handelt sich also **nur** um einen **anderen Begriff**, inhaltlich ändert sich nichts. Diese **Besonderheit** gibt es auch **nur bei** der **Warenverkehrsfreiheit.** Bei allen anderen Grundfreiheiten wird hingegen der Begriff „offene Diskriminierungen" verwendet.

b) Versteckte/mittelbare Diskriminierung

Ⓓ **Definition:** Bei einer versteckten Diskriminierung werden **Produkte oder Personen aus** dem **EU-Ausland** zwar **nicht ausdrücklich schlechter behandelt, jedoch belastet sie** die mitgliedstaatliche **Maßnahme typischerweise stärker als die rein inländischen Produkte oder Personen.**

> **Beispiele:** Ein deutsches Gesetz verpflichtet alle Lebensmittelproduzenten dazu, ihre Produkte in deutscher Sprache zu kennzeichnen; das belastet wegen der Sprachbarriere ausländische Produzenten typischerweise stärker als inländische Produzenten. Der kostenlose Zutritt zu einem gemeindlichen Schwimmbad hängt davon ab, ob man in der Gemeinde

wohnt; auch das belastet Ausländer typischerweise stärker als Inländer, weil ihnen wegen der Sprachbarriere der Umzug in die Gemeinde schwerer fällt als Inländern.

Beachte: Auch hier gilt eine Besonderheit für die Warenverkehrsfreiheit. **Statt** des Begriffs **„versteckte Diskriminierung"** wird der in **Art. 34 AEUV** vorgesehene **Begriff „Maßnahmen gleicher Wirkung"** verwendet. Er **umfasst versteckte Diskriminierungen** und auch alle sonstigen Beschränkungen der Warenverkehrsfreiheit (seine Definition erfolgt daher gleich unter der Überschrift „Sonstige Beschränkungen").

Diese **Besonderheit** gibt es **nur bei** der **Warenverkehrsfreiheit.** Bei allen anderen Grundfreiheiten wird hingegen der Begriff „versteckte Diskriminierungen" verwendet.

c) Sonstige Beschränkungen
Über die Diskriminierungen hinaus gibt es noch weitere, **nicht diskriminierende Eingriffe** in die Grundfreiheiten. Der EuGH hat genau zu diesem Bereich seine bekannten Entscheidungen **„Dassonville" und „Keck"** gefällt.

aa) „Dassonville-Entscheidung"
Mit der „Dassonville-Entscheidung" hat der EuGH das Merkmal **„Maßnahmen gleicher Wirkung"** gem. **Art. 34 AEUV** definiert.

🄳 **Definition: Maßnahmen gleicher Wirkung** sind alle staatlichen Maßnahmen, die den **grenzüberschreitenden Verkehr von Waren unmittelbar oder mittelbar behindern oder behindern können**.

Die „Dassonville-Entscheidung" ist eine **absolute Grundsatzentscheidung** des EuGH, weil er damit das **Diskriminierungsverbot zu einem Behinderungsverbot ausgeweitet** hat, womit enorm viele staatliche Maßnahmen einen Eingriff in die Grundfreiheiten darstellen und somit rechtfertigungsbedürftig sind.

Beispiel: Verbot der Versandhandels mit Medikamenten behindert die Warenverkehrsfreiheit.

Beachte: Die **„Dassonville-Entscheidung"** hat der EuGH **auf alle anderen Grundfreiheiten übertragen**, d.h. auch dort stellt jede Behinderung der Grundfreiheit einen Eingriff dar. In der genannten Definition des Merkmals „Maßnahmen gleicher Wirkung" muss dann also die Passage „Verkehr von Waren" ersetzt werden durch „Freizügigkeit der Arbeitnehmer" etc.

> **Beispiel:** Die Vorgabe, dass ein Handwerksunternehmen nur von einem Handwerksmeister betrieben werden darf, behindert die Niederlassungsfreiheit.

bb) Ausklammerung im Sinne der sog. Keck-Rechtsprechung

Mit der Zeit hat der EuGH allerdings bemerkt, dass ihm die **„Dassonville-Formel" zu weit** geraten ist, also zu viele staatliche Maßnahmen einen rechtfertigungsbedürftigen Eingriff darstellen. Deshalb hat er **mit der „Keck-Entscheidung"** eine **Begrenzung** vorgenommen. Auch diese Entscheidung ist – wie die „Dassonville-Entscheidung" – **zur Warenverkehrsfreiheit ergangen und wurde dann vom EuGH auf die anderen Grundfreiheiten übertragen.** Auch hier muss also die Begrifflichkeit angepasst werden, wenn nicht die Warenverkehrsfreiheit, sondern die anderen Grundfreiheiten betroffen sind.

Nach der „Keck-Rechtsprechung" ist **zwischen produktbezogenen Maßnahmen und Verkaufsmodalitäten zu unterscheiden. Produktbezogene Maßnahmen** sind zum einen Beschränkungen in Bezug auf die Ware selbst, ihre Zusammensetzung, Etikettierung, Verpackung, Form, Abmessung oder Bezeichnung und darüber hinaus **alle Maßnahmen, die den Zugang zum mitgliedstaatlichen Markt behindern**, also den Absatz von Waren in einem Mitgliedstaat erschweren (**„OB" des Marktzugangs**). Diese Maßnahmen sind **weiterhin Eingriffe** in die Grundfreiheiten.

> **Beispiel:** Verbot des Versandhandels mit Medikamenten behindert den Marktzugang, weil damit der einfachste und schnellste Vertriebsweg für Medikamente behindert wird.

Demgegenüber sind **Verkaufsmodalitäten** alle staatlichen Maßnahmen, die festlegen wer, wann, wo, wie und zu welchem Preis Waren verkaufen darf, d.h. sie behindern den Zugang zum mitgliedstaatlichen Markt nicht (**„WIE" der Betätigung nach Zugang zum mitgliedstaatlichen Markt**).

> **Beispiel:** Die deutschen Regelungen zum Ladenschlussgesetz hindern ausländische Unternehmen nicht daran, ihre Waren auf den deutschen Markt zu bringen, sondern legen nur fest, wie sie in Deutschland zu verkaufen sind, nämlich nur zu bestimmten Uhrzeiten. Folglich liegt hier kein Eingriff in die Warenverkehrsfreiheit vor.

Beachte: Die **„Keck-Rechtsprechung"** spielt keine Rolle und ist auch **nicht anzusprechen**, wenn eine **Diskriminierung vorliegt**, da **Diskriminierungen immer Eingriffe** in die Grundfreiheiten sind.

In einer Klausur dürfte die „Keck-Rechtsprechung" im Zweifel nicht einschlägig sein, weil die Klausur ansonsten hier endet, man also nicht mehr zur Prüfung der Rechtfertigung des Eingriffs kommt, was vom Ersteller der Klausur regelmäßig nicht gewollt ist.

III. Rechtfertigung des Eingriffs

Der Eingriff in die Grundfreiheit kann allerdings gerechtfertigt sein. Dafür muss eine Einschränkungsmöglichkeit bestehen, von der fehlerfrei Gebrauch gemacht wurde. Der **Obersatz** in einer Prüfung **lautet:** „Der **Eingriff** in den Schutzbereich ist **gerechtfertigt, soweit** er **durch** die **Schranken** der Grundfreiheit **gedeckt** ist." Damit ähnelt der Obersatz demjenigen bei den Freiheitsrechten des Grundgesetzes. Gleiches gilt für die nachfolgende Prüfung, man kann sich also auch insoweit an das schon erlernte Wissen aus dem Bereich der deutschen Grundrechte orientieren.

1. Festlegung der Schranke

Zunächst ist zu klären, welche Einschränkungsmöglichkeiten bei den Grundfreiheiten existieren.

a) Ausdrückliche Schranken

Die Grundfreiheiten kennen einige ausdrücklich geregelte Einschränkungen, nämlich:

- **Art. 36 AEUV** für die **Warenverkehrsfreiheit**
- **Art. 45 III AEUV** für die Arbeitnehmerfreizügigkeit
- Art. 52 I AEUV für die Niederlassungsfreiheit
- **Art. 62 i.V.m. Art. 52 I AEUV** für die **Dienstleistungsfreiheit**
- **Art. 65 AEUV** für die **Kapital- und Zahlungsverkehrsfreiheit**

All diesen Vorschriften ist **gemeinsam**, dass sie die **öffentliche Sicherheit und Ordnung** als Rechtfertigungsgrund nennen.

Ⓓ Definition: „Öffentliche Sicherheit" meint den **Schutz der äußeren und inneren Sicherheit** der Mitgliedstaaten.

> **Beispiele:** Verbot der Ausfuhr von Erdöl (also Eingriff in die Warenverkehrsfreiheit) zur Sicherung der Erdölversorgung im Inland; Ausfuhrverbote für sog. Dual-Use-Güter, d.h. für zivile Gegenstände (also Eingriff in die Warenverkehrsfreiheit), die auch für die Waffenherstellung verwendet werden können wie z.B. Zentrifugen.

Die **„öffentliche Ordnung"** ist berührt, wenn eine **tatsächliche und hinreichend schwere Gefährdung** eines **Grundinteresses der Gesellschaft** vorliegt.

> **Beispiel:** Einbehaltung außer Kraft gesetzter Silbermünzen (also Eingriff in die Warenverkehrsfreiheit) zum Zwecke der staatlichen Einschmelzung, um Betrügereien zu verhindern.

Mit Ausnahme des Art. 65 AEUV ist auch der **Gesundheitsschutz** ein Rechtfertigungsgrund.

> **Beispiel:** Verbot des Versandhandels mit rezeptpflichtigen Arzneimitteln (also Eingriff in die Warenverkehrsfreiheit), weil beim Versandhandel keine ausreichende Beratung gewährleistet und damit eine Gefährdung der Gesundheit gegeben ist.

Darüber hinaus hält **Art. 36 S. 1 AEUV** spezielle für die Warenverkehrsfreiheit noch **weitere Einschränkungsmöglichkeiten** parat, die in Klausuren aber kaum eine Rolle spielen.

b) Ungeschriebene Schranken

Wegen des engen Anwendungsbereichs der ausdrücklichen Schranken hat der EuGH die sog. **ungeschriebenen Schranken** entwickelt. Das ist mit der sog. **Cassis-Rechtsprechung** zunächst für die Warenverkehrsfreiheit erfolgt, wurde sodann aber auf alle Grundfreiheiten übertragen.

Danach ist eine Beeinträchtigung der Grundfreiheiten gerechtfertigt, wenn **zwingende Gründe des Allgemeinwohls** für den Eingriff sprechen, z.B. Umweltschutz,

Verbraucherschutz. **Nicht ausreichend** sind **bloße wirtschaftliche Interessen** wie z.B. Schutz der einheimischen Wirtschaft, da dies zu einer übermäßigen Beschränkung der Grundfreiheiten führen könnte.

> **Beispiel:** Der Verbraucherschutz kann eine mitgliedstaatliche Vorschrift rechtfertigen, mit der verlangt wird, dass Lebensmittel in der Sprache des Mitgliedstaates etikettiert sind, da der Verbraucher ansonsten nicht weiß, was er da gerade kauft.

Nicht anwendbar ist die „Cassis-Rechtsprechung" nach h.M. allerdings **bei offenen Diskriminierungen**. Sie sind **so schwerwiegend**, dass sie **nur durch** eine **ausdrückliche Schranke gerechtfertigt** werden können. **Hingegen greift die „Cassis-Rechtsprechung" bei versteckten Diskriminierungen**, weil sie sich oftmals nur schwer von sonstigen Beschränkungen i.S.d. Dassonville-Formel abgrenzen lassen.

Beachte: Die „Cassis-Rechtsprechung" ist in einer Klausur nur anzusprechen, wenn keine ausdrückliche Schranke greift. Ist hingegen eine ausdrückliche Schranke einschlägig, wird die „Cassis-Rechtsprechung" mit keinem Wort erwähnt.

2. Schranken-Schranken

Um zu **verhindern**, dass die **Grundfreiheiten** aufgrund ihrer gerade geschilderten Einschränkbarkeit **übermäßig verkürzt** werden, unterliegt ihre Einschränkbarkeit wiederum Grenzen, den sog. **Schranken-Schranken**. Diese verlangen konkret die **Verhältnismäßigkeit der umstrittenen Maßnahme** sowie die **Wahrung der EU-Grundrechte**.

Beachte: Dass es die sog. Schranken-Schranken überhaupt gibt ist allgemein anerkannt und muss daher in einer Klausur nicht begründet werden. Der Begriff selbst ist allerdings nicht unumstritten und kann daher auch weggelassen werden. In diesem Fall ist direkt der Prüfungspunkt „Verhältnismäßigkeit" zu bilden.

a) Verhältnismäßigkeit

Das Verhältnismäßigkeitsprinzip gehört zum sog. **ungeschriebenen Primärrecht** (s.o. „Unionsrecht / Primärrecht"). **Nur für Maßnahmen der EU** findet sich eine ausdrückliche Verankerung des Verhältnismäßigkeitsprinzips in **Art. 5 IV EUV**.

Inhaltlich wird das Verhältnismäßigkeitsprinzip **weitgehend wie im deutschen Recht** geprüft, nur einer **Verschiebung des Prüfungsschwerpunkts** von der Angemessenheit zur **Erforderlichkeit** (zu den einzelnen Prüfungspunkten des Verhältnismäßigkeitsprinzips s.o. „Prüfungsaufbau der Freiheitsrechte / Verfassungsrechtliche Rechtfertigung / Schranken-Schranken").

b) EU-Grundrechte

Weiterhin müssen Eingriffe in die Grundfreiheiten auch den EU-Grundrechten gerecht werden. Die EU-Grundrechte gehören zum Primärrecht der EU. Sie sind in **Art. 6 I EUV i.V.m. der Grundrechtecharta** geschützt.

Die EU-Grundrechte werden **im Wesentlichen** genauso **geprüft wie die deutschen Grundrechte** (Eingriff in den Schutzbereich, Rechtfertigung des Eingriffs, Schranken-Schranken), insbesondere **können** die **Definitionen des sachlichen Schutzbereichs übernommen werden**. Allerdings sollten Theorienamen aus dem deutschen Recht wie z.B. „3 Stufen-Theorie" nicht verwendet werden.

Gem. **Art. 51 I 1 GR-Charta** sind die EU-Grundrechte **primär** an die **EU-Organe adressiert**, sie müssen also die EU-Grundrechte beachten und können somit in den Schutzbereich eingreifen.

> **Beispiel:** Eine Richtlinie der EU darf nicht gegen die Meinungsfreiheit des Art. 11 I Grundrechtecharta verstoßen.

Jedoch müssen auch die **Mitgliedstaaten** gem. Art. 51 I 1 Grundrechtecharta die EU-Grundrechte beachten, **wenn sie** das **Recht der EU durchführen**. Das ist immer dann der Fall, **wenn sich** die **Mitgliedstaaten im Anwendungsbereich des EU-Rechts bewegen**, z.B. in eine Grundfreiheit eingreifen oder eine EU-Richtlinie umsetzen. Dann können also auch sie in ein EU-Grundrecht eingreifen.

Was die **Rechtfertigung** eines Eingriffs in die EU-Grundrechte angeht, hält **Art. 52 I 1 Grundrechtecharta** mit dem Passus „gesetzlich vorgesehen" einen **allgemeinen Gesetzesvorbehalt** bereit, d.h. alle EU-Grundrechte können an sich durch ein Gesetz eingeschränkt werden. Es bedarf also anders als bei den deutschen Grundrechten keiner sog. verfassungsimmanenten Schranken, weil es gar keine vorbehaltlos geschützten EU-Grundrechte gibt.

Die generelle Einschränkbarkeit aller EU-Grundrechte wirft jedoch Zweifel auf mit Blick auf Art. 1, 4, 5 Grundrechtecharta (Menschenwürde, Verbot der Folter und Sklaverei). Es kann wohl kaum sein, dass auch diese Grundrechte bzw. Verbote einschränkbar sind. In diesem Zusammenhang kommt es entscheidend auf die sog. **Transferklausel** des **Art. 52 III GR-Charta** an. Danach unterliegen EU-Grundrechte, die mit Rechten aus der Europäischen Menschenrechtskonvention (EMRK) identisch sind, den gleichen Schranken, d.h. den Schranken der EMRK. Ist ein Recht in der EMRK absolut geschützt, kann also ein Eingriff in dieses Recht nicht gerechtfertigt werden, dann gilt das auch für die Grundrechtecharta.

> **Beispiele:** Art. 4 Grundrechtecharta ist identisch mit Art. 3 EMRK, der gem. Art. 15 II EMRK nicht einschränkbar ist; folglich ist auch Art. 4 Grundrechtecharta nicht einschränkbar. Die Menschenwürde des Art. 1 Grundrechtecharta findet sich zwar in der EMRK nicht, gehört aber zum Wesensgehalt der EU-Grundrechte und darf daher gem. Art. 52 I 1 Grundrechtecharta nicht beeinträchtigt werden.

Letztlich kann man sagen, dass im Verhältnis des Art. 52 I 1 zu Art. 52 III Grundrechtecharta der jeweils strengere Gesetzesvorbehalt greift, um die EU-Grundrechte möglichst effektiv zu schützen.

Existiert eine Schranke für den Grundrechtseingriff, muss abschließend gem. **Art. 52 I 2 Grundrechtecharta** der Grundsatz der **Verhältnismäßigkeit** geprüft werden. Das erfolgt wie oben gezeigt.

Sachverhalt und Lösung

Einordnung: ÖR / Staatsorganisationsrecht
Schwerpunkt: Demokratieprinzip / Gesetzgebungskompetenz /
Gesetzgebungsverfahren / Gegenzeichnung

Fall: Deutschland

A: Ausgangsfall

Bundespräsident P ist ein lebenslustiger Zeitgenosse, bekennender Karnevalist und zudem Fan der Band „De Höhner". Da ihm die alte Nationalhymne zu freudlos ist, möchte er dem deutschen Volk eine neue Nationalhymne verordnen. Angelehnt an das „De Höhner"-Lied „Viva Colonia" soll die Nationalhymne jetzt „Viva Germania" heißen. Um dem Original möglichst treu zu bleiben, soll die neue Nationalhymne in Kölner Mundart gesungen werden. Nachdem er die Zustimmung des Bundeskanzlers eingeholt hat, ordnet der Bundespräsident an, dass dieses Lied ab dem 01.01.2015 die neue Nationalhymne ist.

Die konservative Fraktion G im Bundestag, die 100 Mitglieder hat, stemmt sich diesem Vorhaben entgegen. Sie ist der Auffassung, der Bundespräsident könne die Nationalhymne nicht im Alleingang ändern. Dazu sei ausschließlich das Parlament als Vertretung des Volkes berufen, weil die Nationalhymne im Volk verwurzelt sein müsse. Zudem sei das Lied „Viva Germania" wegen seiner Mundartlichkeit als Nationalhymne gänzlich ungeeignet.

Aufgabenstellung: Prüfen Sie in einem umfassenden Rechtsgutachten, ob der Bundestag hätte beteiligt werden müssen. Gehen Sie - gegebenenfalls hilfsgutachterlich - auf alle aufgeworfenen Rechtsfragen ein.

B: Abwandlung

Der Bundestag will nunmehr selbst die Nationalhymne ändern. Er beauftragt den bekannten Liedermacher L mit Komposition und Liedtext. Dessen Vorschlag nimmt der Bundestag an, ohne ein Wort an dem Entwurf zu ändern. Im Rahmen der parlamentarischen Diskussion verweisen die Abgeordneten auf den anerkannten Musiksachverstand des L und dass dessen Arbeit schließlich teuer erkauft worden sei. Schon der gebotene sparsame Umgang mit Steuergeldern begründe die Verpflichtung, den Liedentwurf des L nicht infrage zu stellen.

An der entscheidenden Sitzung des Bundestages, die an einem Freitagnachmittag stattfindet, nehmen nur 200 Abgeordnete teil. 95 Abgeordnete stimmen für das „Gesetz zur Festlegung einer neuen Nationalhymne", 80 Abgeordnete stimmen dagegen, 25 Abgeordnete enthalten sich. Da der Bundestagspräsident für 4 Wochen im Urlaub weilt, wird das Gesetz erst nach dessen Rückkehr an den Bundesrat weitergeleitet. Im Bundesrat herrscht Unzufriedenheit mit dem Gesetz, das dort als zustimmungspflichtiges Gesetz qualifiziert wird. Die Mehrheit der Mitglieder lehnt eine Änderung der Nationalhymne ab. Der Bundesrat verweigert dem Gesetz deshalb seine Zustimmung.

Der Bundespräsident will das Gesetz gleichwohl ausfertigen und verkünden. Der Bundeskanzler hat jedoch erhebliche verfassungsrechtliche Bedenken. Er möchte wissen, ob das Gesetz formell und materiell ordnungsgemäß zustande gekommen ist und ob er das Gesetz dadurch stoppen darf, dass er die Gegenzeichnung verweigert.

Aufgabenstellung: Prüfen Sie in einem umfassenden Rechtsgutachten, ob das Gesetz formell und materiell verfassungsgemäß zustande gekommen ist und ob der Bundeskanzler das Gesetz dadurch stoppen darf, dass er die Gegenzeichnung verweigert. Gehen Sie - gegebenenfalls hilfsgutachterlich - auf alle aufgeworfenen Rechtsfragen ein.

Bearbeitervermerk:
Grundrechte sind nicht zu prüfen.

C: Zusatzfall

Um die weitverbreitete Politikverdrossenheit zu bekämpfen, will der Bundestagsabgeordnete A „mehr direkte Demokratie wagen". Er erarbeitet daher den Entwurf eines „Gesetzes zur Stärkung der demokratischen Basis" (GSdB), und bringt diesen in den Bundestag ein. Zentraler Bestandteil sind die folgenden zwei Paragraphen:

„§ 3 GSdB:
Der Deutsche Bundestag kann mit Zustimmung des Bundesrates in allen Gesetzgebungsverfahren des Bundes mit Mehrheit beschließen, dass der Gesetzentwurf dem Volk zu Abstimmung vorgelegt wird. Das Gesetz kommt zustande, wenn es die Mehrheit der abgegebenen Stimmen erhält. Das gilt jedoch nur dann, wenn sich mindestens 15 % der Stimmberechtigten an der Abstimmung beteiligt haben (Quorum).

§ 4 GSdB:
Wahlberechtigt bei Bundestagswahlen sind alle Personen, die sich dauerhaft im Bundesgebiet aufhalten."

Im Bundestag ist eine breite Mehrheit der Abgeordneten von dem Anliegen des Gesetzesentwurfs überzeugt. Da die Abgeordneten daher auch keine Änderungen beantragen, erfolgt bereits nach der zweiten Lesung die Schlussabstimmung, in welcher der Bundestag das „Gesetz zur Stärkung der demokratischen Basis" in der vorgeschlagenen Fassung beschließt. Der Bundesrat stimmt dem Gesetz zu.

Dem Bundespräsidenten kommen zwar rechtliche Bedenken. Er meint, das Gesetz könne gegen die Verfassung verstoßen, denn dort seien Volksabstimmungen nicht vorgesehen. Es sei auch schwer möglich, das vorgesehene Abstimmungsverfahren als demokratisch zu bezeichnen, da die Entscheidung über ein Gesetz u.U. von weniger als 10% der stimmberechtigten Bevölkerung getroffen werden könne. Auch die Ausdehnung des Wahlrechts auf Ausländer könne doch nicht zulässig sein. Dennoch fertigt er das Gesetz aus, welches - ordnungsgemäß verkündet - in Kraft tritt.

Aufgabenstellung: Prüfen Sie in einem umfassenden Rechtsgutachten, ob das Gesetz formell und materiell verfassungskonform zustande gekommen ist. Gehen Sie - gegebenenfalls hilfsgutachterlich - auf alle aufgeworfenen Rechtsfragen ein.

D: Abwandlung Zusatzfall

Der Regierungsfraktion C gehen diese Anstrengungen noch nicht weit genug. Durch verfassungsänderndes Gesetz will sie Art. 38 II GG dahingehend ändern, dass dieser eine Wahlpflicht für jedermann vorsieht. Von 600 Abgeordneten des Bundestages stimmen 402 Abgeordnete für den Gesetzentwurf. Der Bundesrat stimmt mit 46 zu 23 Stimmen ebenfalls zu.

Aufgabenstellung: Prüfen Sie in einem umfassenden Rechtsgutachten, ob das Gesetz formell und materiell verfassungskonform zustande gekommen ist. Gehen Sie - gegebenenfalls hilfsgutachterlich - auf alle aufgeworfenen Rechtsfragen ein.

Teil 1: Vorüberlegungen

Der zu bearbeitende Sachverhalt ist sehr umfangreich und unterteilt sich in mehrere Teilaufgaben, sodass eine getrennte Prüfung der einzelnen Aufgaben zwingend geboten ist. Um diese Trennung hinreichend deutlich zu machen, sollten auch die Überschriften der Prüfungspunkte ganz klar formuliert werden. In einer Original-klausur würden Sie, je nach Bearbeitungszeit, wohl nur mit einzelnen Teilen dieser Übungsklausur konfrontiert.

Im Teil A wird ein einzelnes formelles Problem aufgeworfen, nämlich die Frage nach der Zuständigkeit für die Entscheidung über die Festlegung einer neuen Nationalhymne. Hier trifft man direkt auf eine Hauptschwierigkeit des Staatsor-ganisationsrechts, nämlich die Erörterung unbekannter Rechtsprobleme. Diese Erörterung kann nur bei guter Kenntnis der einzelnen Vorschriften des Grundge-setzes, einer sicheren Beherrschung der juristischen Auslegungsmethoden und der daran anknüpfenden Fähigkeit zur eigenständigen Argumentation gelingen. Konkret muss bekannt sein, welche Funktion und Aufgaben der Bundespräsident hat und dass die Wesentlichkeitstheorie die wichtigen Entscheidungen dem Bun-destag vorbehält.

Im Teil B sind genau genommen zwei Teilaufgaben abzuhandeln (Verfassungs-mäßigkeit des Gesetzes und Recht des Bundeskanzlers zur Verweigerung der Gegenzeichnung). Das verlangt eine getrennte Prüfung, die sich erneut in den Überschriften der Prüfungspunkte niederschlagen muss. Die Prüfung der Ver-fassungsmäßigkeit des Gesetzes unterteilt sich in die formelle und materielle Verfassungsmäßigkeit. Sie ist also ähnlich aufgebaut wie die Prüfung der Rechtmä-ßigkeit eines Verwaltungsakts, nur dass peinlich genau darauf zu achten ist, dass es „Verfassungsmäßigkeit" und nicht „Rechtmäßigkeit" heißt. Der Schwerpunkt der Prüfung liegt auf der formellen Verfassungsmäßigkeit beim Gesetzgebungsver-fahren, was sich auch schon aus den Angaben im Sachverhalt ergibt.
Hier ist es wichtig, den genauen Ablauf des Gesetzgebungsverfahrens zu kennen, da die aufgeworfenen Probleme ansonsten nicht zutreffend eingeordnet werden können. Inhaltlich handelt es sich um „klassische" Probleme des Gesetzgebungs-verfahrens, deren Lösung keine übermäßigen Schwierigkeiten bereiten sollte. Problematischer ist da schon die Erörterung der materiellen Verfassungsmä-ßigkeit. Hier gilt es vor allem, die Reichweite des freien Mandats aus Art. 38 I 2 GG auszuloten. Bzgl. der zweiten Teilaufgabe (Verweigerung der Gegenzeichnung durch den Bundeskanzler) kann auf die Überlegungen zu dem bekannten Problem des Verweigerungsrechts des Bundespräsidenten im Rahmen der Ausfertigung

von Gesetzen zurückgegriffen werden. Da der Bundeskanzler allerdings deutlich stärker im politischen Wettbewerb steht als der Bundespräsident und auch über eine größere politische Macht verfügt, kann die Argumentation zum Verweigerungsrecht des Bundespräsidenten nicht vollständig auf den Bundeskanzler übertragen werden.

Auch im Rahmen des Teils C ist zwischen der formellen und materiellen Verfassungsmäßigkeit des GSdB zu trennen. Es wiederholt sich hier also der Aufbau, der von Teil B bekannt ist. Wie im Teil B stellen sich die formellen Probleme vor allem im Gesetzgebungsverfahren. In der materiellen Verfassungsmäßigkeit sind §§ 3, 4 GSdB getrennt zu untersuchen, weil sie unterschiedliche verfassungsrechtliche Probleme aufwerfen. Bei § 3 GSdB gilt es zudem zu erkennen, dass sowohl die Einführung einer Volksabstimmung als solche als auch das konkrete Quorum von 15% fragwürdig ist, was sich aber auch schon aus dem Sachverhalt hinreichend deutlich ergibt. Thematischer Schwerpunkt ist an dieser Stelle das Demokratieprinzip. Die Prüfung des § 4 GSdB erfordert die schon erwähnten sicheren Kenntnisse der Vorschriften des Grundgesetzes, die es an dieser Stelle ermöglichen, durch das Ziehen von Umkehrschlüssen zu einem vertretbaren Auslegungsergebnis zu gelangen.

In Teil D wird die etwas ungewöhnliche Situation der Überprüfung einer Änderung des Grundgesetzes geschildert. Wichtig ist in diesem Kontext zunächst, dass sich am „normalen" Prüfungsaufbau nichts ändert, also in formelle und materielle Verfassungsmäßigkeit zu unterteilen ist. In der formellen Verfassungsmäßigkeit spielt Art. 79 I, II GG eine entscheidende Rolle, wohingegen die Prüfung der materiellen Verfassungsmäßigkeit von Art. 79 III GG dominiert wird. Hier gilt ein „verschobener" Prüfungsmaßstab, d.h. eine Grundgesetzänderung ist nicht wie jedes einfache Gesetz zu prüfen, sondern nur darauf, ob Kernprinzipien des Grundgesetzes verletzt sind.

Teil 2: Lösungsskizze

A. Beteiligung des Bundestages

B. Verfassungsmäßigkeit des Gesetzes und Gegenzeichnung des Bundeskanzlers

  I. Verfassungsmäßigkeit des Gesetzes

    1. Formelle Verfassungsmäßigkeit

      a) Gesetzgebungskompetenz

      b) Gesetzgebungsverfahren

        aa) Einleitungsverfahren

        bb) Hauptverfahren

          (1) Beschluss im Bundestag

          (2) Beschluss im Bundesrat

      c) Ausfertigung und Verkündung

    2. Materielle Verfassungsmäßigkeit

  II. Verweigerung der Gegenzeichnung

C. Verfassungsmäßigkeit der §§ 3, 4 GSdB

  I. Formelle Verfassungsmäßigkeit des GSdB

    1. Gesetzgebungskompetenz

    2. Gesetzgebungsverfahren

      a) Einleitungsverfahren

      b) Hauptverfahren

        aa) Beschluss im Bundestag

        bb) Beschluss im Bundesrat

    3. Ausfertigung und Verkündung

  II. Materielle Verfassungsmäßigkeit des GSdB

    1. § 3 GSdB

      a) Grundsätzliche Zulässigkeit von Volksabstimmungen

      b) Verfassungsmäßigkeit des Quorums

    2. § 4 GSdB

D. Verfassungsmäßigkeit der Änderung des Grundgesetzes

I. Formelle Verfassungsmäßigkeit

   1. Gesetzgebungskompetenz

   2. Gesetzgebungsverfahren

   3. Form

II. Materielle Verfassungsmäßigkeit

Teil 3: Lösung

A. Beteiligung des Bundestages

Fraglich ist, ob der Bundestag an der Festlegung der neuen Nationalhymne hätte beteiligt werden müssen.

Das setzt zunächst voraus, dass es sich überhaupt um eine Angelegenheit des Bundes handelt. Sollte es sich nämlich um eine Landesangelegenheit handeln, ist von vornherein nicht der Bundestag, sondern höchstens der jeweilige Landtag zuständig.

In der Sache ist die Festlegung der Nationalhymne jedoch fraglos kraft Natur der Sache eine Entscheidung des Bundes. Es handelt sich um eine Sachmaterie, bei der ein Landesgesetz denkgesetzlich ausgeschlossen ist und ein zwingendes Bedürfnis für eine bundeseinheitliche Regelung besteht.

Schwieriger zu beantworten ist hingegen die Frage, welches Bundesorgan dafür zuständig ist, der Bundespräsident oder der Deutsche Bundestag. Eine ausdrückliche Regelung hat das Grundgesetz nicht getroffen. Traditionell ist Festlegung der Staatssymbole jedoch Sache des Bundespräsidenten, z.B. Festlegung des 27. Januar (Jahrestag der Befreiung des KZ Auschwitz) als nationaler Gedenktag durch den Bundespräsidenten Roman Herzog.

Etwas anderes könnte sich aber aus der Wesentlichkeitstheorie ergeben. Wesentlich im Sinne dieser Theorie sind zumindest alle erheblichen Grundrechtseingriffe. Da die Bürger jedoch nicht gezwungen sind, die Nationalhymne zu singen, scheidet ein Grundrechtseingriff aus. Die Wesentlichkeit einer Entscheidung kann sich aber darüber hinaus auch aus anderen Umständen ergeben. Die Nationalhymne dient der inneren Integration, sie soll die Staatsangehörigen zu einer Einheit zusammenschweißen. Der einzelne Staatsangehörige verdeutlicht seine Integration in den Staat, indem der die Nationalhymne als solche für sich akzeptiert. Dies ist bzgl. der bisherigen Nationalhymne, dem sog. Deutschlandlied, der Fall. Wird die Nationalhymne einseitig durch den Bundespräsidenten geändert, steht ihre Integrationswirkung auf dem Spiel, insbes. wenn die neue Hymne umstritten und wie hier mundartlich geprägt ist, also nicht unbedingt von allen Staatsangehörigen verstanden wird. Dann sollte eine Diskussion und Entscheidung durch den Bundestag als das Verfassungsorgan erfolgen, das die beste demokratische Legitimation besitzt. Es handelt sich folglich um eine wesentliche Angelegenheit im Sinne der Wesentlichkeitstheorie, die daher vom Bundestag zu entscheiden ist.

Folglich hätte der Bundestag an der Festlegung der neuen Nationalhymne beteiligt werden müssen.

B. Verfassungsmäßigkeit des Gesetzes und Gegenzeichnung des Bundeskanzlers

Der Bundeskanzler möchte wissen, ob das Gesetz formell und materiell verfassungsgemäß zustande gekommen ist und ob er die Gegenzeichnung verweigern kann. Da es sich um unterschiedliche Rechtsfragen handelt, ist zwischen ihnen zu differenzieren.

I. Verfassungsmäßigkeit des Gesetzes

Das Gesetz ist verfassungsgemäß, wenn es formell und materiell im Einklang mit dem Grundgesetz steht.

1. Formelle Verfassungsmäßigkeit

Das Gesetz müsste formell verfassungsgemäß sein. Das ist der Fall, wenn es unter Einhaltung der Gesetzgebungskompetenzen und des Gesetzgebungsverfahrens zustande gekommen sowie ordnungsgemäß ausgefertigt und verkündet worden ist.

a) Gesetzgebungskompetenz

Fraglich ist, ob dem Bund die Gesetzgebungskompetenz für den Erlass des Gesetzes zukommt. Wie bereits im Rahmen der Aufgabe A gezeigt, folgt das Gesetzgebungsrecht des Bundes aus einer ungeschriebenen Kompetenz kraft Natur der Sache. Folglich besitzt der Bund die Kompetenz zum Erlass des Gesetzes.

b) Gesetzgebungsverfahren

Weiterhin muss das in Art. 76-78 GG normierte Gesetzgebungsverfahren beachtet worden sein.

aa) Einleitungsverfahren

Bzgl. des in Art. 76 GG verankerten sog. Einleitungsverfahrens bestehen keine rechtlichen Bedenken.

bb) Hauptverfahren

Fraglich ist aber, ob das in Art. 77 GG normierte Hauptverfahren verfassungsrechtlich einwandfrei abgelaufen ist. Das Hauptverfahren unterteilt sich in den Beschluss des Bundestages und des Bundesrates über den Gesetzentwurf.

(1) Beschluss im Bundestag

Das Gesetz muss im Bundestag fehlerfrei beschlossen worden sein. Dies begegnet jedoch unter mehreren Gesichtspunkten rechtlichen Bedenken.

(a) Beschlussfähigkeit des Bundestages

Problematisch könnte sein, dass an der entscheidenden Sitzung des Bundestages nur 200 Abgeordnete teilnahmen. Dadurch könnte es an der Beschlussfähigkeit des Bundestags mangeln. Gestützt auf Art. 40 I 2 GG ist die Beschlussfähigkeit in § 45 der Geschäftsordnung des Bundestages (GO BT) normiert. Gem. § 45 I GO BT ist der Bundestag beschlussfähig, wenn die Hälfte seiner Mitglieder im Sitzungssaal anwesend sind. Das ist bei der streitgegenständlichen Abstimmung nicht der Fall gewesen. Allerdings verlangt § 45 II GO BT eine ausdrückliche Feststellung der Beschlussunfähigkeit, d.h. solange diese Feststellung nicht erfolgt ist wird die Beschlussfähigkeit fingiert. Da eine derartige Feststellung hier nicht vorliegt, ist der Bundestag demnach beschlussfähig gewesen.

Fraglich ist jedoch, ob diese rechtliche Einordnung den Anforderungen des Demokratieprinzips gerecht wird. In einer repräsentativen Demokratie i.S.d. Art. 20 II, 38 I GG, wie sie unter der Herrschaft des Grundgesetzes verwirklicht ist, ließe sich eventuell fordern, dass bei einem Parlamentsbeschluss ein gewisses Mindestmaß an Repräsentanz der Volksvertreter gewährleistet sein muss, um der getroffenen Entscheidung die erforderliche demokratische Legitimation zu geben. Durch Abwesenheit größerer Gruppen von Parlamentariern könnte es zudem zu einer groben Verzerrung der Mehrheitsverhältnisse kommen. Allerdings stellt die abschließende Abstimmung im Bundestag nicht die einzige Möglichkeit für die Parlamentarier dar, sich in das Entscheidungsverfahren einzubringen. Das ist vielmehr bereits vorher möglich, indem sie Anträge stellen, das entsprechende Thema in den Fraktionssitzungen ansprechen oder ggf. an Ausschusssitzungen teilnehmen. Weiterhin ist es den Abgeordneten auch rein tatsächlich nicht immer möglich, an allen Sitzungen des Bundestages teilzunehmen. Daher bewerkstelligt § 45 GO BT einen angemessenen Ausgleich zwischen dem Grundsatz der repräsentativen Demokratie und der Sicherstellung der Funktionsfähigkeit des Parlaments. Demnach ist mit der Regelung des § 45 II GO BT davon auszugehen, dass der Bundestag bei dem Gesetzesbeschluss beschlussfähig war.

(b) Wertung der Stimmenthaltungen

Weiterhin ist fraglich, ob der Einsetzungsantrag die erforderliche Mehrheit gefunden hat. Gem. Art. 42 II 1 GG ist zu einem Beschluss des Bundestages die Mehrheit der abgegebenen Stimmen erforderlich. Es genügt folglich die einfache/ relative Mehrheit. Diese Mehrheit hat der Einsetzungsantrag mit 95 Ja-Stimmen gegenüber 80 Nein-Stimmen eigentlich erreicht. Diskussionswürdig ist jedoch, wie sich die 25 Stimmenthaltungen auswirken, ob sie also als abgegebene Stimmen i.S.d. Art. 42 II 1 GG zu werten sind.

Für diese Rechtsauffassung spricht, dass Stimmenthaltungen Ausfluss des parlamentarischen Rechts sind, keine Entscheidung zu treffen. Andererseits wirken sich die Stimmenthaltungen dann faktisch wie eine Nein-Stimme aus, indem sie die erforderliche Abstimmungsmehrheit erhöhen. Für den Einsetzungsbeschluss wären unter Zugrundelegung dieser Rechtsauffassung 101 statt 81 Ja-Stimmen erforderlich. Stimmenthaltungen können mangels tatsächlicher Meinungsentäußerung aber weder als Zustimmung noch als Ablehnung aufgefasst werden. Sie bleiben daher unberücksichtigt.

Mithin ist das Gesetz mit der erforderlichen Abstimmungsmehrheit beschlossen worden.

(c) Verzögerte Weiterleitung an den Bundesrat

Schließlich hat der Bundestagspräsident das beschlossene Gesetz infolge seines Urlaubs erst mit mehrwöchiger Verzögerung an den Bundesrat weitergeleitet. Da er dies hätte verhindern können, z.B. durch Beauftragung seines Stellvertreters, handelt er schuldhaft und verstieß somit gegen Art. 77 I 2 GG. Allerdings dient diese Vorschrift nur der Verfahrensbeschleunigung. Würde ihre Missachtung zur Verfassungswidrigkeit und damit Nichtigkeit des jeweiligen Gesetzes führen, hätte es der Bundestagspräsident in der Hand, die Wirksamkeit von ihm nicht gewollter Gesetze zu vereiteln. Folglich ist Art. 77 I 2 GG nur eine sog. Ordnungsvorschrift, deren Verletzung nicht zur Verfassungswidrigkeit des Gesetzes führt.

Demnach hat der Bundestag das Gesetz wirksam beschlossen.

(2) Beschluss im Bundesrat

Fraglich ist, ob auch der Bundesrat das Gesetz verfassungsrechtlich fehlerfrei beschlossen hat.

Die Mitwirkungsrechte des Bundesrates hängen entscheidend davon ab, ob es sich bei dem streitgegenständlichen Gesetz um ein Einspruchsgesetz oder um ein Zustimmungsgesetz handelt. Einspruchsgesetze stellen den Regelfall dar und ermöglichen dem Bundesrat die Blockade eines Gesetzes, die vom Bundestag aber gem. Art. 77 IV GG beseitigt werden kann. Demgegenüber verbürgen die Zustimmungsgesetze dem Bundesrat ein echtes Vetorecht. Sie sind nur gegeben, wenn dies vom Grundgesetz ausdrücklich angeordnet wird. Eine solche Anordnung existiert für das umstrittene Gesetz nicht. Insbesondere löst eine Bundeskompetenz kraft Natur der Sache nicht automatisch die Zustimmungspflichtigkeit aus. Folglich handelt es sich um ein Einspruchsgesetz.

Da der Bundesrat das Gesetz fälschlicherweise als Zustimmungsgesetz qualifizierte, hat er keinen Einspruch dagegen eingelegt, sondern seine Zustimmung verweigert. Fraglich ist, ob diese Ablehnung in einen Einspruch umgedeutet werden kann. Dafür spricht, dass der Bundesrat mit der Verweigerung seiner Zustimmung seine ablehnende Haltung hinreichend zum Ausdruck bringt. Dagegen spricht der im Bundesrat geltenden Grundsatz der Formenstrenge, vgl. § 30 I GO BR. Ferner kann der Bundesrat vorsorglich Einspruch einlegen, wenn er sich nicht sicher ist, ob es sich um ein Zustimmungs- oder Einspruchsgesetz handelt. Schließlich droht bei einer Umdeutung eine Umgehung des Vermittlungsausschusses, der vor Einlegung eines Einspruchs vom Bundesrat gem. Art. 77 III 1 GG zwingend angerufen werden muss.

Da der Bundesrat somit nicht wirksam Einspruch eingelegt hat, ist das Gesetz gem. Art. 78 3. Fall GG zustande gekommen.

Demnach sind die in Art. 76-78 GG normierten Anforderungen an das Gesetzgebungsverfahren erfüllt.

c) Ausfertigung und Verkündung

Für seine formelle Verfassungsmäßigkeit bedarf das Gesetz nur noch der Ausfertigung und Verkündung gem. Art. 82 I 1 GG. Sobald der Bundespräsident das Gesetz ausgefertigt und verkündet hat, ist es formell verfassungsgemäß zustande gekommen.

2. Materielle Verfassungsmäßigkeit

Fraglich ist, ob das Gesetz auch materiell-rechtlich im Einklang mit dem Grundgesetz steht.

In materiell-rechtlicher Hinsicht könnte das Gesetz gegen das Demokratieprinzip verstoßen, indem die Parlamentarier den Liedentwurf des L ohne jede Änderung übernommen und dies u.a. mit dem Gebot des sparsamen Umgangs mit Steuergeldern begründet haben. Darin könnte eine mangelnde inhaltliche Auseinandersetzung mit dem Gesetzentwurf zu sehen sein, dem infolgedessen die demokratische Legitimation fehlen könnte. Jedoch ist das gebotene Maß der inhaltlichen Auseinandersetzung mit einem Gesetzentwurf im Grundgesetz nicht vorgegeben. Vielmehr statuiert Art. 38 I 2 GG das sog. freie Mandat.

Danach sind die Abgeordneten in ihrer Entscheidung frei. Das umfasst auch die Freiheit, sich mit einem Gesetzentwurf mehr oder minder intensiv zu befassen und Entwürfe von Privatpersonen, Vereinigungen oder Interessenverbänden zu übernehmen. Sanktioniert werden kann dies nur durch den Wähler, indem er den Abgeordneten nicht wieder wählt, wenn er mit dessen Verhalten unzufrieden ist.

Das Gesetz ist daher formell und materiell verfassungsgemäß zustande gekommen.

II. Verweigerung der Gegenzeichnung

Möglicherweise kann der Bundeskanzler das Wirksamwerden des Gesetzes dadurch verhindern, dass er dessen Gegenzeichnung verweigert. Das Gegenzeichnungserfordernis folgt aus Art. 82 I 1 GG i.V.m. Art. 58 S. 1 GG. Ein Verweigerungsrecht setzt voraus, dass dem Bundeskanzler die vorgelagerte Befugnis zusteht, das Gesetz auf seine Verfassungsmäßigkeit überprüfen zu dürfen.

Da es sinnvoll ist, am Ende des Gesetzgebungsverfahrens die Einhaltung der formellen Anforderungen abschließend zu kontrollieren, steht dem Bundeskanzler wie dem Bundespräsidenten ein formelles Prüfungsrecht zu.

Bzgl. eines materiellen Prüfungsrechts ist die rechtliche Situation ebenfalls vergleichbar mit derjenigen beim Bundespräsidenten. Für ein Prüfungsrecht könnte der Wortlaut des Art. 82 I 1 GG sprechen. „Vorschriften dieses Grundgesetzes" können nämlich alle Vorschriften des Grundgesetzes sein, also auch materiell-rechtliche. Andererseits spricht die Formulierung „zustande gekommen" nur für ein formelles Prüfungsrecht. Folglich ist der Wortlaut nicht eindeutig.
Unter systematischen Gesichtspunkten könnte gegen ein materielles Prüfungsrecht eingewandt werden, dass es dem BVerfG vorbehalten ist, die Verfassungswidrigkeit einer Norm festzustellen (vgl. Art. 100 I GG). Andererseits kontrolliert das Bundesverfassungsgericht erst, wenn das Gesetz bereits wirksam zustande gekommen ist. Vor der Ausfertigung besteht diese Ausschließlichkeit nicht. Eine vorherige Kontrolle durch den Bundeskanzler wäre daher evtl. sinnvoll, zumal das BVerfG nur auf Antrag tätig werden kann. Weiterhin ist jedoch zu bedenken, dass die Gesetzgebung die Sache der Legislative ist. Der Bundeskanzler gehört hingegen zur Exekutive. Stünde ihm ein materielles Prüfungsrecht zu, könnte er in den Aufgabenbereich der Legislative eingreifen.
Die teleologische Auslegung zeigt zunächst, dass auch der Bundeskanzler gem. Art. 20 III GG an die Verfassung gebunden ist. Das könnte dafür sprechen, dass er zumindest evident verfassungswidrigen Handlungen nicht auch noch mit seiner Unterschrift zur Wirksamkeit verhelfen muss, in diesem Umfang also ein materielles Prüfungsrecht für ihn besteht. Andererseits ruft das aber die Gefahr hervor, dass der Bundeskanzler unter Hinweis auf ein materielles Prüfungsrecht auch Gesetze

verhindern kann, die ordnungsgemäß erlassen wurden. Im Gegensatz zum Bundespräsidenten steht der Bundeskanzler auch im Mittelpunkt der tagespolitischen Auseinandersetzungen. Er ist bei diesen Auseinandersetzungen gewillt, seine politischen Vorstellungen durchzusetzen.

Daher ist die beschriebene Missbrauchsgefahr beim Bundeskanzler höher einzustufen als beim Bundespräsidenten.
Deshalb ist davon auszugehen, dass dem Bundeskanzler nur ein formelles Prüfungsrecht zusteht und er daher auch nur bei formellen Verfassungsverstößen die Gegenzeichnung verweigern darf.

Da das streitgegenständliche Gesetz ohnehin formell und materiell verfassungsmäßig ist (s.o.), darf der Bundeskanzler die Gegenzeichnung in keinem Fall nicht verweigern.

C. Verfassungsmäßigkeit der §§ 3, 4 GSdB
Das GSdB ist verfassungsgemäß zustande gekommen, wenn es formell und materiell im Einklang mit dem Grundgesetz steht.

I. Formelle Verfassungsmäßigkeit des GSdB
Das GSdB müsste formell verfassungsgemäß sein. Das ist der Fall, wenn es unter Einhaltung der Gesetzgebungskompetenzen und des Gesetzgebungsverfahrens zustande gekommen sowie ordnungsgemäß ausgefertigt und verkündet worden ist.

1. Gesetzgebungskompetenz
Fraglich ist, ob dem Bund die Gesetzgebungskompetenz für den Erlass des GSdB zukommt.
Grundsätzlich haben die Länder das Recht zur Gesetzgebung gem. Art.70 I GG. Für § 3 GSdB ergibt sich auch nichts aus den geschriebenen Gesetzgebungskompetenzen der Art. 73 ff. GG. In Betracht kommt aber, dass die Verbandskompetenz des Bundes aufgrund ungeschriebener Gesetzgebungskompetenzen des Bundes besteht. Insofern könnte der Bund kraft Natur der Sache zur gesetzlichen Regelung der Materie zuständig sein. Die Zulässigkeit und Durchführung von Abstimmungen auf Bundesebene kann einheitlich nur vom Bund geregelt werden, sodass dieser eine Kompetenz kraft Natur der Sache innehat.
§ 4 GSdB begründet das Wahlrecht auch für Ausländer. Art. 38 III GG überlässt die nähere Regelung des Wahlrechts einem „Bundesgesetz", womit eine ausschließliche Gesetzgebungskompetenz des Bundes verbunden ist.

Folglich steht dem Bund die Gesetzgebungskompetenz für den Erlass der §§ 3, 4 GSdB zu.

2. Gesetzgebungsverfahren

Weiterhin muss das in Art. 76-78 GG normierte Gesetzgebungsverfahren beachtet worden sein.

a) Einleitungsverfahren

Das Einleitungsverfahren müsste ordnungsgemäß abgelaufen sein.

Verfassungsrechtliche Bedenken könnten sich daraus ergeben, dass die Gesetzesinitiative allein durch den Abgeordneten A erfolgte. Gem. Art. 76 I GG werden Gesetzesvorlagen u.a. aus der Mitte des Bundestages eingebracht. Das könnte so zu verstehen sein, dass die Gesetzesinitiative von einer Mehrzahl von Abgeordneten ausgegangen sein muss. Diese Gesetzesinterpretation kann weiterhin damit begründet werden, dass ein Initiativrecht einzelner Abgeordneter möglicherweise die Funktionsfähigkeit des Bundestages beeinträchtigt. Dem lässt sich entgegenhalten, dass der Wortlaut offen formuliert ist. Ferner gehört es gerade zu den originären Rechten eines Abgeordneten, Gesetzesvorhaben auf den Weg zu bringen. Das Gesetzesinitiativrecht des einzelnen Abgeordneten ist also Ausfluss seiner durch Art. 38 I 2 GG gesicherten verfassungsrechtlichen Stellung. Zudem besteht die Gefahr „querulatorischer" Anträge auch, wenn diese z.B. von Fraktionen gestellt werden. Es bleibt dem Bundestag im Übrigen unbenommen, entsprechende Anträge nur ganz kurz zu erörtern, um seine Funktionsfähigkeit zu schützen. Daher ist davon auszugehen, dass auch der einzelne Abgeordnete die „Mitte des Bundestages" im Sinne des Art. 76 I GG darstellt.

Allerdings verstößt die Gesetzesvorlage des A gegen §§ 75 I lit. a), 76 I GO BT. Inwieweit dieser Verstoß gegen eine Norm, die im Rang unter dem Grundgesetz steht, zu einem Verfassungsverstoß führen kann, ist fraglich. Da aber der Bundestag das GSdB letztlich beschlossen hat, hat sich eine Mehrheit der Abgeordneten den Gesetzentwurf des A zu eigen gemacht. Dadurch ist der Verstoß gegen §§ 75 I lit. a), 76 I GO BT geheilt, so dass sich eine Untersuchung, welche verfassungsrechtlichen Folgen der Verstoß hat, erübrigt.

Mithin begegnet das Einleitungsverfahren letztlich keinen verfassungsrechtlichen Bedenken.

b) Hauptverfahren

Weiterhin muss auch das in Art. 77 GG normierte Hauptverfahren verfassungsrechtlich fehlerfrei abgelaufen sein. Es unterteilt sich in den Beschluss des Bundestages und des Bundesrates über den Gesetzentwurf.

aa) Beschluss im Bundestag

Das Gesetz muss im Bundestag fehlerfrei beschlossen worden sein. Verfassungsrechtlich bedenklich könnte sein, dass der Bundestag vorliegend schon nach der zweiten Lesung das GSdB beschlossen hat.

Das Grundgesetz selbst schreibt zwar keine bestimmte Anzahl von Beratungen vor, jedoch fordert § 78 I GO BT drei Lesungen. Die konkrete Ausgestaltung des Gesetzgebungsverfahrens hat der Verfassungsgeber gem. Art. 40 I 2 GG zwar der Geschäftsordnungsautonomie des Bundestages überlassen. Jedoch sollen die Beratungen im Bundestag lediglich sicherstellen, dass jeder einzelne Abgeordnete effektiv an dem Gesetzgebungsverfahren mitwirken kann. Das ist aber auch bei Durchführung von zwei Lesungen gewährleistet. Daher führt der Verstoß gegen § 78 I GO BT nicht mittelbar zu einem Verfassungsverstoß (BVerfGE 1, 144 [153]). Der Beschluss des Gesetzes im Bundestag erging also fehlerfrei.

bb) Beschluss im Bundesrat

Diesbezüglich sind Verfassungsverstöße nicht ersichtlich.

Demnach sind die in Art. 76-78 GG normierten Anforderungen an das Gesetzgebungsverfahren erfüllt.

3. Ausfertigung und Verkündung

Ausfertigung und Verkündung sind im Einklang mit Art. 82 I 1 GG erfolgt.

Das GSdB ist demnach formell verfassungsgemäß.

II. Materielle Verfassungsmäßigkeit des GSdB

Fraglich ist, ob die Bestimmungen des GSdB auch materiell verfassungskonform sind. Insoweit ist zwischen den einzelnen Bestimmungen des GSdB zu differenzieren.

1. § 3 GSdB

Bzgl. des § 3 GSdB ist wiederum zwischen der Frage nach der grundsätzlichen Zulässigkeit von Volksabstimmungen sowie der Verfassungsmäßigkeit des gewählten Quorums zu unterscheiden.

a) Grundsätzliche Zulässigkeit von Volksabstimmungen

Möglicherweise ist die in § 3 GSdB normierte Möglichkeit einer Volksabstimmung per se verfassungswidrig. Ein ausdrückliches Verbot findet sich im Grundgesetz nicht. Vielmehr ergibt sich umgekehrt aus Art. 20 II 2 GG, der „Abstimmungen" als Modus demokratischer Entscheidungsfindung vorsieht, dass die Einführung von Volksabstimmungen grundsätzlich mit dem Grundgesetz vereinbar ist.

Fraglich ist jedoch, ob die Einführung durch ein einfaches Gesetz wie § 3 GSdB möglich ist. Dafür könnte sprechen, dass die Aufnahme der „Abstimmungen" in Art. 20 II 2 GG sinnlos wäre, wenn Volksabstimmungen im Ergebnis doch nicht zulässig wären. Auf der anderen Seite regelt das Grundgesetz die Möglichkeit plebiszitärer Akte nicht näher, sondern sieht lediglich in Art. 29 II 1 GG Volksabstimmungen zur Neugliederung der Bundesländer vor. Insofern könnte Art. 20 II 2 GG auch als bloßer Hinweis auf die an anderer Stelle im Grundgesetz vorgesehenen Volksabstimmungen verstanden werden. Dafür spricht ein weiterer Gedanke. Das Volk handelt im Wege der Abstimmung als Staatsorgan. Kompetenzen staatlicher Organe bestehen aber nur im Rahmen einer entsprechenden Ermächtigung. Eine solche Ermächtigung könnte zwar Art. 20 II 2 GG darstellen. Bereits dies ist aber fraglich, da sich auch die Kompetenzen für Wahlen nicht aus Art. 20 II GG ergibt, sondern speziell in Art. 38 GG geregelt ist. Vor allem aber genügt Art. 20 II GG nicht den Anforderungen, die an eine solche Ermächtigungsgrundlage zu stellen sind. Volksabstimmungen berühren und beschränken zwangsläufig die Kompetenzen der Verfassungsorgane des Bundes. Aufgrund dieser besonderen Qualität muss ihre nähere Regelung und Ausgestaltung auf verfassungsrechtlicher Ebene erfolgen. Dies leistet Art. 20 II GG aber nicht und kann damit keine Ermächtigungsgrundlage darstellen.

Bestätigt wird dieses Ergebnis durch die historische Auslegung. Im Parlamentarischen Rat wurden Anträge auf Einführung von Volksabstimmungen mehrmals aufgrund angeblich schlechter Erfahrungen der Weimarer Zeit und Zweifeln an der politischen Reife und Zuverlässigkeit der Bürger abgelehnt.

Die Aufnahme von „Abstimmungen" in Art. 20 II 2 läuft damit auch nicht - entgegen den allgemeinen Auslegungsregeln - ins Leere. Vielmehr schreibt die Vorschrift die grundsätzliche Zulässigkeit von Volksabstimmungen auf Bundesebene fest und deckt damit die landesverfassungsrechtlichen Plebiszitregelungen im Hinblick auf Art. 28 I 1 GG.

Im Ergebnis kann damit festgehalten werden, dass die Einführung von Volksabstimmungen nur durch eine Änderung des Grundgesetzes erfolgen kann, so dass
§ 3 GSdB damit materiell verfassungswidrig ist.

b) Verfassungsmäßigkeit des Quorums

Darüber hinaus könnte das Quorum von 15% gegen das in Art. 20 I, II GG verankerte Demokratieprinzip verstoßen. Ggf. könnte ein Gesetz nämlich bereits von
8% der stimmberechtigten Bevölkerung beschlossen werden. Insofern erscheint
fraglich, ob eine bloße formale Mehrheit hinreichende Bedingung für eine Zure-
chenbarkeit der Entscheidung zum gesamten Volk ist. Dies ist dann abzulehnen,
wenn die Zurechnung zur reinen Fiktion wird, weil die Entscheidung nicht mehr
als solche einer (schweigenden) Mehrheit des gesamten Volkes gewertet werden
kann. Dies ist der Fall bei einem solch geringen Quorum von 15%, in welchem Entscheidungen durch Minderheiten strukturell angelegt sind.

Dem lässt sich auch nicht der Vergleich mit einer geringen Wahlbeteiligung etwa
bei Bundestagswahlen entgegenhalten, da es sich bei Wahlen um einen in der
Demokratie alternativlosen Vorgang handelt, während Volksabstimmungen ein
parlamentarisches Entscheidungsverfahren ersetzen.
Auch das Quorum ist somit verfassungswidrig.

2. § 4 GSdB

Möglicherweise verstößt auch § 4 GSdB gegen inhaltliche Vorgaben des Grund-
gesetzes. Die Beteiligung von Ausländern an der Bundestagswahl könnte gegen
Art. 20 II 2 GG verstoßen, wonach die Staatsgewalt vom Volk insbesondere durch
Wahlen ausgeübt wird. Das wirft die Frage auf, was unter „Volk" im Sinne dieser Vor-
schrift zu verstehen ist.
Der Wortlaut, der lediglich vom „Volk" spricht und keine Nationalität festlegt, ist
wenig ergiebig.
Unter systematischen Gesichtspunkten ist hingegen festzuhalten, dass bereits die
Präambel nur Deutsche als Element des Volkes qualifiziert. Weiterhin schwören
der Bundespräsident und die Mitglieder der Bundesregierung gem. Art. 56, 64
II GG, ihre Kraft dem Wohle des deutschen Volkes zu widmen. Darüber hinaus
spricht auch Art. 146 GG vom deutschen Volk. Schließlich verdeutlicht Art. 28 I 3 GG,
dass Ausländer nur in Ausnahmefällen, die der Gesetzgeber zudem ausdrücklich
normiert, wahlberechtigt sein sollen. Somit ist nach Maßgabe der systematischen
Auslegung davon auszugehen, dass Art. 20 II GG mit dem Begriff des „Volkes" nur
deutsche Staatsangehörige erfasst.

Möglicherweise ergibt sich aber unter Zugrundelegung der teleologischen Auslegung ein anderes Ergebnis. Als „Volk" könnten vor diesem Hintergrund möglicherweise alle Personen verstanden werden, die sich dauerhaft in Deutschland aufhalten. Diese Erwägung lässt sich eventuell durch die Annahme eines Wandels des Verfassungsverständnisses, verursacht durch den zunehmenden Anteil von Ausländern an der Gesamtbevölkerung, stützen. Dem kann aber entgegengehalten werden, dass Art. 20 II GG mit dem Volk das Staatsvolk meint. Die Mitglieder des Staatsvolkes, das ein Merkmal des Staatsbegriffs ist, zeichnen sich durch eine dauerhafte Beziehung zum Staat aus. Das bedeutet einerseits ein dauerhaftes Unterworfensein unter die Staatsgewalt, andererseits aber auch das Erfordernis und die Berechtigung zur demokratischen Legitimation der Staatsgewalt. Diese Staatsgewalt ergibt sich sowohl aus der Gebiets- als auch der Personalhoheit des Staates. Die auswärtigen Europäer aber, die in der Bundesrepublik leben, unterliegen zwar deren Gebietshoheit, sind aber der Personalhoheit ihres Heimatstaates unterworfen. Egal, wie integriert und kulturell verwandt diese Menschen sein mögen, sie können sich der deutschen Staatsgewalt jederzeit durch Ausreise entziehen. Daher können sie keine derart dauerhafte Beziehung zur Bundesrepublik haben, wie sie der Begriff „Volk" voraussetzt. Somit besteht nach Sinn und Zweck des Art. 20 II 2 GG lediglich ein Wahlrecht für Deutsche.

Das Volk in Art. 20 II 2 GG ist somit das deutsche Volk.

§ 4 GSdB ist demnach materiell verfassungswidrig.

§§ 3, 4 GSdB sind materiell verfassungswidrig.

D. Verfassungsmäßigkeit der Änderung des Grundgesetzes

Die Änderung des Grundgesetzes ist verfassungsgemäß, wenn sie formell und materiell ordnungsgemäß zustande gekommen ist.

I. Formelle Verfassungsmäßigkeit

Die Änderung des Grundgesetzes müsste formell verfassungsgemäß sein. Das ist der Fall, wenn sie unter Einhaltung der Gesetzgebungskompetenzen und des Gesetzgebungsverfahrens zustande gekommen sowie ordnungsgemäß ausgefertigt und verkündet worden ist.

1. Gesetzgebungskompetenz

Fraglich ist, ob dem Bund die Gesetzgebungskompetenz für die Änderung des Grundgesetzes zukommt.

Grundsätzlich haben die Länder das Recht zur Gesetzgebung gem. Art. 70

I GG. Jedoch ergibt sich aus Art. 79 I, II GG, dass das Grundgesetz nur durch Bundesgesetz geändert werden kann. Selbst wenn man in Art. 79 GG keine kompetenzzuweisende Norm sehen sollte, ergibt sich die Kompetenz des Bundes jedenfalls aus der Natur der Sache.

Folglich hat der Bund die Gesetzgebungskompetenz zur Änderung des Grundgesetzes.

2. Gesetzgebungsverfahren

Weiterhin muss das Gesetzgebungsverfahren fehlerfrei abgelaufen sein.

Da sich aus dem Sachverhalt nichts Anderweitiges ergibt, kann davon ausgegangen werden, dass die Gesetzesvorlage ordnungsgemäß in den Bundestag eingebracht wurde. Im Rahmen der Beschlussfassung durch den Bundestag gem. Art. 77 I 1 GG ist zu beachten, dass Voraussetzung eine qualifizierte 2/3-Mehrheit der Mitglieder ist, vgl. Art. 79 II GG. Diese Voraussetzung ist hier erfüllt. Weiterhin handelt es sich gem. Art. 79 II GG stets um ein zustimmungsbedürftiges Gesetz, wobei auch im Bundesrat eine 2/3-Mehrheit der Stimmen erforderlich ist. Auch diese Anforderung an das Verfahren ist erfüllt, so dass das Gesetz ordnungsgemäß zustande gekommen ist, vgl. Art. 77 IIa, 78 GG.

Demnach sind die Anforderungen an das Gesetzgebungsverfahren erfüllt.

3. Form

Schließlich müssen auch die Formerfordernisse des Grundgesetzes beachtet worden sein.

Das in Art. 79 I 1 GG normierte Erfordernis der ausdrücklichen Änderung des Wortlauts des Grundgesetzes ist erfüllt. Ausfertigung und Verkündung durch den Bundespräsidenten gem. Art. 82 I 1 GG müssen noch erfolgen.

Sobald der Bundespräsident das verfassungsändernde Gesetz ausgefertigt und verkündet hat, ist es formell verfassungskonform zustande gekommen.

II. Materielle Verfassungsmäßigkeit

Fraglich ist, ob die Änderung des Grundgesetzes materiell verfassungskonform ist. Im Rahmen der materiellen Verfassungsmäßigkeit ist zu beachten, dass Prüfungsmaßstab verfassungsändernder Gesetze nicht die Verfassung in ihrer Gesamtheit, sondern nur die sog. Ewigkeitsgarantie des Art. 79 III GG ist, welche die unverzichtbaren Kerninhalte des Grundgesetzes auch gegen Verfassungsänderungen absichert. Danach sind die föderative Gliederung des Bundes in Länder mit eigener Staatsqualität, die Mitwirkung der Länder bei der Gesetzgebung, und insbesondere die in Art. 1 und 20 GG niedergelegten Grundsätze sowie Art. 79 III GG selbst einer Änderung entzogen.

In Betracht kommt eine Verletzung des Kerngehalts des in Art. 20 I, II GG niedergelegten Demokratieprinzips. Die in Art. 38 I 1 GG normierte Freiheit der Wahl ist eine unverzichtbare Voraussetzung für den demokratischen Staat, so dass sie zum Kernbereich des Demokratieprinzips zu zählen ist. Fraglich ist aber, ob dies auch die negative Freiheit umfasst, sich nicht an der Wahl zu beteiligen. Es ließe sich vertreten, dass die Wahlfreiheit nur das Recht schützt, keine bestimmte Person oder Partei wählen zu müssen (sog. Wahlentscheidungsfreiheit). Davon zu trennen und nicht geschützt wäre das Recht, der Wahl ganz fern zu bleiben (sog. Wahlbeteiligungsfreiheit). Weiterhin könnte der Wähler auch bei Bestehen einer Wahlpflicht faktisch die Wahl dadurch verweigern, dass er einen ungültigen Stimmzettel abgibt. Andererseits ist dem Wortlaut des Art. 38 I 1 GG eine Differenzierung zwischen Wahlentscheidungsfreiheit und Wahlbeteiligungsfreiheit nicht zu entnehmen. Ferner muss die Wahlfreiheit als subjektives Recht auch das Recht umfassen, von diesem Recht keinen Gebrauch zu machen. Insofern kann die Nichtbeteiligung an der Wahl auch Ausdruck einer eigenen politischen Stellungnahme sein. Insbesondere kann der Wähler auf diese Weise deutlich machen, dass er die etablierten Parteien gerade nicht unterstützt. Eine Wahlpflicht würde damit auch ihren Zweck, dem Wahlergebnis eine höhere demokratische Legitimation zu verschaffen, verfehlen. Stattdessen führte sie umgekehrt zu einer Verfestigung der bestehenden Parteienlandschaft, obwohl es dieser gegebenenfalls gerade an demokratischer Legitimation mangelt. Den Gedanken, dass nicht die formale Wahlbeteiligung an sich zur tatsächlichen demokratischen Legitimation führt, verdeutlicht auch der Blick auf eine Vielzahl totalitärer Staaten. Die Statuierung einer Wahlpflicht verstößt mithin gegen den Kerngehalt des Demokratieprinzips.

Im Ergebnis ist festzuhalten, dass das verfassungsändernde Gesetz wegen Verstoßes gegen Art. 79 III GG materiell verfassungswidrig, also verfassungswidriges Verfassungsrecht ist.

Einordnung: ÖR / Staatsorganisationsrecht
Schwerpunkt: Demokratieprinzip/Ausländerwahlrecht

Fall: Wahlrecht für alle?

Angesichts der erfreulichen Entwicklung der Europäischen Union zu einer politischen Union möchte die Bundestagsfraktion F eine Gesetzesvorlage in den Bundestag einbringen, wonach durch Gesetz künftig auch Bürgern aus Staaten der Europäischen Union, die sich bereits seit 5 Jahren in der Bundesrepublik befinden und hier ihren Wohnsitz haben, das Wahlrecht zum Bundestag gewährt wird.

Aufgabenstellung: Prüfen Sie in einem umfassenden Rechtsgutachten, ob ein solches Gesetz mit dem Demokratieprinzip vereinbar wäre.

Zusatzfrage:

Auch im Land L wird die Einführung des Wahlrechts für Europäer erwogen. Wäre dies unter Berücksichtigung des Ergebnisses des Ausgangsfalles zulässig?

Zusatzfrage 2:

Angenommen, Sie kommen zu dem Ergebnis, dass ein Ausländerwahlrecht nach der momentanen Gesetzeslage nicht zulässig sei. Prüfen Sie die Möglichkeiten, ein Wahlrecht für Ausländer dennoch einzuführen.

Teil 1: Vorüberlegungen

Die Prüfungsaufgabe des Ausgangsfalles ist sehr präzise gefasst, sodass recht schnell Art. 20 II 1 GG als Prüfungsmaßstab gefunden werden sollte. Beachte jedoch, dass die Staatsstrukturprinzipien zwar alle aus Art. 20 GG abgeleitet werden, sie jedoch auch Teilgehalte besitzen können, die sich nicht unmittelbar in dieser sog. Staatsfundamentalnorm finden. So wird z.B. das Element der Wahl (Art. 20 II 2 GG) als Teilgehalt des Demokratieprinzips in Art. 38 I 1 GG um die Wahlrechtsgrundsätze ergänzt. Der Ausgangspunkt einer gutachterlichen Lösung zum Thema der Staatsstrukturprinzipien sollte jedoch stets in Art. 20 GG, hier Art. 20 II 1 GG, gesucht werden. Dort angelangt ist leicht zu erkennen, dass es um die Frage geht, wie der Begriff „Volk" zu verstehen ist. Das verlangt – und das ist ganz wichtig – eine Auslegung des Begriffs anhand der anerkannten juristischen Auslegungsmethoden. Dabei ist zwingend mit der Wortlautauslegung zu beginnen, denn wenn die eindeutig ist, kommt eine Auslegung anhand der anderen Auslegungsmethoden nicht mehr in Betracht.

Die systematische Auslegung verlangt eine gute Kenntnis des Grundgesetzes und führt hier zu einem Umkehrschluss aus Art. 28 I 3 GG.

Die letztlich entscheidende teleologische Auslegung, d.h. die Frage nach dem Sinn und Zweck einer Vorschrift, gelingt vorliegend nur, wenn erkannt wird, dass die Staatsgewalt in Form einer Wahl nur von demjenigen ausgeübt werden darf, der dieser Staatsgewalt auch dauerhaft unterliegt. Es besteht also eine Wechselbeziehung zwischen Ausübung der und Unterwerfung unter die Staatsgewalt.

In der ersten Zusatzfrage ist zu erkennen, dass Prüfungsmaßstab nicht direkt Art. 20 II 1 GG ist, sondern der spezielle Art. 28 I 2 GG. Diese Vorschrift weist für Landtagswahlen ebenfalls nur dem „Volk" das Wahlrecht zu, womit es erneut um die Auslegung dieses Begriffs geht. Der Argumentationsumfang ist jedoch gegenüber dem Ausgangsfall reduziert, weil davon ausgegangen werden darf, dass ein Begriff im Grundgesetz einheitlich verstanden wird. „Volk" meint also auch bei Art. 28 I 2 GG „deutsches Volk".

Die zweite Zusatzfrage ist zum „Weiterdenken", weil keine Auslegung eines bestehenden Gesetzes verlangt wird, sondern eine selbst zu entwerfende Gesetzesänderung. Relevant ist an dieser Stelle, dass der nahe liegende Weg einer Verfassungsänderung durch Art. 79 III GG (sog. Ewigkeitsgarantie) versperrt ist. Lösung des Problems kann daher nur die (schwer zu erkennende) Verleihung der deutschen Staatsangehörigkeit an Ausländer sein.

Teil 2: Lösung zum Fall „Wahlrecht für alle ?"

Fraglich ist, ob das umstrittene Gesetz mit dem in Art. 20 II 1 GG verankerten Demo-kratieprinzip vereinbar wäre. Hierzu muss zunächst der Gehalt dieses Prinzips beginnend beim Wortlaut ermittelt werden.

Nach Art. 20 II 1 GG geht alle Staatsgewalt vom Volke aus. Diese wird gem. Art. 20 II 2 GG vom Volk in Wahlen und Abstimmungen ausgeübt. Vorliegend geht es um eine Wahl. Ob das Wahlrecht auch von ausländischen EU-Bürgern ausgeübt werden darf, hängt somit entscheidend davon ab, ob sie zum „Volk" im Sinne des Art. 20 II 1 GG gehören. Das wiederum ist durch Auslegung des Begriffs „Volk" zu klären.
Der Wortlaut des Art. 20 II 1 GG, der lediglich vom „Volk" spricht und keine Nati-onalität festlegt, ist wenig ergiebig. Unter systematischen Gesichtspunkten ist hingegen festzuhalten, dass bereits die Präambel des Grundgesetzes nur Deutsche als Element des Volkes qualifiziert. Weiterhin schwören der Bundespräsident und die Mitglieder der Bundesregierung gem. Art. 56, 64 II GG, ihre Kraft dem Wohle des deutschen Volkes zu widmen. Darüber hinaus spricht auch Art. 146 GG vom deutschen Volk. Schließlich verdeutlicht Art. 28 I 3 GG, dass Ausländer nur in Aus-nahmefällen, die der Gesetzgeber zudem ausdrücklich regelt, wahlberechtigt sein sollen. Somit ist nach Maßgabe der systematischen Auslegung davon auszugehen, dass Art. 20 II 1 GG mit dem Begriff „Volk" nur deutsche Staatsangehörige erfasst.

Möglicherweise ergibt sich aber unter Zugrundelegung der teleologischen Auslegung ein anderes Ergebnis. Unter „Volk" könnten vor diesem Hintergrund mög-licherweise alle Personen verstanden werden, die sich dauerhaft in Deutschland aufhalten. Diese Erwägung lässt sich eventuell durch die Annahme eines Wandels des Verfassungsverständnisses, verursacht durch den zunehmenden Anteil von Ausländern an der Gesamtbevölkerung, stützen.
Dem kann aber entgegengehalten werden, dass Art. 20 II 1 GG mit dem Volk das Staatsvolk meint. Die Mitglieder des Staatsvolkes, das ein Merkmal des Staats-begriffs ist, zeichnen sich durch eine dauerhafte Beziehung zum Staat aus. Das bedeutet einerseits ein dauerhaftes Unterworfensein unter die Staatsgewalt, andererseits aber auch das Erfordernis und die Berechtigung zur demokratischen Legitimation der Staatsgewalt. Diese Staatsgewalt ergibt sich sowohl aus der Gebiets- als auch aus der Personalhoheit des Staates. Die auswärtigen Europäer aber, die in der Bundesrepublik leben, unterliegen zwar deren Gebietshoheit, sind jedoch der Personalhoheit ihres Heimatstaates unterworfen. Unabhängig davon, wie integriert und kulturell verwandt diese Menschen sein mögen, sie können sich

der deutschen Staatsgewalt jederzeit durch Ausreise entziehen. Daher können sie keine derart dauerhafte Beziehung zur Bundesrepublik haben, wie sie der Begriff „Volk" voraussetzt. Somit gehören nach Sinn und Zweck des Art. 20 II 1 GG nur deutsche Staatsangehörige zum „Volk".

Die Einführung des Wahlrechts auch für ausländische EU-Bürger durch das umstrittene Gesetz verstößt demnach gegen Art. 20 II 1 GG und ist folglich nicht mit dem Demokratieprinzip vereinbar.

Zusatzfrage:

Fraglich ist, ob die Einführung eines Wahlrechts für ausländische EU-Bürger im Land L zulässig wäre.

Möglicherweise verstößt eine solche Regelung gegen Art. 28 I 2 GG. Diese Vorschrift verwendet für die Wahl in den Ländern ebenfalls den Begriff „Volk", von dessen einheitlichen Verständnis im Grundgesetz ausgegangen werden kann. Ferner greift auch hier der Umkehrschluss zu Art. 28 I 3 GG, der nur bei den Kommunalwahlen eine Beteiligung von EU-Ausländern vorsieht. Schließlich kommt die im Ausgangsfall angestellte teleologische Überlegung zum Tragen: Staatsgewalt in Form einer Wahl darf nur derjenige ausüben, der dieser Staatsgewalt auch dauerhaft unterliegt, was bei einem ausländischen EU-Bürger nicht der Fall ist.

Daher verstößt die Einführung eines Wahlrechts für EU-Ausländer auf der Ebene eines Bundeslandes gegen Art. 28 I 2 GG und ist somit unzulässig.

Zusatzfrage 2:

Fraglich ist, ob und wie ein Wahlrecht für Ausländer eingeführt werden kann, wenn es nach der aktuellen Rechtslage unzulässig ist.

Eine Möglichkeit wäre, dass Grundgesetz so zu ändern, dass auch Ausländern das Wahlrecht zusteht. Beispielsweise könnte Art. 20 II 1 GG wie folgt umformuliert werden: „Alle Staatsgewalt geht von den auf dem Staatsgebiet Wohnenden aus". Damit wären auch ausländische Mitbürger wahlberechtigt.

Jedoch muss eine Verfassungsänderung den Anforderungen des Art. 79 III GG (sog. Ewigkeitsgarantie) genügen. Danach darf eine Verfassungsänderung nicht die in Art. 1 und Art. 20 GG niedergelegten Grundsätze berühren. Wie gezeigt, führt aber eine Einführung des Ausländerwahlrechts zu einem Verstoß gegen Art. 20 II 1 GG. Ferner gehört es zu den Grundsätzen des Demokratieprinzips, wer wählen darf, wer also zum Wahlvolk gehört und somit die Staatsgewalt in Form von Wahlen ausübt. Folglich würde eine Verfassungsänderung im beschriebenen Sinne einen der Grundsätze des Art. 20 GG tangieren, so dass sie gem. Art. 79 III GG unzulässig ist und somit auf diesem Weg kein Ausländerwahlrecht eingeführt werden kann.

Eine andere Möglichkeit der Einführung eines Wahlrechts für Ausländer wäre die Ausweitung des Begriffs „deutsches Volk" durch die Änderung der Voraussetzungen der Staatsangehörigkeit nach dem Staatsangehörigkeitsgesetz (StAG). Das bedeutet, den Ausländern könnte unter den im Sachverhalt genannten Voraussetzungen die deutsche Staatsangehörigkeit verliehen werden, womit sie im Einklang mit Art. 20 II 1, 28 I 2 GG das Wahlrecht erlangen.

Demnach kann ein Wahlrecht für Ausländer nur dadurch eingeführt werden, dass ihnen die deutsche Staatsangehörigkeit verliehen wird.

Einordnung: ÖR / Staatsorganisationsrecht
Schwerpunkt: Gesetzgebungskompetenzen/Gesetzgebungsverfahren/
Rückwirkungsverbot/Prüfungsrecht des Bundespräsidenten

Fall: Der Lottokönig

Aufgrund der angespannten Finanzsituation beschließt der Bundestag im Dezember 2017 ein Gesetz zur Änderung der Einkommensteuer. Der Gesetzentwurf wurde von einem Abgeordneten Z der C-Partei in den Bundestag eingebracht. Er sieht vor, dass in Zukunft auch Gewinne des Einzelnen aus Lotterien und Glücksspielen steuerpflichtige Einkünfte sind. Diese Änderung soll bereits für den Veranlagungszeitraum 2017 gelten. Von der Idee sind die Abgeordneten so begeistert, dass Z seinen Entwurf in dem Sinne erweitert, dass das Gesetz auch rückwirkend für 2016 gelten soll. Finanzverwaltungstechnisch ist dies aufgrund der langsamen Arbeit der Finanzämter sogar noch möglich.

Weiterhin bringt Z den Entwurf ein, dass ein Solidaritätszuschlag II erhoben werden soll. Er ist vorgesehen als Ergänzungsabgabe zur Einkommensteuer i.H.v. weiterer 7,5% der Steuerschuld. Dieser Solidaritätszuschlag soll, so hält es Z für sinnvoll, verwendet werden zur Umstrukturierung und zur Vermeidung von Arbeitslosigkeit im Ruhrgebiet. Weil der Solidaritätszuschlag II nur von 2018 bis 2020 erhoben werden soll, wird die Einrichtung eines eigenen Fonds für ihn als zu aufwendig betrachtet. So soll der Zuschlag in den allgemeinen Haushalt des Bundes fließen. Um schnell zum Ziel zu kommen, wird das Gesetz nach der ersten Lesung beschlossen.

Im Bundesrat besteht Uneinigkeit darüber, ob zugestimmt werden muss. Schließlich erhält das Gesetz die knappe Mehrheit von 35 : 34 Stimmen. Dabei können sich die 6 Regierungsmitglieder des Bundeslandes B nicht über die Stimmabgabe einigen. Der Ministerpräsident stimmt alleine gegen das Gesetz, seine 5 Kollegen jedoch dafür.

Lottokönig L ist empört über das Gesetz. Er gewann sowohl 2016 als auch 2017 insgesamt 15.000 € im Lotto. Er hatte sich steuerlich beraten lassen und daraufhin das Geld so ausgegeben, dass er keine Steuer hätte zahlen müssen. Er fühlt sich vom Staat ausgenommen und hält das Gesetz für verfassungswidrig, vor allem, weil er den Solidaritätszuschlag II für eine nichtsteuerliche Sonderabgabe hält, für die der Bund keine Erlasskompetenz habe.

Aufgabenstellung: Prüfen Sie in einem umfassenden Rechtsgutachten die Verfassungsmäßigkeit des Gesetzes. Gehen Sie – gegebenenfalls hilfsgutachterlich – auf alle aufgeworfenen Rechtsfragen ein.

Bearbeitervermerk:

§ 3 AO: *Steuern sind Geldleistungen, die nicht eine Gegenleistung für eine besondere Leistung darstellen und von einem öffentlich-rechtlichen Gemeinwesen zur Erzielung von Einnahmen allen auferlegt werden, bei denen der Tatbestand zutrifft, an den das Gesetz die Leistungspflicht knüpft; die Erzielung von Einnahmen kann Nebenzweck sein.*

§ 218 I 1 AO: *Grundlage für die Verwirklichung von Ansprüchen aus dem Steuerschuldverhältnis sind die Steuerbescheide.*

§ 25 I 1 EStG: *Die Einkommensteuer wird nach Ablauf des Kalenderjahres (Veranlagungszeitraum) nach dem Einkommen veranlagt, das der Steuerpflichtige in diesem Veranlagungszeitraum bezogen hat.*

§ 36 EStG: *Die Einkommensteuer entsteht mit Ablauf des Veranlagungszeitraums.*

Zusatzfrage

Der Bundespräsident weigert sich, das seiner Ansicht nach verfassungswidrige Gesetz auszufertigen und zu verkünden. Steht ihm ein solches Verweigerungsrecht zu?

Zusatzfrage 2

Darf der Bundespräsident die Ausfertigung und Verkündung eines Gesetzes wegen eines Verstoßes gegen das Europarecht verweigern?

1. Teil: Vorüberlegungen

Der Klausurschwerpunkt liegt auf dem Ausgangsfall. Anknüpfend an den Arbeitsauftrag sind die formelle und materielle Verfassungsmäßigkeit des Gesetzes zu untersuchen.

Die formelle Verfassungsmäßigkeit wird ähnlich geprüft wie die formelle Rechtmäßigkeit eines Verwaltungsakts, mit dem Unterschied, dass die Prüfungspunkte nicht „Zuständigkeit, Verfahren und Form" heißen, sondern „Gesetzgebungskompetenz, Gesetzgebungsverfahren, Ausfertigung und Verkündung". Teilweise werden die Ausfertigung und Verkündung auch als letzte Schritte des Verfahrens erfasst. Dies ist Geschmackssache. Ganz wichtig ist es in diesem Zusammenhang, von „Verfassungsmäßigkeit" und nicht von „Rechtmäßigkeit" zu sprechen, da eine Prüfung am Maßstab der Verfassung und keine bloße Rechtmäßigkeitsprüfung erfolgt.

Bei der Prüfung der Gesetzgebungskompetenz sollte klargestellt werden, dass diese grundsätzlich bei den Ländern liegt und der Bund nur Gesetze erlassen darf, wenn ihm dies vom Grundgesetz erlaubt wird, er also einen sog. Kompetenztitel besitzt. Die Besonderheit in der vorliegenden Klausur besteht nun darin zu erkennen, dass für den Bereich des Steuerrechts mit Art. 105, 106 GG spezielle Kompetenztitel existieren. Mit Blick auf den Solidaritätszuschlag muss ferner der von Lottokönig L geäußerten Rechtsauffassung nachgegangen werden, es handele sich insoweit um eine nichtsteuerliche Sonderabgabe. Die kennzeichnenden Merkmale einer nichtsteuerlichen Sonderabgabe können durch Abgrenzung vom Begriff der Steuer hergeleitet werden, deren Legaldefinition in § 3 AO im Bearbeitervermerk abgedruckt ist.

Bei der Prüfung des Gesetzgebungsverfahrens ist zunächst zu erkennen, dass hier Fehler nur vorliegen, wenn es einen entsprechenden Hinweis im Sachverhalt gibt, was vorliegend mehrfach der Fall ist. Sodann muss zwischen dem in Art. 76 GG geregelten Einleitungsverfahren und dem in Art. 77 GG verankerten Hauptverfahren differenziert werden. Im Einleitungsverfahren ist ausschließlich fraglich, ob der Abgeordnete Z ganz alleine einen Gesetzentwurf in den Bundestag einbringen darf. Das verlangt eine Auslegung des Art. 76 I GG, die Berücksichtigung des § 76 I Geschäftsordnung des Bundestages (GO BT) und die Antwort auf die Frage, wie sich diese beiden Vorschriften zueinander verhalten.

Im Hauptverfahren muss nochmals zwischen dem Beschluss des Gesetzes im Bundestag und demjenigen im Bundesrat unterschieden werden. Im Bundestag hat es laut Sachverhalt nur eine Lesung gegeben, was die Frage aufwirft, wie oft ein Gesetz von Verfassungs wegen beraten werden muss. Letztlich führt auch diese Fragestellung zur GO BT und deren Verhältnis zum Grundgesetz.

Bzgl. der Beschlussfassung im Bundesrat ist eine weitere Unterscheidung geboten, nämlich diejenige zwischen Einspruchs- und Zustimmungsgesetzen. Damit häufig verknüpft ist das Problem, was gilt, wenn ein Gesetz nur teilweise zustimmungspflichtig ist (so auch in dieser Klausur). Schließlich muss noch dem im Sachverhalt offen zutage tretenden Problem nachgegangen werden, wie sich eine uneinheitliche Abstimmung im Bundesrat auf die Verfassungsmäßigkeit des jeweiligen Gesetzes auswirkt.

Bei der Prüfung der materiellen Verfassungsmäßigkeit des Gesetzes muss bzgl. der Besteuerung der Lottogewinne erkannt werden, dass eine belastende Rückwirkung des Gesetzes vorliegt, die mit Blick auf das in Art. 20 III GG enthaltene Rechtsstaatsprinzip problematisch ist. Dabei ist erneut eine Differenzierung vorzunehmen, nämlich zwischen der echten und der unechten Rückwirkung, die sich erheblich auf die Verfassungsmäßigkeit des Gesetzes auswirkt. Kernproblem ist in diesem Zusammenhang, wie schutzwürdig das Vertrauen des Betroffenen darauf ist, dass sich die Rechtslage nicht nachträglich ändert.
Die erste Zusatzfrage führt zu dem alt bekannten Problem, ob der Bundespräsident die Ausfertigung eines Gesetzes verweigern darf. Wichtig ist hier, dass sauber herausgearbeitet wird, dass der Bundespräsident dieses Recht nur hat, wenn er das Gesetz auch überprüfen darf. Sodann muss zwischen der (unstrittigen) formellen Prüfungskompetenz und der (strittigen) materiellen Prüfungskompetenz unterschieden werden.

Die zweite Zusatzfrage knüpft an die erste Zusatzfrage an, indem sie das Problem der Verweigerung der Ausfertigung eines Gesetzes auf Verstöße gegen das Europarecht ausdehnt. Hier kommt es nicht nur auf eine Kenntnis des Grundgesetzes an, sondern auch auf Grundkenntnisse des Europarechts (Anwendungsvorrang des Europarechts, europarechtliche Loyalitätspflicht aus Art. 4 III EUV).

2. Teil: Lösungsskizze zum Fall „Der Lottokönig"

A. Formelle Verfassungsmäßigkeit des Gesetzes
  I. Gesetzgebungskompetenz
    1. Gesetzgebungskompetenz bzgl. Einkommensteuer
    2. Gesetzgebungskompetenz bzgl. Solidaritätszuschlag II
  II. Gesetzgebungsverfahren
    1. Einleitungsverfahren
    2. Hauptverfahren
      a) Beschluss im Bundestag
      b) Zustimmung des Bundesrates

B. Materielle Verfassungsmäßigkeit des Gesetzes
  I. Besteuerung für 2016 als echte Rückwirkung
  II. Besteuerung für 2017 als unechte Rückwirkung

Zusatzfrage

Zusatzfrage 2

3. Teil: Lösung:

Das Gesetz ist verfassungsgemäß, wenn es den formellen und materiellen Vorgaben des Grundgesetzes entspricht.

A. Formelle Verfassungsmäßigkeit des Gesetzes
Das Gesetz ist formell verfassungsgemäß, wenn der Bund die Gesetzgebungskompetenz für den Erlass des Gesetzes hat, das Gesetzgebungsverfahren fehlerfrei durchgeführt wurde und das Gesetz ordnungsgemäß ausgefertigt und verkündet worden ist.

I. Gesetzgebungskompetenz
Der Bund muss für den Erlass des Gesetzes die Gesetzgebungskompetenz haben. In diesem Zusammenhang muss unterschieden werden zwischen der Änderung der Einkommensteuer und der Festlegung des Solidaritätszuschlages II.

1. Gesetzgebungskompetenz bzgl. Einkommensteuer

Der Bund muss die Gesetzgebungskompetenz zur Änderung der steuerpflichtigen Einkünfte besitzen.

Grundsätzlich ist die Gesetzgebung nach Art. 70 I in Verbindung mit Art. 30 GG Sache der Länder. Ausnahmen bestimmen sich nach Art. 71 ff. GG. Allerdings ist diesen Bestimmungen keine Kompetenz des Bundes zum Erlass des Einkommensteuergesetzes zu entnehmen.

Eine solche Kompetenz könnte sich jedoch aus Art. 105, 106 GG ergeben. Bei der Änderung der Einkommensteuer geht es nicht um Zölle oder Finanzmonopole, so dass die in Art. 105 I GG verankerte ausschließliche Gesetzgebungskompetenz des Bundes nicht einschlägig ist.

Dem Bund könnte aber gem. Art. 105 II GG eine konkurrierende Gesetzgebungskompetenz zukommen. Dafür muss ihm das Steueraufkommen gem. Art. 106 GG ganz oder zum Teil zustehen oder die Voraussetzungen des Art. 72 II GG müssen vorliegen. Die sog. Ertragshoheit hinsichtlich der hier geänderten Einkommensteuer ist in Art. 106 III GG geregelt. Danach stehen die aus dieser Steuer fließenden Erträge dem Bund und den Ländern gemeinsam zu. Folglich besitzt der Bund gem. Art. 105 II GG die konkurrierende Gesetzgebungskompetenz für diese Steuer. Wie dem Wortlaut der Norm weiterhin zu entnehmen ist, der alternativ auf die Ertragshoheit oder das Vorliegen der Voraussetzungen des Art. 72 II GG abstellt, spielen die Anforderungen des Art. 72 II GG hier keine Rolle.

Demnach hat der Bund gem. Art. 105 II in Verbindung mit Art. 106 III 1 GG die Gesetzgebungskompetenz für die Änderung der Einkommensteuer.

2. Gesetzgebungskompetenz bzgl. Solidaritätszuschlag II

Der Bund muss weiterhin für die Einführung des Solidaritätszuschlages II die Gesetzgebungskompetenz haben.

Fraglich ist, ob der Solidaritätszuschlag, wie L meint, eine nichtsteuerlich Sonderabgabe oder ob er eine Steuer ist. Als Steuer wäre die erforderliche Gesetzgebungskompetenz des Bundes in der Finanzverfassung zu suchen, als nichtsteuerliche Sonderabgabe wären die allgemeinen Gesetzgebungsvorschriften der Art. 70 ff. GG im Wege der Annexkompetenz maßgeblich.

Fraglich ist, was unter einer Sonderabgabe zu verstehen ist.

Sonderabgaben sollen Belastungen und Vorteile innerhalb eines bestimmten Erwerbs- oder Wirtschaftszweiges ausgleichen. Charakteristisch ist für sie, dass sie einer homogenen, von der Allgemeinheit abgrenzbaren Gruppe auferlegt werden, wobei die Gruppe der Abgabepflichtigen in einer spezifischen Beziehung zu dem mit der Abgabe verfolgten Zweck stehen muss, weiterhin, dass ihr Aufkommen gruppennützig, d. h. im Interesse der abgabepflichtigen Gruppe, zu verwenden ist und dass sie nicht in den allgemeinen Staatshaushalt als Staatsausgaben fließen.

Der Solidaritätszuschlag II wird als Zuschlag zur Einkommensteuer von allen Einkommensteuerpflichtigen erhoben. Der Zweck, dem die Abgabe nach dem Ansinnen von Z zugeführt werden soll, ist aber die Lösung der Strukturprobleme im Ruhrgebiet. Ein spezifischer Zusammenhang, den man mit Sachnähe oder Gruppenverantwortung bezeichnen könnte, besteht zwischen diesem Problem und den Einwohnern der Bundesrepublik nicht. Schließlich wurde auf die Einrichtung eines Fonds verzichtet, stattdessen fließt der Solidaritätszuschlag in die allgemeine Staatskasse. Somit liegen die Voraussetzungen einer Sonderabgabe nicht vor.

Der Solidaritätszuschlag könnte vielmehr eine Steuer sein. Merkmale einer Steuer sind, wie es in § 3 AO definiert ist, dass sie allen auferlegt ist und dass sie als Geldleistung ohne Gegenleistung von einem Gemeinwesen zur Einnahmenerzielung erhoben wird. Der Solidaritätszuschlag wird von allen Bürgern erhoben. Er ist eine Geldleistung in Höhe von 7,5 % der Steuerschuld und stellt keine Gegenleistung für eine Staatsleistung dar. Weiterhin wird er vom Bund zur Erzielung von Einnahmen erhoben. Somit ist der Steuerbegriff erfüllt.

Die Gesetzgebungskompetenz des Bundes für die Einführung des Solidaritätszuschlages II muss sich daher aus der Finanzverfassung ergeben. Da diese Steuer als Ergänzungsabgabe zur Einkommensteuer konzipiert ist, steht dem Bund gem. Art. 105 II in Verbindung mit Art. 106 I Nr. 6 GG die konkurrierende Gesetzgebungskompetenz zu.

Demnach hat der Bund gem. Art. 105 II in Verbindung mit Art. 106 I Nr. 6 GG die Gesetzgebungskompetenz für die Einführung des Solidaritätszuschlages II.

Der Bund hat somit die Gesetzgebungskompetenz für den Erlass des streitgegenständlichen Gesetzes.

II. Gesetzgebungsverfahren

Weiterhin muss das Gesetzgebungsverfahren ordnungsgemäß durchgeführt worden sein.

1. Einleitungsverfahren

Fraglich ist, ob das in Art. 76 GG vorgesehene Einleitungsverfahren verfassungskonform abgelaufen ist. Verfassungsrechtliche Bedenken könnten sich daraus ergeben, dass die Gesetzesinitiative allein durch den Abgeordneten Z erfolgte.

Wer Gesetzesvorlagen in den Bundestag einbringen darf, ist in Art. 76 I GG geregelt. Bzgl. des Z kann ausschließlich angenommen werden, dass er zur „Mitte des Bundestages" im Sinne des Art. 76 I GG gehört. Das wirft die Frage auf, wie dieser Begriff zu verstehen ist. Möglich ist eine Deutung, wonach die Gesetzesinitiative von einer Mehrzahl von Abgeordneten ausgegangen sein muss. Diese Gesetzesinterpretation kann weiterhin damit begründet werden, dass ein Initiativrecht einzelner Abgeordneter möglicherweise die Funktionsfähigkeit des Bundestages beeinträchtigt.

Dem lässt sich entgegenhalten, dass der Wortlaut offen formuliert ist. Ferner gehört es gerade zu den unmittelbaren Rechten eines Abgeordneten, Gesetzesvorhaben auf den Weg zu bringen. Das Gesetzesinitiativrecht des einzelnen Abgeordneten ist also Ausfluss seiner durch Art. 38 I 2 GG gesicherten verfassungsrechtlichen Stellung. Zudem besteht die Gefahr „querulatorischer" Anträge auch, wenn diese z.B. von Fraktionen gestellt werden. Es bleibt dem Bundestag im Übrigen unbenommen, entsprechende Anträge nur ganz kurz zu erörtern, um seine Funktionsfähigkeit zu schützen. Daher ist davon auszugehen, dass auch der einzelne Abgeordnete die "Mitte des Bundestages" im Sinne des Art. 76 I GG darstellt.

Etwas anderes könnte sich jedoch aus §§ 75 I Buchstabe a), 76 I Geschäftsordnung des Bundestages (GO BT) ergeben. Danach können Gesetzentwürfe nur von einer Fraktion oder von 5% der Bundestagsabgeordneten eingebracht werden. Diese Voraussetzung ist hier nicht erfüllt.

Fraglich ist jedoch, welche Rechtsfolge ein solcher Verstoß gegen die GO BT für die Verfassungsmäßigkeit eines Gesetzes hat. Nach Art. 82 I 1 GG, der das Zustandekommen von Gesetzen an die Beachtung der Vorschriften des Grundgesetzes knüpft, kann eine Missachtung der GO BT grundsätzlich nicht zur Verfassungswidrigkeit eines Gesetzes führen. Eine Ausnahme gilt jedoch für den Fall, dass die verletzte Bestimmung der GO BT einen „verfassungsrelevanten" Inhalt besitzt, indem sie eine Vorschrift des Grundgesetzes wiederholt oder einen wesentlichen Verfassungsinhalt konkretisiert. Vorliegend konkretisiert § 76 I GO BT, gestützt auf die Geschäftsordnungsautonomie des Art. 40 I 2 GG, das Gesetzesinitiativrecht. Die Vorschrift legt im Einzelnen fest, wie das Merkmal „Mitte des Bundestages" zu verstehen ist. Die dabei verwendete Hürde von 5% trägt dem Umstand Rechnung, dass ein Gesetzentwurf, der nicht einmal von 5% der Mitglieder des Bundestages unterstützt wird, kaum Aussicht auf Erfolg hat. Die Vorschrift will somit letztlich den Bundestag vor gänzlich aussichtslosen Gesetzentwürfen schützen, die seine Funktionsfähigkeit beeinträchtigen könnten. § 76 I GO BT stellt damit eine verfassungsmäßige Konkretisierung des Art. 76 I GG dar. Folglich führt der Verstoß gegen § 76 I GO BT mittelbar zu einem Verfassungsverstoß.

Allerdings hat der Bundestag das von Z eingebrachte Gesetz letztlich mit der erforderlichen Mehrheit beschlossen. Auf diesem Weg hat sich die Mehrheit der Abgeordneten den Gesetzentwurf zu eigen gemacht. Damit wird der ursprüngliche Mangel des Gesetzesvorhabens geheilt.

Demnach führt der anfänglich gegebene Verstoß gegen Art. 76 I GG in Verbindung mit § 76 I GO BT nicht zur Verfassungswidrigkeit des Gesetzes.

Somit ist das in Art. 76 GG vorgesehene Einleitungsverfahren letztlich verfassungskonform abgelaufen.

2. Hauptverfahren
Möglicherweise liegt aber ein verfassungsrechtlich relevanter Fehler im Hauptverfahren vor, das in Art. 77 GG geregelt ist.

a) Beschluss im Bundestag
Verfassungsrechtlich bedenklich könnte sein, dass der Bundestag vorliegend schon nach der ersten Lesung das umstrittene Gesetz beschlossen hat.
Das Grundgesetz selbst schreibt zwar keine bestimmte Anzahl von Beratungen vor, jedoch fordert § 78 I GO BT drei Lesungen. Wie bereits gezeigt, kann ein Verstoß gegen die GO BT zu einem Verfassungsverstoß führen. Die konkrete Ausgestaltung des Gesetzgebungsverfahrens hat der Verfassungsgeber gem. Art. 40 I 2 GG der Geschäftsordnungsautonomie des Bundestages überlassen. Jedoch sollen die Beratungen im Bundestag lediglich sicherstellen, dass jeder einzelne Abgeordnete effektiv an dem Gesetzgebungsverfahren mitwirken kann. Das ist aber auch bei Durchführung von nur einer Lesung gewährleistet. Daher führt der Verstoß gegen § 78 I GO BT nicht mittelbar zu einem Verfassungsverstoß.
Der Beschluss des Gesetzes im Bundestag erging also fehlerfrei.

b) Zustimmung des Bundesrates
Fraglich ist, ob die Vorgänge im Bundesrat die Verfassungsmäßigkeit des Gesetzes beeinflussen.
Das hängt davon ab, wie der Bundesrat an dem Gesetzgebungsverfahren beteiligt ist. In diesem Zusammenhang ist gem. Art. 77, 78 GG zwischen Einspruchs- und Zustimmungsgesetzen zu differenzieren. Die Einspruchsgesetze stellen den

Regelfall dar und ermöglichen dem Bundesrat die Blockade eines Gesetzes, die vom Bundestag aber gem. Art. 77 IV GG beseitigt werden kann. Demgegenüber verbürgen die Zustimmungsgesetze dem Bundesrat ein echtes Vetorecht. Sie sind jedoch nur gegeben, wenn dies vom Grundgesetz ausdrücklich angeordnet wird. Hier könnte sich die Zustimmungsbedürftigkeit des Gesetzes aus Art. 105 III GG ergeben. Danach bedürfen Bundesgesetze über Steuern, deren Aufkommen den Ländern oder den Gemeinden ganz oder zum Teil zufließt, der Zustimmung des Bundesrates. Wie bereits gezeigt, fließt die Einkommensteuer Bund und Ländern gem. Art. 106 III 1 gemeinsam zu, während der Solidaritätszuschlag II als Ergänzungsabgabe zur Einkommensteuer gem. Art. 106 I Nr. 6 GG nur dem Bund zusteht. Folglich ist das Gesetz an sich nur zum Teil zustimmungspflichtig.

Das würde jedoch die Gefahr hervorrufen, dass im Falle der Verweigerung der Zustimmung durch den Bundesrat Teile des Gesetzes nicht in Kraft treten, während der Bundestag den anderen „Einspruchsbestandteilen" des Gesetzes über Art. 77 IV GG noch zur Wirksamkeit verhelfen kann. Angesichts des Umstands, dass die Gesetze eine gesetzgebungstechnische Einheit bilden, deren Vorschriften üblicherweise aufeinander bezogen sind, droht demnach ein „gesetzliches Torso". Ferner regelt Art. 78 GG das Zustandekommen eines vom Bundestag beschlossenen Gesetzes. Art. 78 GG stellt damit auf das Gesetz als Ganzes und nicht auf die einzelnen Vorschriften ab, behandelt das Gesetz also als Einheit. Schließlich ist fraglich, ob es wirklich die Aufgabe des Bundespräsidenten im Rahmen der Ausfertigung des Gesetzes sowie des Bundesverfassungsgerichts im Rahmen eines etwaigen gerichtlichen Verfahrens ist zu ergründen, ob der Bundestag das Gesetz auch ohne die zustimmungspflichtigen Vorschriften erlassen hätte, wenn der Bundesrat diesen die Zustimmung verweigert. Zumal es dem Bundestag offensteht, das Gesetz in einen zustimmungspflichtigen und einen nicht zustimmungspflichtigen Teil aufzuspalten. Daher ist davon auszugehen, dass das gesamte Gesetz zustimmungsbedürftig ist, wenn auch nur eine einzige Vorschrift zustimmungsbedürftig ist.

Somit ist das streitgegenständliche Gesetz nur verfassungsmäßig zustande gekommen, wenn der Bundesrat seinem Erlass insgesamt zugestimmt hat.

Vorliegend hat der Bundesrat dem Gesetz zwar zugestimmt, jedoch haben die Vertreter des Bundeslandes B uneinheitlich abgestimmt. Damit liegt ein Verstoß gegen Art. 51 III 2 GG vor. Fraglich ist, welche Folgen sich an diesen Verstoß knüpfen. Möglich wäre es, der Stimme des Regierungschefs des jeweiligen Landes den Vorrang einzuräumen mit der Folge, dass alle Stimmen des Bundeslandes entsprechend seinem Stimmverhalten zu werten sind. Demnach wäre die Abstimmung 30 : 39 ausgegangen, so dass dem Gesetz die notwendige Zustimmung durch den Bundesrat fehlt.

Andererseits könnte der Verstoß eines Bundeslandes gegen Art. 51 III 2 GG dazu führen, dass die Stimmen dieses Landes ungültig sind. Unter Zugrundelegung dieser Rechtsansicht ist die Abstimmung im Bundesrat 30 : 33 ausgefallen, womit ebenfalls die erforderliche Zustimmung fehlt. Somit fehlt dem Gesetz in jedem Fall, unabhängig von dem Problem der Rechtsfolge eines Verstoßes gegen Art. 51 III 2 GG, die erforderliche Zustimmung durch den Bundesrat.

Mithin liegt ein Fehler im Gesetzgebungsverfahren vor, der dazu führt, dass das Gesetz formell verfassungswidrig ist.

B. Materielle Verfassungsmäßigkeit des Gesetzes

Darüber hinaus kann das Gesetz auch materiell verfassungswidrig sein.

Bzgl. des Solidaritätszuschlags für den Veranlagungszeitraum 2018-2020 bestehen allerdings keine materiellen Bedenken.

Die Änderung der steuerpflichtigen Einkünfte bezüglich der Veranlagungszeit-räume 2016 und 2017 könnte aber gegen das Rechtsstaatsprinzip aus Art. 20 III GG in der Ausprägung des Gebotes der Rechtssicherheit verstoßen. Bestandteil des Gebotes der Rechtssicherheit ist das Rückwirkungsverbot. Eine Rückwirkung in diesem Sinne liegt vor, wenn ein Gesetz schon für den Zeitraum vor seiner Verkündung belastende Wirkungen für seine Adressaten entfaltet. Hinsichtlich der verfassungsrechtlichen Zulässigkeit einer solchen Rückwirkung muss danach differenziert werden, ob der geregelte Sachverhalt zurzeit der Verkündung des Gesetzes schon abgeschlossen ist oder noch andauert.

I. Besteuerung für 2016 als echte Rückwirkung

Gesetze, die belastende Rechtsfolgen für einen abgeschlossenen Sachverhalt in der Vergangenheit aufstellen, werden als echte oder retroaktive Rückwirkung bezeichnet und sind wegen des schutzwürdigen Vertrauens des Betroffenen grundsätzlich unzulässig. Bei diesen Gesetzen greift der Gesetzgeber nach-träglich in Tatbestände ein, die in der Vergangenheit begonnen und bereits wieder abgeschlossen wurden. Das Gesetz knüpft an diese bereits abgeschlossenen Tatbestände andere Rechtsfolgen, die für einen vor der Gesetzesverkündung lie-genden Zeitraum wirken. Wegen dieser Art der Wirkung der Rechtsfolgen spricht man alternative auch von einer Rückbewirkung von Rechtsfolgen. Zulässig sind solche Gesetze ausnahmsweise dann, wenn kein Vertrauenstatbestand gegeben war oder bestehendes Vertrauen nicht schutzwürdig ist oder dem schutzwürdigen Vertrauen überwiegende öffentliche Interessen entgegenstehen.

Hier könnte durch die Änderung der steuerpflichtigen Einkünfte auch für den Veranla-gungszeitraum 2016 eine echte Rückwirkung bestehen. Aus den im Bearbeitervermerk angegebenen Normen ergibt sich, dass die Einkommensteuer des L 2016 mit dem Ablauf des Veranlagungszeitraums, also Ende 2016, entsteht. Mit Ablauf dieses Zeitraums können Rechtsfolgen bezüglich der Einkommensteuerschuld eintreten. Folglich ist der Veranlagungszeitraum vor Erlass des Gesetzes beendet gewesen. Eine Änderung des Gesetzes ist damit ein Eingriff in einen bereits abgeschlossenen Sachverhalt. An diesen abgeschlossenen Tatbestand knüpft der Gesetzgeber neue Rechtsfolgen, nämlich die Steuerpflicht. Es liegt somit eine echte Rückwirkung vor. Damit diese zulässig ist, müsste eine der Ausnahmen vorliegen. In Betracht käme allenfalls die Rechtfertigung durch die angespannte Finanzlage. Diese ist aber ein Dauerzustand, sie stellt keinen zwingenden Grund des Allgemeinwohls dar.

Somit ist die Änderung des Einkommensteuergesetzes für den Veranlagungszeitraum 2016 eine unzulässige Rückwirkung. Sie verstößt gegen das Rechtsstaatsprinzip und ist somit verfassungswidrig.

II. Besteuerung für 2017 als unechte Rückwirkung

Fraglich ist, ob die Änderung für das Jahr 2017 ebenfalls materiell verfassungswidrig ist. Die Einkommensteuerschuld für das Jahr 2017 entsteht erst mit dem Ablauf des Veranlagungszeitraums, also Ende 2017, und damit nach Erlass der Gesetzesänderung. Allerdings können Steuerpflichtige bereits vor Erlass der Änderungen Dispositionen getroffen haben wie z.B. L, die jetzt durchkreuzt werden, so dass für sie eine höhere Steuerlast entsteht. Fraglich ist, ob dies eine echte Rückwirkung darstellt. Im Unterschied zur Veranlagung für das Jahr 2016 ist der Veranlagungszeitraum 2017 zurzeit des Gesetzeserlasses noch nicht abgeschlossen. Der Gesetzgeber greift also nicht nachträglich in einen abgeschlossenen Sachverhalt ein, so dass keine echte Rückwirkung vorliegt.

Es könnte jedoch eine unechte Rückwirkung vorliegen. Diese ist dann gegeben, wenn der Gesetzgeber Tatbestände regelt, die in der Vergangenheit begonnen haben, aber noch nicht abgeschlossen sind (Alternativbezeichnung: tatbestandliche Rückanknüpfung). Diese ist nicht grundsätzlich unzulässig, damit der Gesetzgeber auf veränderte soziale Gegebenheiten reagieren kann. Es muss jedoch ein berechtigtes öffentliches Interesse an der Rückwirkung geben. Das ist insbesondere dann nicht der Fall, wenn ein willkürliches, das heißt unsachliches, Handeln vorliegt oder der Bürger ein schutzwürdiges Vertrauen auf den Bestand der bisherigen Rechtslage entwickelt hat.

Ändert der Gesetzgeber vor Ablauf des Veranlagungszeitraums 2017 die Besteuerungsgrundlage für steuerpflichtige Einkünfte im Jahr 2017, so wird ein Sachverhalt neu geregelt, der bereits begonnen hat, aber noch nicht abgeschlossen ist. Es liegt somit eine unechte Rückwirkung vor.

Ein willkürliches Handeln durch das Änderungsgesetz ist nicht ersichtlich. Fraglich ist jedoch, ob L in seinem Vertrauen, keine Steuer zahlen zu müssen, geschützt ist. Dazu müsste dieses Vertrauen in die Rechtslage so stark sein, dass das öffentliche Interesse an der Gesetzesänderung dahinter zurücktritt. Dafür könnte hier sprechen, dass L sich extra beraten ließ, um keine Steuern zahlen zu müssen. Auf der anderen Seite knüpft die Einkommensteuer an die wirtschaftliche Leistungsfähigkeit des Einzelnen an. Diese war durch den Lottogewinn des L erhöht worden. Allein die Erwartung und Hoffnung, bei Erwerbsvorgängen im Veranlagungszeitraum nicht steuerlich ungünstig behandelt zu werden, schafft kein überwiegendes und damit schützenswertes Vertrauen. Vielmehr besteht ein berechtigtes öffentliches Interesse, für den gesamten Veranlagungszeitraum einheitliche Besteuerungsgrundlagen zu schaffen.

Somit ist hier die unechte Rückwirkung zulässig. Der Teil des Gesetzes, der die steuerpflichtigen Einkünfte für 2017 ändert, ist folglich mangels anderer Verstöße gegen das Grundgesetz verfassungsgemäß.

Das Gesetz ist damit insgesamt formell verfassungswidrig und hinsichtlich der für das Jahr 2016 angeordneten echten Rückwirkung auch materiell verfassungswidrig, im Übrigen ist es materiell verfassungskonform.

Zusatzfrage:

Fraglich ist, ob der Bundespräsident das Recht hat, die Ausfertigung und Verkündung des Gesetzes zu verweigern. Das hängt entscheidend davon ab, ob ihm ein Prüfungsrecht hinsichtlich auszufertigender Gesetze zusteht.

Ein Prüfungsrecht hinsichtlich der formellen Verfassungsmäßigkeit eines Gesetzes wird dem Bundespräsidenten aufgrund des Wortlauts des Art. 82 I 1 GG und nach dessen Sinn und Zweck, an das Ende des Gesetzgebungsverfahrens eine Kontrollinstanz für das Verfahren in seiner Gesamtheit zu stellen, zuerkannt. Folglich darf der Bundespräsident die Ausfertigung und Verkündung des Gesetzes wegen dessen formeller Verfassungswidrigkeit (fehlende Zustimmung des Bundesrates) verweigern. Fraglich ist, ob ihm dieses Recht zusätzlich auch wegen der teilweisen materiellen Verfassungswidrigkeit des Gesetzes zusteht.

Nach dem Wortlaut des Art. 82 I 1 GG bezieht sich die Prüfung auf die Vorschriften des Grundgesetzes. Die Vorschriften des Grundgesetzes sind auch solche, die materielle Rechte gewähren. Somit könnte sich aus dem Wortlaut auch ein materielles Prüfungsrecht ergeben. Andererseits verlangt Art. 82 I 1 GG, dass die Gesetze nach den Vorschriften des Grundgesetzes „zustande gekommen" sein müssen. Dies spricht für eine rein verfahrensrechtliche Regelung. Der Wortlaut ist daher nicht eindeutig.

Die Stellung des Art. 82 GG im Grundgesetz könnte jedoch eine Aussage treffen. Art 82 I 1 GG steht am Schluss des Abschnitts VII, der die Gesetzgebung des Bundes regelt. Der VII. Abschnitt des Grundgesetzes betrifft aber nur die formelle Seite der Gesetzgebung. Das spricht für ein lediglich formelles Prüfungsrecht.

Dem könnte aber der vom Bundespräsidenten zu leistende Amtseid entgegenstehen. Nach Art. 56 GG verspricht der Bundespräsident, „das Grundgesetz zu wahren". Die Ausfertigung eines materiell verfassungswidrigen Gesetzes ist keine Wahrung des Grundgesetzes. Dies würde für eine Überprüfung auch in materieller Hinsicht sprechen. Allerdings wird der Amtseid heute einhellig so verstanden, dass der Bundespräsident im Rahmen seiner Handlungskompetenzen das Grundgesetz wahren muss. Eine Zuweisung einer Kompetenz ergibt sich aus Art. 56 GG selbst jedoch nicht, sondern muss aus den anderen GG-Vorschriften hergeleitet werden. Somit kann der Rückgriff auf den Amtseid keinen Hinweis auf den Prüfungsumfang geben.

Weiterhin ist der Grundsatz der Gewaltenteilung zu beachten, Art. 20 II GG. Für die Gesetzgebung ist die Legislative verantwortlich. Der Bundespräsident könnte mit der Rüge der materiellen Verfassungswidrigkeit in unzulässiger Weise in den Aufgabenbereich der Legislative eingreifen. Jedoch ist er mit der Ausfertigung und Verkündung des Gesetzes in das Gesetzgebungsverfahren eingebunden. Er nimmt auch keinen Einfluss auf den Inhalt des Gesetzes. Schließlich ist der Grundsatz der Gewaltenteilung im Grundgesetz nicht streng verwirklicht (siehe z.B. Art. 80 I GG). Eine Verletzung des Grundsatzes der Gewaltenteilung liegt daher nur dann vor, wenn ohne Rechtfertigung in Kernbereiche einer anderen Gewalt eingegriffen wird. Allein die Rüge der materiellen Verfassungswidrigkeit erscheint aber noch nicht als Eingriff in den Kernbereich der Legislative.

Der Gewaltenteilungsgrundsatz könnte jedoch deswegen verletzt sein, weil es dem BVerfG vorbehalten ist, die Verfassungswidrigkeit einer Norm festzustellen (vgl. Art. 100 I GG). Diesem Argument kann entgegengehalten werden, dass das Bundesverfassungsgericht erst kontrolliert, wenn das Gesetz bereits wirksam zustande gekommen ist. Vor der Ausfertigung besteht diese Ausschließlichkeit nicht. Eine vorherige Kontrolle durch den Bundespräsidenten wäre vielmehr sinnvoll, zumal das Bundesverfassungsgericht nur auf Antrag tätig werden kann. Somit kann auch aus dem Gewaltenteilungsprinzip keine eindeutige Lösung hergeleitet werden.

Damit kommt es entscheidend auf die teleologische Auslegung an. In diesem Kontext ist auf Art. 20 III GG hinzuweisen. Als Verfassungsorgan ist der Bundespräsident an die verfassungsmäßige Ordnung gebunden und muss daher bei verfassungsrechtlichen Bedenken eingreifen. Hier ist aber zu beachten, dass auch der Gesetzgeber als Verfassungsorgan an die verfassungsmäßige Ordnung gebunden ist. Wenn der Gesetzgeber ein Gesetz beschließt, ist anzunehmen, dass er die Bedenken nicht für so relevant hält, dass ein Verstoß gegen die Verfassung vorliegt. Fraglich ist damit, wie die unterschiedlichen Einschätzungen der Verfassungsorgane zu behandeln sind. Aus der Verantwortung des Gesetzgebers für das Gesetzgebungsverfahren und der Gewaltenteilung könnte man ihm einen Einschätzungsspielraum zubilligen. Der Bundespräsident dürfte dann das Gesetz nicht materiell überprüfen.

Ob aber der Einschätzungsvorrang des Gesetzgebers immer besteht ist zweifelhaft. Im Falle einer offenkundigen materiellen Verfassungswidrigkeit muss der Bundespräsident berechtigt sein, die Ausfertigung eines Gesetzes zu verweigern. Es kann einerseits einem Verfassungsorgan im Rahmen seiner Gesetzesbindung nicht abverlangt werden, sehenden Auges ein offensichtlich verfassungswidriges Gesetz zu verkünden und dessen Beseitigung allein den Gerichten zu überlassen. Die Beschränkung des materiellen Prüfungsrechts auf evidente Verfassungsverstöße trägt andererseits zugleich der Gefahr Rechnung, dass der Bundespräsident im Rahmen seiner Ausfertigungsbefugnis das Inkrafttreten eines (eventuell politisch unliebsamen) Gesetzes erheblich verzögert.

Da hier nicht einmal im Ansatz ein Argument in Sicht ist, das die grundsätzlich unzulässige Rückwirkung ausnahmsweise rechtfertigen könnte, liegt ein evidenter Verstoß gegen das Rechtsstaatsprinzip vor, so dass der Bundespräsident die Ausfertigung und Verkündung des Gesetzes auch unter materiellen Gesichtspunkten verweigern darf.

Zusatzfrage 2:

Fraglich ist, ob der Bundespräsident die Ausfertigung und Verkündung eines Gesetzes wegen Verstoßes gegen das Europarecht verweigern darf. Diese Frage kann – wie im Rahmen der ersten Zusatzfrage – nur durch Auslegung des Art. 82 I 1 GG beantwortet werden.

Der Wortlaut des Art. 82 I 1 GG nimmt nur die „Vorschriften dieses Grundgesetzes" in Bezug und spricht damit lediglich für eine Prüfung der Verfassungsmäßigkeit des Gesetzes. Ein umfassenderes Prüfungsrecht des Bundespräsidenten könnte sich jedoch aus der Bindungswirkung des Art. 20 III GG ergeben. Sieht man den Bundespräsidenten als Teil des Legislative an, wenn er Gesetze ausfertigt und verkündet, ist er gem. Art. 20 III GG an die verfassungsmäßige Ordnung gebunden. Zu dieser kann wegen seines Anwendungsvorrangs gegenüber dem nationalen Recht eventuell auch das Europarecht gezählt werden, so dass der Bundespräsident bei seiner Ausfertigungshandlung hieran gebunden wäre.

Allerdings beinhaltet der Anwendungsvorrang nur die rechtliche Aussage, dass deutsches Recht im Falle einer Kollision mit unmittelbar innerstaatlich anwendbarem Europarecht unanwendbar ist, mit anderen Worten führt ein Verstoß eines deutschen Gesetzes gegen das Europarecht nicht zu dessen Nichtigkeit. Zudem ist ein Verstoß eines deutschen Gesetzes gegen das Europarecht teilweise (insbesondere bei den Grundfreiheiten) davon abhängig, ob im konkreten Einzelfall ein grenzüberschreitender Sachverhalt vorliegt. Damit ist der Bundespräsident aber bei einem Verstoß gegen das Europarecht - im Gegensatz zu einem Verstoß gegen das Grundgesetz - nicht gezwungen, sehenden Auges ein nichtiges Gesetz auszufertigen. Folglich kann der Verweis auf Art. 20 III GG ein Prüfungsrecht des Bundespräsidenten nicht begründen.

Ein solches folgt jedoch möglicherweise aus dem in Art. 4 III EUV verankerten Grundsatz der Unionstreue. Diese erfasst den Mitgliedstaat in seiner Gesamtheit, gilt also auch für den Bundespräsidenten. Unionstreu verhält sich der Bundespräsident aber eventuell nur, wenn er nicht Gesetzen zur Wirksamkeit verhilft, die gegen das Europarecht verstoßen.

Dem Grundsatz der Unionstreue kann jedoch nicht entnommen werden, wie in den einzelnen Mitgliedstaaten die Kompetenzen zwischen den Verfassungsorganen aufgeteilt sind. D.h. die generelle Bindung an das Europarecht bedeutet noch lange nicht, dass es der Bundespräsident sein muss, der innerstaatlich für die Prüfung der Europarechtskonformität eines Gesetzes zuständig ist. Das allgemeine Loyalitätsgebot des Art. 4 III EUV wäre anderenfalls auch in der Lage, die vom Grundgesetz vorgesehene repräsentative Funktion des Bundespräsidenten auszuhebeln.

Daher ist im Einklang mit dem Wortlaut des Art. 82 I 1 GG davon auszugehen, dass der Bundespräsident bei der Ausfertigung und Verkündung von Gesetzen einen Verstoß gegen das Europarecht nicht zu prüfen hat. Er darf folglich die Ausfertigung und Verkündung eines Gesetzes wegen Verstoßes gegen das Europarecht nicht verweigern.

Einordnung: ÖR / Staatsorganisationsrecht
Schwerpunkt: Berufsfreiheit/Drei-Stufen-Theorie

Fall: Der alte Mann als Kassenarzt

Der 55-jährige A war 20 Jahre als Chefarzt in einem städtischen Krankenhaus tätig. Wegen Auflösung der Krankenhausabteilung wird dem A wirksam gekündigt; im Rahmen dessen erhält A eine Abfindung von 500.000 €. A möchte nun als Kassenarzt tätig werden, was jedoch eine Zulassung durch einen Ausschuss auf Grundlage des Gesetzes über die Ärztezulassung (ÄrztezG) voraussetzt. Er stellt somit einen Antrag auf Zulassung als Kassen- und Vertragsarzt. Dieser Antrag wird jedoch unter Berufung auf § 5 ÄrzteZG abgelehnt. Nach dieser Vorschrift ist die Zulassung eines Arztes, der das 55. Lebensjahr vollendet hat, ausgeschlossen. Hiervon abweichen kann der Zulassungsausschuss nur in Ausnahmefällen, wenn dies zur Vermeidung von unbilligen Härten erforderlich ist.

A hält § 5 ÄrzteZG sowie die darauf beruhende Verweigerung der kassenärztlichen Zulassung wegen Verstoßes gegen das Grundgesetz für verfassungswidrig. Das Festlegen einer Altersgrenze stelle eine Verletzung der grundrechtlich geschützten Berufsfreiheit dar. Der durch diese Altersgrenze verfolgte Zweck, nämlich die Vermeidung einer finanziellen Überforderung der Krankenversicherung, sei auch ohne Begrenzung der Ärztezahl allein durch die Budgetierung der Gesundheitsausgaben zu erreichen. Im Übrigen könne eine Begrenzung der Ärztezahl besser durch eine Verschärfung der Zulassungsbeschränkungen für Berufsanfänger als durch eine Altersgrenze erreicht werden, da es für eine ausreichende medizinische Versorgung der Erfahrung älterer Ärzte bedarf. Die von A form- und fristgerecht eingelegten Rechtsmittel gegen die Entscheidung sind erfolglos. A erhebt daraufhin vor dem BVerfG Verfassungsbeschwerde.

Aufgabenstellung: Prüfen Sie in einem umfassenden Rechtsgutachten, ob die Verfassungsbeschwerde des A Erfolg hat. Gehen Sie - gegebenenfalls hilfsgutachterlich - auf alle aufgeworfenen Rechtsfragen ein.

Bearbeitervermerk:
Es ist davon auszugehen, dass § 5 ÄrzteZG den im Sachverhalt wiedergegebenen Inhalt hat.
Die formelle Verfassungsmäßigkeit von § 5 ÄrzteZG ist unterstellen.
Es ist davon auszugehen, dass 90% der Bevölkerung Mitglied in einer gesetzlichen Krankenkasse sind.

Teil 1: Vorüberlegungen

Gefragt ist nach den Erfolgsaussichten einer Verfassungsbeschwerde. Die grobe Gliederung in Form von Zulässigkeit und Begründetheit ist damit evident. Die relevanten Akte der öffentlichen Gewalt sind ein formelles Gesetz (§ 5 ÄrzteZG) sowie die dem A gegenüber ergangene Antragsablehnung. Letztere impliziert, dass der Zulassungsausschuss keine Ausnahmegründe zugunsten des A angenommen hat. Die im Anschluss erfolgte gerichtliche Bestätigung dieser Entscheidung beschwert den A zwar ebenfalls, sie enthält aber keine inhaltlich relevante Aussage über die Bedeutung der Grundrechte des A. Der Schwerpunkt liegt somit auf der Prüfung des § 5 ÄrzteZG und dem Einzelakt „Versagung der Zulassung unter Verneinung einer Ausnahmeregelung".

Die eventuell verletzten Grundrechte sind Art. 12 I und 2 I GG, wobei letzteres Grundrecht subsidiär zurücktreten würde. Im Übrigen kommt auch eine Verletzung von Art. 3 I GG in Betracht. Da im Sachverhalt aber keine Informationen für eine spezifische Ungleichbehandlung vorhanden sind, darf hier kein Schwerpunkt erwartet werden.

Während die Eröffnung des Schutzbereichs der Berufsfreiheit unproblematisch sein dürfte, stellt sich bei der Eingriffsprüfung die Frage, ob zunächst der klassische Eingriffsbegriff angesprochen werden muss. Hier dürfte wohl mit dem BVerfG unmittelbar mit der modernen Formel gearbeitet werden, zumal auch der Eingriff selbst letztlich evident ist. Die Zuordnung nach der 3 Stufen-Theorie inklusive sich in diesem Zusammenhang stellender Probleme ist dann ein Schwerpunkt der Lösung. Gleiches gilt – wie so häufig – für die Verhältnismäßigkeitsprüfung, deren Intensität vom Ergebnis der Stufenzuordnung des Eingriffs abhängt.

Nicht übersehen werden darf, dass die Prüfung aus der Perspektive des BVerfG erfolgt und somit auf spezifisches Verfassungsrecht beschränkt ist. Gemeint ist lediglich, dass das BVerfG die Vereinbarkeit der hoheitlichen Maßnahmen mit Grundrechten und sonstigem Verfassungsrecht und nicht mit einfachem Recht prüft. De facto läuft dies jedoch auf die Prüfung von Grundrechten oder grundrechtsgleichen Rechten hinaus.

Teil 2: Lösungsskizze

A. Zulässigkeit der Verfassungsbeschwerde
   I. Zuständigkeit des BVerfG

   II. Beschwerdefähigkeit

   III. Prozessfähigkeit

   IV. Beschwerdegegenstand

   V. Beschwerdebefugnis

   VI. Rechtswegerschöpfung / Subsidiarität

   VII. Form und Frist

B. Begründetheit der Verfassungsbeschwerde
   I. Verstoß gegen Art. 12 I 1 GG

      1. Eingriff in den Schutzbereich

      2. Rechtfertigung des Eingriffs

         a) Festlegung der Schranke

         b) Schranken-Schranken

            aa) Verfassungsmäßigkeit von § 5 ÄrzteZG

            bb) Verfassungsmäßigkeit des Einzelakts

   II. Verstoß gegen Art. 2 I GG

Teil 3: Lösung

Die Verfassungsbeschwerde hat Erfolg, wenn sie zulässig und begründet ist.

A. Zulässigkeit der Verfassungsbeschwerde
Die Verfassungsbeschwerde ist zulässig, wenn sie allen Zulässigkeitsanforderungen des Grundgesetzes und des BVerfGG genügt.

I. Zuständigkeit des BVerfG
Das von A angerufene BVerfG muss für die Entscheidung über die Verfassungsbeschwerde zuständig sein. Zuständig ist das BVerfG gem. Art. 93 I Nr. 4a GG, §§ 13 Nr. 8a, 90 I BVerfGG für die Entscheidung über Verfassungsbeschwerden, die vom

Beschwerdeführer mit der Behauptung erhoben werden, durch die öffentliche Gewalt in einem Grundrecht oder grundrechtsgleichen Recht aus dem Grundgesetz verletzt zu sein. A behauptet, durch eine Vorschrift aus dem Bundesrecht (§ 5 ÄrzteZG) in seiner grundrechtlich geschützten Berufsfreiheit verletzt zu sein. Folglich ist das BVerfG dafür zuständig, über seine Verfassungsbeschwerde zu entscheiden.

II. Beschwerdefähigkeit

Weiterhin muss A beschwerdefähig sein. Das ist gem. Art. 93 I Nr. 4a GG „jedermann", d.h. jeder, der Träger von Grundrechten oder grundrechtsgleichen Rechten ist. Als natürliche Person ist A ein Grundrechtsträger und damit beschwerdefähig im Sinne des Art. 93 I Nr. 4a GG.

III. Prozessfähigkeit

A muss zudem prozessfähig sein. Prozessfähig ist derjenige, der selbst oder durch einen selbst bestellten Vertreter wirksam Prozesshandlungen vor Gericht vornehmen kann. Als volljährige Person, die nicht unter Betreuung steht, kann A selbst wirksam Prozesshandlungen vor dem BVerfG vornehmen, sodass er prozessfähig ist.

IV. Beschwerdegegenstand

Die Verfassungsbeschwerde des A muss sich gegen einen tauglichen Beschwerdegegenstand richten. Gem. Art. 93 I Nr. 4a GG ist Beschwerdegegenstand ein Akt der öffentlichen Gewalt. Ein Akt der öffentlichen Gewalt ist jedes Verhalten der Legislative, Exekutive und Judikative, vgl. §§ 93 I, III, 95 I-III BverfGG sowie Art. 1 III GG. A wendet sich gegen eine behördliche Entscheidung, nämlich die Verweigerung der Zulassung als Kassen- und Vertragsarzt, und die sie bestätigenden Gerichtsentscheidungen, sodass Akte der öffentlichen Gewalt im Sinne des Art. 93 I Nr. 4a GG vorliegen. Folglich richtet sich seine Verfassungsbeschwerde gegen einen tauglichen Beschwerdegegenstand. Dass für die Belastung des A letztlich die gesetzliche Regelung des § 5 ÄrzteZG ausschlaggebend ist, ist insofern nicht relevant, als dass im Rahmen einer Verfassungsbeschwerde gegen Exekutiv- oder Judikativakte die zugrundeliegende gesetzliche Regelung ohnehin vom BVerfG überprüft wird.

V. Beschwerdebefugnis

Des Weiteren muss A beschwerdebefugt sein, d.h. er muss gem. Art. 93 I Nr. 4a GG substanziiert behaupten, durch den Beschwerdegegenstand in einem Grundrecht oder grundrechtsgleiches Recht verletzt zu sein. Aufgrund des Vorbringens des A kommt eine Verletzung seiner Grundrechte aus Art. 12 I, 3 I, 2 I GG in Betracht.

Darüber hinaus ist es aber auch noch erforderlich, dass A durch den Beschwerdegegenstand selbst, gegenwärtig und unmittelbar betroffen ist. „Selbst" ist der Beschwerdeführer betroffen, wenn er eigene Grundrechte und grundrechtsgleiche Rechte rügt. Die gegenwärtige Betroffenheit verlangt eine aktuelle Betroffenheit. Sie darf folglich nicht irgendwann in der Zukunft liegen (sog. virtuelle Betroffenheit) oder sich vollständig in der Vergangenheit zugetragen haben. „Unmittelbar" bedeutet, dass kein weiterer Vollzugsakt erforderlich ist, um die Belastung auszulösen. Als direkter Adressat noch nicht erledigter Hoheitsakte ist A in diesem Sinne selbst, gegenwärtig und unmittelbar betroffen.

Folglich ist A beschwerdebefugt.

VI. Rechtswegerschöpfung / Subsidiarität

Weiterhin verlangt § 90 II 1 BVerfGG grundsätzlich eine Erschöpfung des Rechtsweges, bevor die Verfassungsbeschwerde erhoben wird. A hat den Rechtsweg erschöpft.

Darüber hinaus fordert der über das Gebot der Rechtswegerschöpfung hinausgehende Grundsatz der Subsidiarität, dass der Beschwerdeführer jenseits der Rechtswegerschöpfung alle ihm zumutbaren Maßnahmen ergreift, um die gerügte Grundrechtsbeeinträchtigung zu beseitigen, bevor er die Verfassungsbeschwerde erhebt. Hier ist nicht ersichtlich, dass A gegen dieses Gebot verstoßen hat.

Folglich sind das Gebot der Rechtswegerschöpfung und der Grundsatz der Subsidiarität gewahrt.

VII. Form und Frist

Schließlich muss die von A erhobene Verfassungsbeschwerde die aus §§ 23 I, 92 BVerfGG folgenden Formerfordernisse sowie die in § 93 I BVerfGG verankerte Frist beachten. Davon ist mangels gegenteiliger Sachverhaltsangaben auszugehen.

Somit ist die Verfassungsbeschwerde des A zulässig.

B. Begründetheit der Verfassungsbeschwerde

Die Verfassungsbeschwerde ist begründet, soweit eines der Grundrechte des A verletzt ist.

Dabei ist zu beachten, dass im Rahmen der Verfassungsbeschwerde nur die Verletzung von Grundrechten und grundrechtsgleichen Rechten gerügt werden kann. Folglich ist eine Berufung auf die Verletzung des einfachen Rechts unzulässig.

Dessen Überprüfung obliegt den Fachgerichten. Das BVerfG ist also keine „Super-revisionsinstanz". Bei ihm kann nur die Verletzung spezifischen Verfassungsrechts gerügt werden, d.h. dass der angegriffene Akt der öffentlichen Gewalt ein Grund-recht übersehen oder falsch angewendet hat.

I. Verstoß gegen Art. 12 I 1 GG
Die von A angegriffenen hoheitlichen Maßnahmen könnten gegen das Grundrecht aus Art. 12 I 1 GG verstoßen. Das ist der Fall, wenn ein Eingriff in den Schutzbereich dieses Grundrechts vorliegt, der nicht gerechtfertigt ist.

1. Eingriff in den Schutzbereich
Es muss ein Eingriff in den Schutzbereich des Art. 12 I 1 GG vorliegen.

a) Eröffnung des Schutzbereichs
Das verlangt zunächst eine Eröffnung des persönlichen und sachlichen Schutzbe-reichs der Berufsfreiheit.
Art. 12 I 1 GG schützt nur Deutsche im Sinne des Art. 116 I GG (sog. Deutschenrecht). Mangels anderweitiger Anhaltspunkte ist davon auszugehen, dass A deutscher Staatsangehöriger ist. Folglich ist der personelle Schutzbereich des Grundrechts eröffnet.

Sachlich scheint Art. 12 I 1 GG nach seinem Wortlaut mehrere Schutzbereiche zu verbürgen. Jedoch umfassen die in der Vorschrift genannten Merkmale Beruf, Arbeitsplatz, Ausbildungsstätte und Berufsausübung nur einzelne Abschnitte eines Berufsweges, die sich nicht immer strikt voneinander trennen lassen. Mit der Berufswahl beginnt schon die Berufsausübung und in der Berufsausübung wird die Berufswahl immer wieder neu bestätigt. Daher verbürgt Art. 12 I 1 GG ein ein-heitliches Grundrecht der Berufsfreiheit. Unter Beruf ist jede auf Dauer angelegte Tätigkeit zu verstehen, die der Schaffung und Erhaltung einer Lebensgrundlage dient und nicht verboten ist. Die von A angestrebte Tätigkeit als niedergelassener Kassen- und Vertragsarzt ist eine auf Dauer angelegte Tätigkeit, die der Schaffung und Erhaltung einer Lebensgrundlage dient und nicht verboten ist, sodass es sich um einen Beruf im Sinne des Art. 12 I 1 GG handelt. Folglich ist auch der sachliche Schutzbereich der Berufsfreiheit eröffnet.

b) Eingriff
Weiterhin muss ein Eingriff in den Schutzbereich der Berufsfreiheit vorliegen. Das ist der Fall, wenn dem Einzelnen durch eine staatliche Maßnahme ein grundrechtlich

geschütztes Verhalten ganz oder teilweise unmöglich gemacht wird. Hier wird A durch die zuständigen staatlichen Stellen zielgerichtet die begehrte Zulassung als Kassen- und Vertragsarzt verweigert, so dass ihm die Ausübung seiner Berufsfreiheit zumindest teilweise unmöglich gemacht wird. Somit liegt ein Eingriff in den Schutzbereich des Art. 12 I 1 GG vor.

Dieser Eingriff kann die durch Art. 12 I GG geschützte Freiheit der Berufswahl oder der Berufsausübung betreffen. Da diese Beeinträchtigungen eine unterschiedliche Intensität aufweisen, differenziert das BVerfG zwischen ihnen im Sinne der sog. 3 Stufen-Theorie. Danach sind zunächst Berufswahl- und Berufsausübungsregeln voneinander zu trennen, da Eingriffe in die Berufswahl schwerer wiegen als solche in die Berufsausübung. Berufswahlregeln schränken den Zugang zum Beruf ein, sie wirken sich also auf das „OB" der Berufstätigkeit aus. Berufsausübungsregeln hingegen reglementieren das berufliche Verhalten, sie hindern folglich nicht den Zugang zum Beruf, sondern unterwerfen das „WIE" der Berufstätigkeit einer gesetzlichen Regelung. Innerhalb der Berufswahlregeln ist nochmals zu differenzieren. Denkbar sind einerseits objektive Berufswahlregeln. Sie verlangen für das Recht, einen Beruf ausüben zu dürfen, die Erfüllung von Voraussetzungen, die nicht an natürliche Fähigkeiten oder Eigenschaften anknüpfen, z.B. Bedürfnisklauseln wie § 13 IV Personenbeförderungsgesetz (PBefG). Angesichts ihres objektiven Charakters stellen sie den intensivsten Eingriff in die Berufsfreiheit dar. Andererseits gibt es subjektive Berufswahlregeln, die an persönliche Eigenschaften oder Fähigkeiten des Betroffenen anknüpfen, z.B. Lebensalter, Studienabschluss.
Hier wird A unter Berufung auf § 5 ÄrzteZG die Zulassung als Kassen- und Vertragsarzt unter Hinweis auf sein Lebensalter versagt. Folglich könnte es sich bei dieser Vorschrift und dem sie konkretisierenden Einzelakt um eine subjektive Berufswahlregel handeln. Das setzt allerdings voraus, dass die Tätigkeit als Kassen- und Vertragsarzt einen selbständigen Beruf darstellt. Das muss nicht zwingend bejaht werden. Es könnte sich bei dieser Tätigkeit auch nur um eine bestimmte Ausübung des allgemeinen Berufs „Arzt" handeln. Dann würde lediglich eine Berufsausübungsregel vorliegen.
Die Entscheidung zwischen eigenständigem Beruf und Berufsmodalität erfolgt durch eine Bewertung von rechtlichen und tatsächlichen Begebenheiten, insbesondere sozialen und wirtschaftlichen Belangen. Wesentlich sind zudem die Anschauung der Allgemeinheit, die Beurteilung der jeweiligen Berufsausübenden selbst und deren Vertragspartner.
Fraglich ist demnach, ob nach diesen Kriterien die Tätigkeit als Kassen- und Vertragsarzt einen eigenen Beruf darstellt oder nur eine besondere Ausübungsform

des Berufs des frei praktizierenden Arztes ist. Es mag ärztliche Tätigkeiten geben, die sich in der Aufgabenstellung und durch ihre rechtliche Ausgestaltung so sehr vom Beruf des frei praktizierenden Arztes unterscheiden, dass man sie als besonderen Beruf ansehen muss, wie etwa die des Amtsarztes. Die Tätigkeit des Kassenarztes ist jedoch im Ganzen die gleiche wie die des nicht zu den Kassen zugelassenen Arztes. Die Beschränkung in der Wahl der Behandlungsweise und bei der Verschreibung von Heilmitteln, die ihm aus Rücksicht auf die finanzielle Leistungsfähigkeit der Krankenkassen auferlegt wird, unterscheiden sich nur der Form nach von Beschränkungen, die sich bei der Behandlung von Privatpatienten aus deren finanzieller Leistungsfähigkeit ergeben. Sogar der Patientenkreis des Kassenarztes und des nicht kassenärztlich zugelassenen Arztes ist rechtlich, wenn auch nicht faktisch derselbe. Der Kassenarzt darf jederzeit Privatpatienten behandeln, wie umgekehrt der nicht zugelassene Arzt jederzeit Kassenmitglieder behandeln darf, sofern diese bereit sind, ihn selbst zu bezahlen. Die Zulassung zu den Krankenkassen hebt daher den Kassenarzt nicht so aus dem Kreis der übrigen frei praktizierenden Ärzte heraus, dass man seine Tätigkeit als besonderen Beruf bezeichnen könnte. Die Zulassung oder der Verzicht auf die Zulassung bewirken demnach keinen Berufswechsel. Vielmehr ist die Tätigkeit des Kassenarztes nur eine Ausübungsform des Berufes des niedergelassen praktizierenden Arztes. Folglich wurde A gegenüber eine Berufsausübungsregel getroffen.

Ein Eingriff in den Schutzbereich der Berufsfreiheit liegt somit in Gestalt einer Berufsausübungsregel vor.

2. Rechtfertigung des Eingriffs
Der Eingriff in den Schutzbereich der Berufsfreiheit ist verfassungsrechtlich gerechtfertigt, wenn er durch die Schranken des Grundrechts gedeckt ist.

a) Festlegung der Schranke
Fraglich ist, welche Schranke für das Grundrecht aus Art. 12 I 1 GG gilt.
In Betracht kommt Art. 12 I 2 GG. Die Norm gestattet nach ihrem Wortlaut allerdings nur Beschränkungen der Berufsausübungsfreiheit. Da jedoch Berufsausübung und Berufswahl einen einheitlichen Schutzbereich bilden, bezieht sich der einfache Gesetzesvorbehalt des Art. 12 I 2 GG auf das gesamte Grundrecht der Berufsfreiheit. Es ist also jedes Gesetz in der Lage, einen Eingriff in dieses Grundrecht zu legitimieren.
Demnach ist § 5 ÄrzteZG grundsätzlich geeignet, die Ausübung des Grundrechts der Berufsfreiheit zu begrenzen.

b) Schranken-Schranken

Um zu verhindern, dass der einfache Gesetzgeber durch die Normierung von Schranken den Grundrechtsschutz aushöhlt, kann die Schrankensetzung nicht zügellos geschehen. Der grundrechtsbeeinträchtigende Gesetzgeber muss vielmehr seinerseits selbst gewissen Schranken unterliegen, den sog. Schranken-Schranken.

aa) Verfassungsmäßigkeit von § 5 ÄrzteZG

Diese Schranken-Schranken bestehen zunächst darin, dass das eingreifende Gesetz selbst verfassungsmäßig sein muss.

Von der formellen Verfassungsmäßigkeit von § 5 ÄrzteZG ist nach dem Sachverhalt auszugehen.
Darüber hinaus müssen sie materiell verfassungsmäßig sein. Problematisch ist in diesem Zusammenhang allein die Wahrung des Grundsatzes der Verhältnismäßigkeit, in dessen Anwendungsbereich als spezielle Ausprägung die Drei-Stufen-Theorie zu berücksichtigen ist.

§ 5 ÄrzteZG muss einen legitimen Zweck verfolgen. Die Vorschrift verfolgt zum einen den Zweck, eine finanzielle Überforderung der Krankenkassen zu verhindern und damit verbunden die Funktionsfähigkeit des Krankenversicherungssystems zu gewährleisten. Zum anderen verfolgt sie den Zweck, die Verwirklichung des medizinischen Fortschrittes in der Praxis durch Anwendung neuer medizinischer Erkenntnisse zu gewährleisten. Hierbei handelt es sich jeweils um einen dem Gemeinwohl dienenden und damit legitimen Zweck.

§ 5 ÄrzteZG muss geeignet sein, d.h. die Norm muss die verfolgte Zielerreichung zumindest fördern. Die geregelte Altersgrenze für die Zulassung als Kassenarzt dient der Vermeidung eines Überangebotes an Ärzten. Ein Überangebot an Ärzten hätte zur Folge, dass durch jeden neu hinzukommenden Arzt eine Ausweitung des Volumens an erbrachten und veranlassten Leistungen erfolgen würde. Bei gleichbleibender Honorierung der ärztlichen Leistungen hätte dies eine finanzielle Überforderung der Krankenkassen zur Folge, so dass die Funktionsfähigkeit des Krankenversicherungssystems gefährdet wäre. Indem die Altersgrenze des § 5 ÄrzteZG auf eine Vermeidung des Überangebotes an Ärzten abzielt, wird damit der Zweck der Regelung, die Finanzierbarkeit und Funktionsfähigkeit des Krankenversicherungssystems zu gewährleisten, zumindest gefördert. Ebenso wird durch die Einführung einer Altersgrenze den jüngeren Ärzten der Einstieg in das Berufsfeld

erleichtert. Auf diesem Wege wird die Verwirklichung des medizinischen Fortschritts in der Praxis gefördert, indem die jüngeren Ärzte ihre in der Ausbildung
erlangten Kenntnisse über den neusten medizinischen Forschungsstand auch in
der Praxis anwenden.

§ 5 ÄrzteZG muss auch erforderlich sein, d.h. es dürfte kein gleich geeignetes,
milderes Mittel ersichtlich sein. Nach der 3 Stufen-Theorie ist der Grundsatz der
Erforderlichkeit regelmäßig verletzt, wenn der gesetzgeberische Zweck auch auf
einer niedrigeren Stufe mit geringerer Eingriffsintensität erreicht werden kann.
Auch auf ein und derselben Stufe kann es mehr oder weniger intensive Eingriffe
geben. Fraglich ist mithin, ob eine mildere, gleich geeignete Ausübungsregelung
ersichtlich ist.

Fraglich ist, ob die Budgetierung sämtlicher Gesundheitsausgaben nicht als milderes, gleich geeignetes Mittel ausreichend ist, ohne dass es einer zusätzlichen
Beschränkung der Arztzahlen bedarf. Nach dem Budgetierungssystem besteht
sowohl ein limitiertes Ausgabevolumen für jeden einzelnen Arzt als auch eine
Begrenzung der gesamten bereitgestellten Honorarsumme. Fraglich ist, inwieweit
das Budgetierungssystem auch noch bei einer erheblichen Zunahme der Ärztezahl
zu überzeugen vermag. Ein gleichbleibendes Budget für jeden einzelnen Arzt kann
bei Zunahme der Ärztezahl nur dann gewährt werden, wenn das gesamte Budget
erhöht wird. Dann wären die Krankenkassen aber finanziell überlastet und ihre
Funktionsfähigkeit gefährdet. Wird hingegen an der gesamten bereitgestellten
Honorarsumme trotz Zunahme der Arztzahl festgehalten, würde dies zu einem
geringeren Budget jedes einzelnen Arztes führen. Dies hätte jedoch zur Folge, dass
infolge des zu geringen Einkommens der Ärzte in zahlreichen Arztpraxen nicht
mehr die erforderlichen Untersuchungsgeräte finanziert werden könnten, so dass
auf diesem Wege die medizinische Untersuchung beeinträchtigt wäre. Ebenso
würden einzelne Untersuchungen, für welche das Budget bereits nach kurzer Zeit
erschöpft ist, von den Ärzten trotz medizinischer Notwendigkeit nicht mehr durchgeführt werden, da sie hierfür nicht mehr honoriert werden. Im Übrigen würde
sich der Wettbewerb um die Patienten, nach dessen Anzahl sich die Höhe des
Budgets eines einzelnen Arztes auch bestimmt, noch verschärfen. Ärzte könnten
dann versucht sein, Patienten durch medizinisch nicht indizierte Gefälligkeitsleis-
tungen an sich zu binden. Folge hiervon wäre eine vermehrte und zweckwidrige
Ausrichtung des Behandlungsverhaltens an ökonomischen Gesichtspunkten statt
an Behandlungsnotwendigkeiten. Eine alleinige Budgetierung ohne gleichzeitige
Beschränkung der Arztzahl stellt infolge der damit verbundenen nachteiligen
Nebenwirkungen demnach kein gleich geeignetes milderes Mittel dar.

Fraglich ist jedoch, ob zur Vermeidung eines Überangebotes an Ärzten die Einführung einer Altersgrenze erforderlich ist. Es könnten auch erhöhte Anforderungen an die Zulassung von Berufsanfängern gestellt werden, um so einem Überangebot an Ärzten entgegenzuwirken. Dem steht jedoch der von § 5 ÄrzteZG zugleich verfolgte Zweck, die Verwirklichung des medizinischen Fortschritt in der Praxis zu gewährleisten, entgegen. Es bedarf jüngerer Ärzte, damit neue Forschungsergebnisse in der Praxis umgesetzt werden. Fraglich ist, ob dieses Ziel nicht gleichermaßen durch Schulungen und Tagungen von älteren Ärzten erreicht werden kann. Dagegen spricht jedoch, dass durch Schulungen und Tagungen nicht die gesamten neuen Forschungsergebnisse weiter vermittelt werden können. Zudem wäre eine vollständige Weitervermittlung der neuen medizinischen Kenntnisse im Wege von Tagungen und Schulungen zu kostspielig. Die Einführung einer Altersgrenze ist somit erforderlich.

Die Einführung der Altersgrenze für Kassenärzte nach § 5 ÄrzteZG müsste auch angemessen sein (Verhältnismäßigkeit im engeren Sinne). D.h. der angestrebte Erfolg darf nicht außer Verhältnis zur Schwere des Grundrechtseingriffs stehen.

Folglich kommt es einerseits auf die Wertigkeit des verfolgten Ziels, insbesondere auf seinen eventuellen Verfassungsrang an. Andererseits sind die Wertigkeit des beeinträchtigten Grundrechts sowie die Intensität des Grundrechtseingriffs zu berücksichtigen.
Mit Blick auf das Grundrecht der Berufsfreiheit sind hier nochmals die Anforderungen der 3 Stufen-Theorie zu beachten. Denn je höher die Eingriffsstufe ist, desto intensiver ist der Grundrechtseingriff und umso höher sind die Rechtfertigungsanforderungen. Das bedeutet im Einzelnen, dass Berufsausübungsregeln wegen ihrer geringen Eingriffsintensität schon angemessen sind, wenn für sie sachliche Gründe des Allgemeinwohls sprechen. Subjektive Zulassungsvoraussetzungen hingegen sind nur angemessen, wenn sie dem Schutz wichtiger Gemeinschaftsgüter. Objektive Zulassungsschranken schließlich verlangen, dass sie für die Abwehr nachweisbarer oder höchstwahrscheinlicher Gefahren für ein überragend wichtiges Gemeinschaftsgut zwingend geboten sind.
Wie oben festgestellt wurde, liegt hier eine Berufsausübungsregel vor, so dass an sich nur geringe Rechtfertigungsanforderungen zu stellen sind. Allerdings kann eine staatliche Maßnahme auf einer niedrigeren Stufe im Sinne der 3 Stufen-Theorie durchaus die Eingriffsintensität einer höheren Stufe erreichen. In diesem Fall muss die staatliche Maßnahme den Rechtfertigungsanforderungen der höheren Stufe genügen. Die 3 Stufen-Theorie ist also gleichsam nur eine Faustformel. Sie gestattet

bei formalisierter Betrachtungsweise die Zuordnung zu einer der drei Stufen, entbindet jedoch nicht von der Pflicht, die Eingriffsintensität der streitigen Maßnahme zu überprüfen und ggf. höheren Rechtfertigungsanforderungen zu unterwerfen. Vorliegend ist zu berücksichtigen, dass ca. 90 % der deutschen Bevölkerung Mitglied der gesetzlichen Krankenversicherung sind. Ein voll qualifizierter Arzt, der sich zur Ausübung der ärztlichen Praxis niedergelassen hat, aber der Regelung des § 5 ÄrzteZG unterfällt, wird damit von der Behandlung eines sehr großen Patientenkreises ausgeschlossen. Zusätzlich sind jene 10 % der Bevölkerung, die als potenzielle Privatpatienten erhalten bleiben, nicht den Ärzten ohne Kassenpraxis vorbehalten, sondern müssen sich von diesen mit den Kassenärzten und den angestellten Krankenhausärzten geteilt werden. Es besteht damit zwar noch die Möglichkeit, sich unter Verzicht auf die Kassenzulassung eine freie ärztliche Praxis aufzubauen. Praktisch kann der frei praktizierende Arzt jedoch in der Regel seinen Beruf wirtschaftlich gesehen nicht ohne Kassenzulassung erfolgreich ausüben. Die Zulassungssperre ab dem 55. Lebensjahr nach § 5 ÄrzteZG, die rein formal nur eine Berufsausübungsregelung darstellt, kommt damit wegen des wirtschaftlichen Angewiesenseins des frei praktizierenden Arztes auf die Kassenzulassung einer Beschränkung der Berufswahlfreiheit in Form einer subjektiven Zulassungsregelung nahe. Sie muss sich deshalb an deren höheren Rechtfertigungsanforderungen messen lassen.

Fraglich ist demnach, ob das Allgemeininteresse an einer Vermeidung der finanziellen Überlastung der Krankenkassen und damit der Funktionsfähigkeit des Krankenversicherungssystems sowie an der Verwirklichung des medizinischen Fortschritts in der Praxis so schwer wiegt, dass es den Vorrang vor der ungehinderten beruflichen Entfaltung der betroffenen Ärzte verdient. Hierbei ist zum einen zu berücksichtigen, dass wie erwähnt ca. 90 % der deutschen Bevölkerung zu den Mitgliedern der gesetzlichen Krankenkasse zählt. Es besteht somit bei dem Großteil der Bevölkerung ein Interesse daran, dass das Krankenkassensystem finanziell gesichert und nicht in seiner Existenz gefährdet ist. Ferner ist zu beachten, dass eine finanzielle Überlastung des gesetzlichen Krankenkassensystems zwangsweise eine Erhöhung der Beitragssätze zur Folge hätte, was dem Interesse der Mitglieder entgegensteht. Im Übrigen könnte sich eine finanzielle Überlastung der Krankenkassen negativ auf die Funktionsfähigkeit des Krankenversicherungssystems und damit auf die medizinische Versorgung auswirken. Die Gesundheit gehört jedoch als wesentliches Element der körperlichen Unversehrtheit im Sinne des Art. 2 II 1 GG zu einem grundrechtlichen Schutzgut von hohem Gewicht. Ebenso besteht auch ein erhebliches Interesse der Allgemeinheit an der Gewährleistung des medizinischen Fortschritts.

Neue Forschungsergebnisse können zu einer schnelleren Genesung verhelfen, so dass die Anwendung der neuen Forschungserkenntnisse in der Praxis für die körperliche Unversehrtheit ein wesentlicher Bestandteil ist. Demgegenüber steht das Schutzinteresse der Ärzte. Hierbei ist zu berücksichtigen, dass die Regelung des § 5 ÄrzteZG eine Klausel für Härtefälle enthält, also Ausnahmen zulässt. Ferner betrifft die Vorschrift in der Regel nur Ärzte, die zur Bestreitung ihres Lebensunterhaltes nicht mehr auf die Kassenarztzulassung angewiesen sind. Es wird den Ärzten lediglich die Möglichkeit verwehrt, im fortgeschrittenen Alter und bei gesicherter Existenz eine bestimmte Berufstätigkeit neu aufzunehmen. Damit überwiegt das öffentliche Interesse auf Erhaltung der Finanzgrundlage der gesetzlichen Krankenkasse das Schutzinteresse der Ärzte. Die in § 5 ÄrzteZG getroffenen Regelung ist somit angemessen.

§ 5 ÄrzteZG ist demnach insgesamt verfassungsmäßig.

bb) Verfassungsmäßigkeit des Einzelakts

Die Anwendung des § 5 ÄrzteZG im konkreten Einzelfall müsste ebenfalls verfassungsmäßig, insbesondere verhältnismäßig sein. Die Verweigerung der kassenärztlichen Zulassung gegenüber A ist zur Zweckerreichung geeignet und es ist auch kein milderes Mittel ersichtlich. Fraglich ist, ob sie auch angemessen ist. Auf der einen Seite steht das Allgemeininteresse an der Funktionsfähigkeit des Krankenkassensystems sowie der Verwirklichung des medizinischen Fortschritts in der Praxis. Demgegenüber steht das Interesse des A, als Kassenarzt tätig zu sein. Hierbei ist zu berücksichtigen, dass dieser bereits bis zum 55. Lebensjahr als Chefarzt im Krankenhaus tätig war. Er hat somit seinen gelernten Beruf über Jahre hinweg ausüben können. Zudem hat er eine Abfindung seitens des Krankenhauses erhalten, so dass er nicht mehr einer weiteren Berufsausübung zur Sicherung seines Lebensunterhaltes bedarf. Die Interessenabwägung ergibt mithin, dass die Verweigerung der kassenärztlichen Zulassung auch angemessen und demnach verhältnismäßig ist.

Der Eingriff in die Berufsfreiheit des A ist damit verfassungsrechtlich gerechtfertigt. Er ist somit nicht in seinem Grundrecht aus Art. 12 I 1 GG verletzt.

II. Verstoß gegen Art. 2 I GG

Es könnte aber ein Verstoß gegen Art. 2 I GG vorliegen.
Art. 2 I GG schützt die allgemeinen Handlungsfreiheit und damit jedes menschliche Verhalten. Das hat zur Folge, dass dieses Grundrecht ein Auffanggrundrecht

darstellt, das hinter die speziellen Freiheitsrechte wie Art. 12 I GG zurücktritt, wenn der Schutzbereich des speziellen Freiheitsgrundrechts berührt ist. Folglich ist das staatliche Handeln wegen der Einschlägigkeit des Art. 12 I 1 GG nicht mehr an Art. 2 I GG zu messen.

III. Verstoß gegen Art. 3 I GG

Fraglich ist abschließend, ob eine Verletzung des allgemeinen Gleichheitssatzes aus Art. 3 I GG vorliegt.

Dafür bedarf es einer Ungleichbehandlung, die nicht gerechtfertigt ist.

Eine Ungleichbehandlung liegt vor, wenn wesentlich Gleiches ungleich oder wesentlich Ungleiches gleich behandelt wird. Um dies festzustellen bedarf es der Festlegung eines gemeinsamen Oberbegriffs als Bezugspunkt, unter den die verschieden behandelten Personengruppen oder Situationen fallen. Hier werden jüngere und ältere Ärzte ungleich behandelt. Da beide Personengruppen dem Oberbegriff "Kassen- und Vertragsarzt" unterfallen, wird auch wesentlich Gleiches ungleich behandelt, sodass eine Ungleichbehandlung vorliegt.

Diese Ungleichbehandlung könnte aber verfassungsrechtlich gerechtfertigt sein. Das setzt voraus, dass für sie ein sachlicher Grund besteht. Die diesbezüglichen Anforderungen variieren zwischen einer reinen Willkürprüfung und einer Verhältnismäßigkeitskontrolle. Da hier wie bereits im Rahmen der Prüfung des Art. 12 I 1 GG gezeigt selbst die Anforderungen des strengeren Verhältnismäßigkeitsprinzips erfüllt sind, liegt ein sachlicher Grund für die Ungleichbehandlung vor.

Demnach verstößt das von A angegriffene staatliche Verhalten auch nicht gegen Art. 3 I GG.

Folglich verstößt die Verweigerung der Zulassung des A als Kassen- und Vertragsarzt nicht gegen dessen Grundrechte, so dass seine Verfassungsbeschwerde zwar zulässig aber unbegründet ist und damit keinen Erfolg hat.

Einordnung: ÖR / Staatsorganisationsrecht
Schwerpunkt: Art. 5 GG

Fall: Pazifisten

A ist überzeugter Pazifist. Er verteilt jede Woche Flugblätter, auf denen er bekannt gibt, wie viel Menschen pro Woche in kriegerischen Auseinandersetzungen von Soldaten getötet wurden. Gleichzeitig enthalten seine Flugblätter den Passus „Warum? Soldaten sind Mörder!". Der Bundeswehrsoldat B sieht ein solches Flugblatt und fühlt sich durch die Aussage, Soldaten seien Mörder, in seiner persönlichen Ehre gekränkt. Er stellt daher Strafantrag gegen A. Dieser wird wegen Beleidigung gem. § 185 StGB verurteilt. Das Gericht begründet in seinem Urteil die Strafbarkeit ausschließlich damit, dass die Äußerung des A nur dahingehend gedeutet werden könne, dass die Soldaten der Bundeswehr als Teilgruppe aller Soldaten mit Mördern gleichgestellt werden. A bringe zum Ausdruck, alle Soldaten und damit auch die Soldaten der Bundeswehr seien zu besonders niederträchtigem Verhalten – namentlich zur strafbaren Handlung des Mordes i.S.d. § 211 StGB – gegenüber anderen Menschen willens und fähig. Eine Wahrnehmung berechtigter Interessen gem. § 193 StGB scheide aus, da es sich um eine sog. Schmähkritik handele, bei welcher die Meinungsfreiheit stets hinter dem Ehrenschutz zurücktrete, ohne dass es einer Abwägung im Einzelfall bedürfe. Eine solche Schmähkritik sei nicht auf einen inhaltlichen Diskurs, sondern lediglich auf die Verächtlichmachung anderer Personen gerichtet. Die Meinungsfreiheit greife zwar grundsätzlich. Auch für Beleidigungen, müsse aber immer dann zurücktreten, wenn nicht einmal ein „Meinungskampf" im Sinne eines Austauschs, sondern nur eine Diffamierung beabsichtigt sei.

A fühlt sich in seiner Meinungsäußerungsfreiheit verletzt und erhebt nach Erschöpfung des Rechtsweges Verfassungsbeschwerde beim Bundesverfassungsgericht.

Aufgabenstellung: Prüfen Sie in einem umfassenden Rechtsgutachten, ob die Verfassungsbeschwerde des A begründet ist. Gehen Sie - gegebenenfalls hilfsgutachterlich - auf alle aufgeworfenen Rechtsfragen ein.

Bearbeitervermerk:
Auf die Pressefreiheit ist nicht einzugehen.
Von der formellen Verfassungsmäßigkeit des § 185 StGB ist auszugehen.

§ 211 StGB
Mord
(1) Der Mörder wird mit lebenslanger Freiheitsstrafe bestraft.
(2) Mörder ist, wer aus Mordlust, zur Befriedigung des Geschlechtstriebs, aus Habgier oder sonst aus niedrigen Beweggründen, heimtückisch oder grausam oder mit gemeingefährlichen Mitteln oder um eine andere Straftat zu ermöglichen oder zu verdecken, einen Menschen tötet.

§ 185 StGB
Beleidigung
Die Beleidigung wird mit Freiheitsstrafe bis zu einem Jahr oder mit Geldstrafe und, wenn die Beleidigung mittels einer Tätlichkeit begangen wird, mit Freiheitsstrafe bis zu zwei Jahren oder mit Geldstrafe bestraft.

§ 193 StGB
Wahrnehmung berechtigter Interessen
Tadelnde Urteile über wissenschaftliche, künstlerische oder gewerbliche Leistungen, desgleichen Äußerungen, welche zur Ausführung oder Verteidigung von Rechten oder zur Wahrnehmung berechtigter Interessen gemacht werden, sowie Vorhaltungen und Rügen der Vorgesetzten gegen ihre Untergebenen, dienstliche Anzeigen oder Urteile vonseiten eines Beamten und ähnliche Fälle sind nur insofern strafbar, als das Vorhandensein einer Beleidigung aus der Form der Äußerung oder aus den Umständen, unter welchen sie geschah, hervorgeht.

Teil 1: Vorüberlegungen

Da nur die Begründetheit der Verfassungsbeschwerde zu prüfen ist, spielen verfassungsprozessuale Erwägungen keine Rolle und dürfen folglich auch nicht angestellt werden.

Am Anfang der Begründetheitsprüfung sollte – wie immer, wenn sich die Verfassungsbeschwerde gegen einen konkreten Einzelakt der Exekutive oder Judikative richtet – darauf hingewiesen werden, dass das Bundesverfassungsgericht keine „Superrevisionsinstanz" ist, also eine Verletzung des einfachen Rechts nicht zu prüfen ist. Durch den in der Falllösung praktizierten Aufbau ist das aber ohnehin sichergestellt, sodass es sich bei den Ausführungen zur Verletzung spezifischen Verfassungsrechts eher um eine Floskel handelt, die in einer Klausur zwar erwartet wird, am Prüfungsaufbau aber nichts ändert.

Inhaltlich steht die Meinungsfreiheit klar im Mittelpunkt. Hier gilt es bereits im Schutzbereich aufzupassen, da sowohl eine Abgrenzung zu bloßen Tatsachenbehauptungen geboten ist als auch der Frage nachgegangen werden muss, ob auch Beleidigungen geschützt werden.

Im Zusammenhang mit der Prüfung des Vorliegens eines Eingriffs ist zu beachten, dass nicht nur die Unterdrückung oder das Verbot einer Meinung einen Eingriff darstellen, sondern wegen ihrer abschreckenden Wirkung auch eine strafrechtliche Sanktion.

Im Rahmen der Festlegung der Schranke taucht kurz das Problem auf, ob auch bei der Schranke des Ehrenschutzes das Gebot der Meinungsneutralität zu beachten ist. Da die maßgebliche Bestimmung des § 185 StGB jedoch ohnehin meinungsneutral ist, sollte das Problem nur kurz erwähnt, nicht aber vertieft werden.

Ganz wichtig ist es hingegen, in der Prüfung der Angemessenheit des Gesetzes und des Einzelakts auf die sog. Wechselwirkungslehre einzugehen, die letztlich eine verfassungskonforme Auslegung des einschränkenden Gesetzes fordert, indem sie die besondere Bedeutung der Meinungsfreiheit in einer Demokratie betont. Die Verhältnismäßigkeitsprüfung zeigt ferner im vorliegenden Fall exemplarisch, wie detailliert Meinungsäußerungen durch Strafgerichte zu untersuchen sind, bevor sie zum Anlass für Sanktionen genommen werden dürfen. Eine weitere Besonderheit ist, dass die strafrechtliche Verurteilung gleich aus zwei Gründen unangemessen ist.

Der abschließend der Vollständigkeit halber anzusprechende Art. 2 I GG tritt – wie so oft – aus Gründen der Subsidiarität zurück, ist also kein Prüfungsschwerpunkt.

Teil 2: Lösungsskizze

A. Verstoß gegen Art. 5 I 1 1. Fall GG

  I. Eingriff in den Schutzbereich

    1. Eröffnung des Schutzbereichs

    2. Eingriff

  II. Rechtfertigung des Eingriffs

    1. Festlegung der Schranke

    2. Schranken-Schranken

      a) Verfassungsmäßigkeit des § 185 StGB

      b) Verfassungsmäßigkeit des Einzelakts

        aa) Grundrechtsverstoß bei Deutung der Aussage

        bb) Grundrechtsverstoß bei Auslegung und Anwendung von §§ 185 ff StGB

B. Verstoß gegen Art. 2 I GG

Teil 3: Lösung

Die Verfassungsbeschwerde des A ist begründet, soweit der A in seinen Grundrechten oder grundrechtsgleichen Rechten verletzt ist.

Dabei ist zu beachten, dass im Rahmen der Verfassungsbeschwerde nur die Verletzung von Grundrechten und grundrechtsgleichen Rechten gerügt werden kann und eine Berufung auf die Verletzung des einfachen Rechts unzulässig ist. Dessen Überprüfung obliegt den Fachgerichten. Das BVerfG ist also keine „Superrevisionsinstanz". Bei ihm kann nur die Verletzung spezifischen Verfassungsrechts gerügt werden.

A. Verstoß gegen Art. 5 I 1 1. Fall GG GG

Die von A angegriffenen gerichtlichen Entscheidungen könnten gegen das Grundrecht aus Art. 5 I 1 1. Fall GG verstoßen. Das ist der Fall, wenn ein Eingriff in den Schutzbereich dieses Grundrechts vorliegt, der nicht gerechtfertigt ist.

I. Eingriff in den Schutzbereich

Es muss ein Eingriff in den Schutzbereich des Art. 5 I 1 1. Fall GG vorliegen.

1. Eröffnung des Schutzbereichs

Das verlangt zunächst eine Eröffnung des persönlichen und sachlichen Schutzbereichs des Art. 5 I 1 1. Fall GG.

Art. 5 I 1 1. Fall GG schützt jedermann und ist damit eine Menschenrecht, auf das sich also auch B berufen kann, sodass der persönliche Schutzbereich eröffnet ist. In sachlicher Hinsicht schützt Art. 5 I 1 1. Fall GG das Recht seine Meinung in Wort, Schrift und Bild frei zu äußern und zu verbreiten. Eine Meinung ist ein Werturteil, unabhängig davon, ob es vernünftig oder unvernünftig ist. Im Unterschied zu Tatsachenbehauptungen sind Werturteile durch die subjektive Einstellung des sich Äußernden zum Gegenstand der Äußerung gekennzeichnet. Tatsachenbehauptungen sind demgegenüber dadurch geprägt, dass sie grundsätzlich dem Wahrheitsbeweis vor Gericht zugänglich sind und objektiv nach den Kategorien richtig oder falsch überprüft werden können.

Durch seine Äußerung, Soldaten seien Mörder, hat A nicht von bestimmten Soldaten behauptet, sie hätten in der Vergangenheit einen Mord im Sinne des § 211 StGB begangen. Er hat vielmehr ein persönliches Urteil über Soldaten und über den Soldatenberuf zum Ausdruck gebracht, der unter Umständen zum Töten anderer Menschen zwingt. Daher handelt es sich hierbei um eine Meinungsäußerung. Zwar gibt A auf seinen Flugblättern auch bekannt, wie viele Menschen pro Woche in kriegerischen Auseinandersetzungen von Soldaten getötet werden, was eine Tatsachenbehauptung darstellt. Diese dient aber nur dazu, die nachfolgende Meinungsäußerung einzuleiten und mit einem sachlichen Fundament zu versehen. Der Schwerpunkt der Äußerung liegt gleichwohl auf der Meinungskundgabe.

Fraglich ist jedoch, ob jede Art von Werturteilen von Art. 5 I 1 1. Fall GG geschützt wird. Die Äußerung des A ist für Soldaten verletzend formuliert, da sie dadurch als Verbrecher dargestellt werden. Werturteile sind jedoch durchweg von Art. 5 I 1 1. Fall GG geschützt, ohne dass es darauf ankommt, ob die Äußerung wertvoll oder wertlos, richtig oder falsch, emotional oder rational. Der Schutz bezieht sich dabei nicht nur auf den Inhalt der Äußerung, sondern auch auf ihre Form. Dass eine Aussage polemisch oder verletzend formuliert ist, entzieht sie nicht schon dem Schutzbereich des Grundrechts.

Der Schutzbereich des Art. 5 I 1 1. Fall GG ist demnach eröffnet.

2. Eingriff

Weiterhin muss ein Eingriff in den Schutzbereich der Meinungsfreiheit vorliegen. Das ist der Fall, wenn dem Einzelnen durch eine staatliche Maßnahme ein grundrechtlich geschütztes Verhalten ganz oder teilweise unmöglich gemacht wird.

A wird durch die strafrechtliche Verurteilung zwar nicht die getätigte Äußerung unmöglich gemacht, die verhängte Sanktion hat aber einschüchternde Wirkung bzgl. zukünftiger Meinungsäußerungen.

Daher liegt ein Eingriff in die Meinungsfreiheit vor.

II. Rechtfertigung des Eingriffs

Der Eingriff in den Schutzbereich der Meinungsfreiheit ist verfassungsrechtlich gerechtfertigt, wenn er durch die Schranken des Grundrechts gedeckt ist.

1. Festlegung der Schranke

Fraglich ist, welche Schranke für das Grundrecht aus Art. 5 I 1 .Fall GG gilt.

Das ist hier der qualifizierte Gesetzesvorbehalt des Art. 5 II GG, und zwar in der Gestalt des Merkmals „Recht der persönlichen Ehre". Gestützt auf diesen Gesetzesvorbehalt stellt § 185 StGB Beleidigungen unter Strafe und ist damit vorliegend das einschränkende Gesetz.

Weiterhin ist allerdings noch problematisch, ob auch Vorschriften zum Schutz der persönlichen Ehre meinungsneutral sein müssen, wie dies für die Schranke der allgemeinen Gesetze im Sinne des Art. 5 II GG verlangt wird. Da sich § 185 StGB aber nicht gegen eine bestimmte Meinung richtet und somit meinungsneutral ist, muss diesem Problem nicht weiter nachgegangen werden.

Somit findet die Meinungsfreiheit hier ihre Schranke in § 185 StGB.

2. Schranken-Schranken

Um zu verhindern, dass der einfache Gesetzgeber durch die Normierung von Schranken den Grundrechtsschutz aushöhlt, kann die Schrankensetzung nicht zügellos geschehen. Der grundrechtsbeeinträchtigende Gesetzgeber muss vielmehr seinerseits selbst gewissen Schranken unterliegen, den sog. Schranken-Schranken.

a) Verfassungsmäßigkeit des § 185 StGB

Diese Schranken-Schranken bestehen zunächst darin, dass das eingreifende Gesetz selbst verfassungsmäßig sein muss.

Von der formellen Verfassungsmäßigkeit des § 185 StGB ist laut Sachverhalt auszugehen.

Fraglich ist daher allein die materielle Verfassungsmäßigkeit der Vorschrift, speziell ihre Verhältnismäßigkeit.

Legitimer Zweck der Vorschrift ist der Schutz der persönlichen Ehre. Ferner muss § 185 StGB geeignet sein, d.h. die Vorschrift muss die verfolgte Zielerreichung zumindest fördern. Indem sie Angriffe gegen die persönliche Ehre unter Strafe stellt, ist sie zur Zweckerreichung geeignet.

§ 185 StGB muss auch erforderlich sein, d.h. es dürfte kein gleich geeignetes, milderes Mittel ersichtlich sein. Ein solches Mittel ist hier nicht ersichtlich, sodass § 185 StGB erforderlich ist.

Schließlich muss § 185 StGB auch angemessen sein (Verhältnismäßigkeit im engeren Sinne). Das bedeutet der angestrebte Erfolg darf nicht außer Verhältnis zur Schwere des Grundrechtseingriffs stehen. Folglich kommt es einerseits auf die Wertigkeit des verfolgten Ziels, insbesondere auf seinen eventuellen Verfassungsrang an. Andererseits sind die Wertigkeit des beeinträchtigten Grundrechts sowie die Intensität des Grundrechtseingriffs zu berücksichtigen. Als besondere Ausprägung dieser Abwägung ist die sog. Wechselwirkungslehre zu beachten. Danach findet eine Wechselwirkung zwischen dem Grundrecht und dem einschränkenden Gesetz in dem Sinne statt, dass das Gesetz seinerseits im Lichte der wertsetzenden Bedeutung des Grundrechts im freiheitlich demokratischen Rechtsstaat ausgelegt und so in seiner das Grundrecht begrenzenden Wirkung wieder selbst eingeschränkt werden muss. Es ist mithin eine Güterabwägung zwischen der persönlichen Ehre und der Meinungsäußerungsfreiheit vorzunehmen. Hierbei ist entscheidend, dass durch die Regelung der § 185 StGB der besondere Wertgehalt der Meinungsäußerungsfreiheit gewahrt bleiben muss. Dies setzt voraus, dass die persönliche Ehre in § 185 StGB nicht zu Lasten der Meinungsäußerungsfreiheit überdehnt wird.

Der persönlichen Ehre kommt über Art. 2 I GG i.V.m. Art. 1 I GG Verfassungsrang zu. Ihr Schutz durch § 185 StGB ist somit von erheblicher Bedeutung. Andererseits ist auch die Meinungsäußerungsfreiheit aufgrund ihres Verfassungsrangs besonders schützenswert. Ihrer besonderen Bedeutung kann bei der Auslegung des Begriffes der Beleidigung nach § 185 StGB ausreichend Rechnung getragen werden. Zudem steht § 193 StGB, welcher bei Wahrnehmung berechtigter Interessen eine Bestrafung ausschließt, mit seiner weiten Formulierung dem Einfluss der Meinungsfreiheit in besonderer Weise offen und erlaubt damit einen schonenden Ausgleich der kollidierenden Rechtsgüter. Der Wertgehalt der Meinungsäußerung wird demnach in ausreichendem Maße gewahrt. § 185 StGB ist mithin auch verhältnismäßig im engeren Sinne und damit materiell verfassungsmäßig.

§ 185 StGB ist demnach insgesamt verfassungsmäßig.

b) Verfassungsmäßigkeit des Einzelaktes

Die Anwendung des § 185 StGB im konkreten Einzelfall müsste ebenfalls verfassungsmäßig, insbesondere verhältnismäßig sein.

aa) Grundrechtsverstoß bei Deutung der Aussage

Voraussetzung jeder rechtlichen Würdigung von Äußerungen ist in diesem Zusammenhang zunächst, dass ihr Sinn zutreffend erfasst worden ist. Fehlt es bei der Verurteilung wegen eines Äußerungsdelikts daran, so kann das im Ergebnis zur Unterdrückung einer zulässigen Äußerung führen. Darüber hinaus besteht die Gefahr, dass sich eine solche Verurteilung nachteilig auf die Ausübung des Grundrechts im Allgemeinen auswirkt, weil Äußerungswillige selbst wegen fernliegender oder unhaltbarer Deutungen ihrer Äußerungen eine Bestrafung riskieren. Ein Verstoß gegen Art. 5 I 1 1. Fall GG liegt dabei zum einen vor, wenn das Urteil den objektiven Sinn der umstrittenen Äußerung erkennbar verfehlt und darauf seine rechtliche Würdigung stützt. Zum anderen ist ein Grundrechtsverstoß anzunehmen, wenn ein Gericht bei mehrdeutigen Äußerungen die zur Verurteilung führende Bedeutung zugrunde legt, ohne vorher die anderen möglichen Deutungen mit schlüssigen Gründen ausgeschlossen zu haben.

Die Strafgerichte könnten Art. 5 I 1 1. Fall GG verletzt haben, indem sie keine alternativen Deutungen der Äußerung des A in Betracht gezogen haben, die sich strafmildernd oder strafbefreiend hätten auswirken können. Die Gerichte haben die Äußerung des A ausschließlich dahingehend gedeutet, dass durch sie Bundeswehrsoldaten Mördern gleichgestellt werden und zum Ausdruck gebracht werde, sie seien zu besonders niederträchtigen Verhalten gegenüber anderen Menschen willens und fähig. Gegenüber dieser Deutung könnten jedoch Alternativen bestanden haben, die die Strafgerichte hätten in Betracht ziehen müssen.

Für eine alternative Deutung spricht zum einen, dass sich die Äußerung des A seinem Wortlaut nach durchweg auf Soldaten überhaupt, nicht aber speziell auf einzelne Soldaten oder speziell auf diejenigen der Bundeswehr bezieht. Dieser Umstand musste zu der Überlegung Anlass geben, ob sich die Äußerung nicht gegen das Soldatentum und Kriegshandwerk schlechthin richtete, das verurteilt wird, weil es mit dem Töten anderer Menschen verbunden ist. Zum anderen ist zu berücksichtigen, dass die Äußerung, Soldaten seien Mörder, im Kontext mit der angegeben Zahl der Toten bei kriegerischen Auseinandersetzungen und dem Wort „warum?" stand. Hierdurch wird deutlich, dass A vorrangig auf die Sinnlosigkeit der Vernichtung von Menschenleben durch kriegerische Auseinandersetzungen hinweisen wollte. Dagegen ging es nicht um die Kritik an einem besonders verwerflichen Individualverhalten oder an charakterlichen Mängeln von Soldaten.

Anhaltspunkte für die Gleichstellung von Soldaten mit Mördern im Sinne des § 211 StGB sind dem Kontext nicht zu entnehmen.

Des Weiteren ist zu bedenken, dass herabsetzende Äußerungen über Kollektive nur dann einen Angriff gegen die persönliche Ehre jedes einzelnen Mitgliedes darstellen, wenn die Äußerung an ein Merkmal anknüpft, das bei allen Angehörigen des Kollektives vorliegt und es sich um eine abgrenzbare und überschaubar große Gruppe handelt. Bei herabsetzenden Äußerungen, die sich auf alle Soldaten der Welt beziehen, ist von einer unüberschaubar großen Gruppe auszugehen, die nicht auf die persönliche Ehre der einzelnen Soldaten durchschlägt. Bezieht sich die herabsetzende Äußerung hingegen auf die aktiven Soldaten der Bundeswehr, handelt es sich um eine hinreichend überschaubare Gruppe, so dass jeder einzelne Angehörige der Bundeswehr im Sinne des § 185 StGB beleidigt werden kann. Da sich die Aussage des A ihrem Wortlaut nach auf Soldaten im Allgemeinen und nicht speziell auf Bundeswehrsoldaten bezieht, hätten die Strafgerichte ihre Auslegung näher begründen müssen. Der Hinweis, dass die Soldaten der Bundeswehr eine Teilgruppe aller Soldaten bilden, ist nicht ausreichend, da jedes große Kollektiv in kleinere Untergruppen zerfällt. Da sie ihre Auslegung nicht näher begründet haben, haben sie gegen Art. 5 I 1 1. Fall GG verstoßen.

bb) Grundrechtsverstoß bei Auslegung und Anwendung von § 185 StGB

Die Strafgerichte könnten ferner bei Auslegung und Anwendung des § 185 StGB gegen Art. 5 I 1 1. Fall GG verstoßen haben. Unter Berücksichtigung der oben genannten Wechselwirkungslehre verlangt Art. 5 I 1 1. Fall GG auf der Stufe der Normauslegung eine Abwägung zwischen der Bedeutung der Meinungsfreiheit und des Rechtsgutes, in dessen Interesse sie eingeschränkt worden ist. Dabei tritt bei herabsetzenden Äußerungen, die sich als Schmähung darstellen, die Meinungsfreiheit stets hinter dem Ehrenschutz zurück, ohne dass es einer Abwägung im Einzelfall bedarf. Eine Schmähkritik liegt vor, wenn bei einer Äußerung nicht die Auseinandersetzung in der Sache, sondern die Diffamierung der Person im Vordergrund steht. Sie muss jenseits auch polemischer und überspitzter Kritik in der persönlichen Herabsetzung bestehen. Hält ein Gericht eine Äußerung fälschlicherweise für eine Schmähung mit der Folge, dass eine einzelfallbezogene Abwägung unterbleibt, so liegt darin ein Verstoß gegen Art. 5 I 1 1. Fall GG.

Die Strafgerichte haben vorliegend die Äußerung des A als Schmähkritik eingestuft und daher keine einzelfallbezogene Abwägung vorgenommen. Dann müsste bei der Äußerung des A die Diffamierung der Person im Vordergrund gestanden haben und das sachliche Anliegen völlig in den Hintergrund getreten sein. Aus dem Kontext der Äußerung ergibt sich, dass es A um die Auseinandersetzung in der Sache ging, nämlich um die Frage, ob Krieg und Kriegsdienst und die damit verbundene Tötung sittlich gerechtfertigt sind. Gegen eine vorrangige Personen-diffamierung spricht auch, dass sich die Äußerung ihrem Wortlaut nach nicht auf bestimmte Personen bezog, sondern unterschiedslos alle Soldaten erfasst. In der Regel kommen nur Äußerungen über bestimmte Personen oder Personenvereini-gungen als Schmähkritik in Betracht. Geht es dagegen um Personengruppen, die durch eine bestimmte soziale Funktion gemeint sind, so ist eher zu vermuten, dass die Äußerung nicht von der Diffamierung der Personen geprägt wird, sondern an die von ihnen wahrgenommene Tätigkeit anknüpft. Es handelt sich bei der Äußerung des A demnach nicht um Schmähkritik. Eine Abwägung zwischen der Meinungsfreiheit und dem Ehrenschutz ist mithin nicht entbehrlich. Da die Straf-gerichte keine Abwägung vorgenommen haben, verletzen ihre Entscheidungen auch unter diesem Gesichtspunkt das Verhältnismäßigkeitsprinzip.

Somit ist der konkrete Einzelakt nicht verfassungsmäßig, sodass die Entschei-dungen der Strafgerichte das Grundrecht des A aus Art. 5 I 1 1. Fall GG verletzen.

B. Verstoß gegen Art. 2 I GG

Weiterhin kommt ein Verstoß gegen die in Art. 2 I GG geschützte allgemeine Hand-lungsfreiheit in Betracht. Als Auffanggrundrecht tritt Art. 2 I GG jedoch zurück, sobald der Schutzbereich eines speziellen Freiheitsgrundrechts eröffnet ist, was hier der Fall ist.
Folglich scheidet ein Verstoß gegen Art. 2 I GG aus.

Da das Grundrecht des A aus Art. 5 I 1 1. Fall GG durch die strafrechtlichen Verurtei-lungen verletzt ist, ist die Verfassungsbeschwerde begründet.

Einordnung: ÖR / Staatsorganisationsrecht
Schwerpunkt: Gleichheitssatz / allgemeines Persönlichkeitsrecht

Fall: Martina

Der 21jährige, deutsche Staatsangehörige Martin M. fühlt sich dem weiblichen Geschlecht zugehörig. Er bekennt sich offen zu seiner Transsexualität und tritt seit seinem 17. Lebensjahr seiner äußeren Erscheinung nach privat wie in der Öffentlichkeit als Frau auf. Im Freundes- und Bekanntenkreis lässt er sich mit „Martina" anreden.

M beabsichtigt nun, seinen Vornamen auch offiziell von „Martin" in „Martina" umändern zu lassen und stellt einen entsprechenden Antrag beim örtlichen Amtsgericht. Dieses ist von dem ehrlichen und dauerhaften Zugehörigkeitsempfinden des M zum weiblichen Geschlecht überzeugt, nachdem es hierzu die zwei nach § 4 III des Transsexuellengesetzes (TSG) notwendigen, unabhängigen Sachverständigengutachten eingeholt hat. Es sieht sich an der Stattgabe des Antrags jedoch durch § 1 I Nr. 3 TSG gehindert.

§ 1 TSG lautet:

§ 1 Voraussetzungen

(1) Die Vornamen einer Person, die sich auf Grund ihrer transsexuellen Prägung nicht mehr dem in ihrem Geburtseintrag angegebenen, sondern dem anderen Geschlecht als zugehörig empfindet und seit mindestens drei Jahren unter dem Zwang steht, ihren Vorstellungen entsprechend zu leben, sind auf ihren Antrag vom Gericht zu ändern, wenn

   1. sie Deutscher im Sinne des Grundgesetzes ist oder wenn sie als staatenloser oder heimatloser Ausländer ihren gewöhnlichen Aufenthalt oder als Asylberechtigter oder ausländischer Flüchtling ihren Wohnsitz im Geltungsbereich dieses Gesetzes hat, und

   2. mit hoher Wahrscheinlichkeit anzunehmen ist, dass sich ihr Zugehörigkeitsempfinden zum anderen Geschlecht nicht mehr ändern wird, und

   3. sie mindestens fünfundzwanzig Jahre alt ist.

(2) In dem Antrag sind die Vornamen anzugeben, die der Antragsteller künftig führen will.

Der zuständige Richter am Amtsgericht hat erhebliche Zweifel an der materiellen Verfassungsmäßigkeit dieser Regelung und bittet um gutachterliche Überprüfung der Frage, ob § 1 I Nr. 3 TSG materiell mit dem Grundgesetz vereinbar ist. Zutreffend weist er darauf hin, dass das Bundesverfassungsgericht die entsprechende Altersgrenze für Namensänderungen nach Geschlechtsumwandlungen (§ 8 I TSG, sog. „große Lösung") bereits für verfassungswidrig erklärt habe. Seither sei eine Namensänderung nach Geschlechtsumwandlung ohne Altersbeschränkung möglich. Dann müsse dies aber doch erst recht für die wesentlich weniger belastende „kleine Lösung" einer Namensänderung ohne Operation gelten.

Aufgabenstellung: Prüfen Sie in einem umfassenden Rechtsgutachten die materielle Verfassungsmäßigkeit von § 1 I Nr. 3 TSG.

Zusatzfrage: In welchem Verfahren könnte der zuständige Richter am Amtsgericht das Gesetz wegen seiner Zweifel dem Bundesverfassungsgericht vorlegen?

Bearbeitervermerk:
Das Grundrecht der allgemeinen Handlungsfreiheit (Art. 2 I GG) ist nicht zu prüfen.

Es ist davon auszugehen, dass die genannte Entscheidung des Bundesverfassungsgerichts zur Altersgrenze für Namensänderungen nach Geschlechtsumwandlungen keine sonstigen, für die Falllösung relevanten Inhalte hat.

Teil 1: Vorüberlegungen

Gefragt ist nach den Erfolgsaussichten einer Verfassungsbeschwerde. Die grobe Gliederung in Form von Zulässigkeit und Begründetheit ist damit evident. Im Zusammenhang mit der Zulässigkeitsprüfung soll zunächst klargestellt werden, dass der hier vorgeschlagene Prüfungsaufbau zwar möglich und durchaus üblich ist, andere Prüfungsaufbauten, die die Prüfungspunkte anders anordnen, damit aber nicht automatisch falsch sind.

Inhaltlich stellt sich in der Zulässigkeit der Verfassungsbeschwerde das Problem, dass die Verfassungsbeschwerde nicht gegen einen konkreten Akt der Exekutive, sondern gegen ein Gesetz gerichtet ist. Folglich gilt es im Rahmen der Beschwerdebefugnis zu erkennen, dass die unmittelbare Betroffenheit genauer zu untersuchen ist (Stichwort: „self-executing-law"). Anschließend daran muss im Prüfungspunkt „Rechtswegerschöpfung" gesehen werden, dass es für den Beschwerdeführer keine Möglichkeit gibt, § 11 I WBG unmittelbar anzugreifen, also bei formellen Gesetzen für den Einzelnen kein Rechtsweg existiert, den er erschöpfen kann.

In der Begründetheit der Verfassungsbeschwerde muss zunächst zwingend zwischen den einzelnen Grundrechten differenziert werden, da die Prüfung inhaltlich ganz unterschiedlich ausfällt. Zudem ist unbedingt zu berücksichtigen, dass Freiheitsrechte anders geprüft werden als Gleichheitsrechte.

Bei den Freiheitsrechten ist es zwar auch möglich in die drei Prüfungspunkte „Schutzbereich
– Eingriff- Rechtfertigung" zu unterteilen. Näher am Obersatz der Begründetheitsprüfung und damit vorzugswürdig ist es aber, einen zweistufigen Aufbau „Eingriff in den Schutzbereich – Rechtfertigung" zu wählen.

Bei der Prüfung des Art. 14 GG sollte erkannt werden, dass das Eigentumsgrundrecht nicht betroffen ist, wenn ausschließlich der Umgang mit einer Sache und damit ein Verhalten vom Gesetzgeber eingeschränkt wird.

Die Prüfung des Art. 11 I GG verlangt ebenfalls eine genaue Untersuchung des Schutzbereichs, der in Abgrenzung zu Art. 2 I GG nicht jedes menschliche Verhalten erfassen kann. Daher – und auch in Anbetracht der engen Schranken in Art. 11 II GG – sind an den von Art. 11 I GG geschützten Aufenthalt zeitliche Mindestanforderungen zu stellen, die hier nicht erfüllt sind.

Folglich ist die allgemeine Handlungsfreiheit einschlägig, die ansonsten regelmäßig hinter die speziellen Freiheitsrechte zurücktritt. Hier gilt es insbesondere, den sachlichen Schutzbereich der allgemeinen Handlungsfreiheit herzuleiten, die in Art. 2 I GG verankerte sog. Schrankentrias zu erkennen und – wie immer bei Grundrechtsprüfungen – die Verhältnismäßigkeit genau zu prüfen. Hingegen kommt es nicht auf die Verletzung spezifischen Verfassungsrechts an, da kein Einzelakt, sondern nur ein Gesetz zu kontrollieren ist. Folglich besteht von vornherein nicht die Gefahr, dass das Bundesverfassungsgericht zu einer „Superrevisionsinstanz" umfunktioniert wird.

Die Einschlägigkeit des Art. 3 I GG sollte angesichts der offen zutage tretenden Ungleichbehandlung der Reiter gegenüber den Mountainbikern und der entsprechenden Rüge des Beschwerdeführers zwingend erkannt werden. Bei der Prüfung des Art. 3 I GG muss gezeigt werden, dass der von den Freiheitsrechten abweichende Prüfungsaufbau der Gleichheitsrechte verinnerlicht worden ist. Folglich ist zunächst die Ungleichbehandlung aufzuzeigen, indem die maßgeblichen Vergleichsgruppen herausgearbeitet werden und der gemeinsame Oberbegriff bestimmt wird. Sodann gilt es im Rahmen der verfassungsrechtlichen Rechtfertigung den rechtfertigenden sachlichen Grund zu benennen. Weiterhin muss die Anwendbarkeit des Verhältnismäßigkeitsprinzips dargelegt werden, wohingegen die inhaltliche Prüfung der Verhältnismäßigkeit relativ kurz ausfallen kann, da sie bereits im Rahmen des Art. 2 I GG vollständig geprüft wurde.

Teil 2: Lösungsskizze

A. Zulässigkeit der Verfassungsbeschwerde

I. Zuständigkeit des BVerfG

II. Beschwerdefähigkeit

III. Prozessfähigkeit

IV. Beschwerdegegenstand

V. Beschwerdebefugnis

VI. Rechtswegerschöpfung/Subsidiarität

VII. Form und Frist

B. Begründetheit der Verfassungsbeschwerde

I. Verstoß gegen Art. 14 I 1 GG

  1. Eingriff in den Schutzbereich

  2. Ergebnis

II. Verstoß gegen Art. 11 I GG

  1. Eingriff in den Schutzbereich

  2. Ergebnis

III. Verstoß gegen Art. 2 I GG

  1. Eingriff in den Schutzbereich

    a) Eröffnung des Schutzbereichs

    b) Eingriff

  2. Rechtfertigung des Eingriffs

    a) Festlegung der Schranke

    b) Schranken-Schranken

    aa)   Formelle Verfassungsmäßigkeit des § 11 I WBG

    bb)   Materielle Verfassungsmäßigkeit des § 11 I WBG

IV. Verstoß gegen Art. 3 I GG

  1. Ungleichbehandlung

  2. Rechtfertigung der Ungleichbehandlung

Teil 3: Lösung

Die Verfassungsbeschwerde hat Erfolg, wenn sie zulässig und begründet ist.

A. Zulässigkeit der Verfassungsbeschwerde
Die Verfassungsbeschwerde ist zulässig, wenn sie allen Zulässigkeitsanforderungen des Grundgesetzes und des BVerfGG genügt.

I. Zuständigkeit des BVerfG
Das von B angerufene Bundesverfassungsgericht muss für die Entscheidung über die Verfassungsbeschwerde zuständig sein. Zuständig ist das Bundesverfassungsgericht gem. Art. 93 I Nr. 4a GG, §§ 13 Nr. 8a, 90 I BVerfGG für die Entscheidung über Verfassungsbeschwerden, die vom Beschwerdeführer mit der Behauptung erhoben werden, durch die öffentliche Gewalt in einem Grundrecht oder grundrechtsgleichen Recht aus dem Grundgesetz verletzt zu sein. B behauptet, durch § 11 I WBG in seinen Freiheitsrechten aus dem Grundgesetz verletzt zu sein. Folglich ist das Bundesverfassungsgericht dafür zuständig, über seine Verfassungsbeschwerde zu entscheiden.

II. Beschwerdefähigkeit
Weiterhin muss B beschwerdefähig sein. Das ist gem. Art. 93 I Nr. 4a GG „jedermann", d.h. jeder, der Träger von Grundrechten oder grundrechtsgleichen Rechten ist. Als natürliche Person ist B ein Grundrechtsträger und damit beschwerdefähig im Sinne des Art. 93 I Nr. 4a GG.

III. Prozessfähigkeit
B muss zudem prozessfähig sein. Prozessfähig ist derjenige, der selbst oder durch einen selbst bestellten Vertreter wirksam Prozesshandlungen vor Gericht vornehmen kann. Als volljährige Person, die nicht unter Betreuung steht, kann B selbst wirksam Prozesshandlungen vor dem Bundesverfassungsgericht vornehmen, sodass er prozessfähig ist.

IV. Beschwerdegegenstand
Die Verfassungsbeschwerde des B muss sich gegen einen tauglichen Beschwerdegegenstand richten. Gem. Art. 93 I Nr. 4a GG ist Beschwerdegegenstand ein Akt der öffentlichen Gewalt. Ein Akt der öffentlichen Gewalt ist jedes Verhalten der Legislative, Exekutive und Judikative, vgl. §§ 93 I, III, 95 I-III BVerfGG sowie Art. 1 III GG. B wendet sich gegen ein Gesetz und damit gegen einen Akt der Legislative.

Folglich liegt ein tauglicher Beschwerdegegenstand vor.

V. Beschwerdebefugnis

Des Weiteren muss B beschwerdebefugt sein, d.h. er muss gem. Art. 93 I Nr. 4a GG substanziiert behaupten, durch den Beschwerdegegenstand in einem Grundrecht oder grundrechtsgleichen Recht verletzt zu sein. Aufgrund des Vorbringens des B kommt eine Verletzung seiner Grundrechte aus Art. 14 I 1, 11 I, 3 I, 2 I GG in Betracht.

Darüber hinaus ist es aber auch noch erforderlich, dass B durch den Beschwerdegegenstand selbst, gegenwärtig und unmittelbar betroffen ist. „Selbst" ist der Beschwerdeführer betroffen, wenn er eigene Grundrechte und grundrechtsgleiche Rechte rügt. Die gegenwärtige Betroffenheit verlangt eine aktuelle Betroffenheit. Sie darf folglich nicht irgendwann in der Zukunft liegen (sog. virtuelle Betroffenheit) oder sich vollständig in der Vergangenheit zugetragen haben.

Hier ist B als Reiter ein Adressat der Regelung und somit selbst betroffen. Weiterhin ist § 11 I WBG bereits verkündet und auch in Kraft getreten, sodass eine gegenwärtige Betroffenheit ebenfalls vorliegt. Fraglich ist jedoch, ob B auch unmittelbar betroffen ist. „Unmittelbar" bedeutet, dass kein weiterer Vollzugsakt erforderlich ist, um die Belastung auszulösen. B muss allein aufgrund der gesetzlichen Bestimmung des § 11 I WBG beim Reiten im Walde die gekennzeichneten Wege benutzen, es bedarf dafür keines weiteren Vollzugsaktes durch die Verwaltung. Folglich handelt es sich bei § 11 I WBG um sog. self-executing-law, sodass B auch unmittelbar betroffen ist.

Somit ist B beschwerdebefugt.

VI. Rechtswegerschöpfung/Subsidiarität

Weiterhin verlangt § 90 II 1 BVerfGG grundsätzlich eine Erschöpfung des Rechtsweges, bevor die Verfassungsbeschwerde erhoben wird.

Fraglich ist, welche Rechtsbehelfe B gegen ein Gesetz zustehen, bevor er dieses dem Bundesverfassungsgericht vorlegen darf. In Betracht kommt nur die Normenkontrolle nach § 47 VwGO. Diese Vorschrift erlaubt die Normenkontrolle durch natürliche und juristische Personen gem. § 47 I, II 1 VwGO jedoch nur, wenn sie sich gegen Satzungen und Rechtsverordnungen nach dem Baugesetzbuch oder gegen andere im Rang unter dem Landesrecht stehende Rechtsvorschriften richten. Letztere sind Rechtsvorschriften, die im Rang unter dem formellen Landesrecht stehen. Der umstrittene § 11 I WBG wurde vom Landtag erlassen, ist also formelles Landesrecht und kann somit nicht mittels der Normenkontrolle nach § 47 I, II 1 VwGO angegriffen werden. Folglich steht B kein Rechtsbehelf gegen § 11 I WBG zur Verfügung, sodass er den Rechtsweg vor Erhebung seiner Verfassungsbeschwerde nicht erschöpfen konnte.

Darüber hinaus fordert der über das Gebot der Rechtswegerschöpfung hinausgehende Grundsatz der Subsidiarität, dass der Beschwerdeführer jenseits der Rechtswegerschöpfung alle ihm zumutbaren Maßnahmen ergreift, um die gerügte Grundrechtsbeeinträchtigung zu beseitigen, bevor er die Verfassungsbeschwerde erhebt. Das hat B laut Sachverhalt getan.

Folglich sind das Gebot der Rechtswegerschöpfung und der Grundsatz der Subsidiarität gewahrt.

VII. Form und Frist
Schließlich muss die von B erhobene Verfassungsbeschwerde die aus §§ 23 I, 92 BVerfGG folgenden Formerfordernisse sowie die in § 93 III BVerfGG verankerte Frist beachten. Die in § 93 III BVerfGG festgelegte Jahresfrist hat B beachtet. Von der Einhaltung der Formerfordernisse ist mangels gegenteiliger Sachverhaltsangaben auszugehen.

Somit ist die Verfassungsbeschwerde des B zulässig.

B. Begründetheit der Verfassungsbeschwerde
Die Verfassungsbeschwerde ist begründet, soweit eines der Grundrechte des A verletzt ist.

I. Verstoß gegen Art. 14 I 1 GG
Die von B angegriffene gesetzliche Vorschrift des § 11 I WBG könnte gegen das Grundrecht der Eigentumsfreiheit aus Art. 14 I 1 GG verstoßen. Das ist der Fall, wenn ein Eingriff in den Schutzbereich dieses Grundrechts vorliegt, der nicht gerechtfertigt ist.

1. Eingriff in den Schutzbereich
Es muss ein Eingriff in den Schutzbereich des Art. 14 I 1 GG vorliegen.

Das verlangt zunächst eine Eröffnung des persönlichen und sachlichen Schutzbereichs der Eigentumsfreiheit.
Art. 14 I 1 GG schützt jedermann und ist damit eine Menschenrecht, auf das sich also auch B berufen kann, sodass der persönliche Schutzbereich eröffnet ist.

In sachlicher Hinsicht schützt Art. 14 I 1 GG das Eigentum. Eigentum ist die Summe aller vermögenswerten Rechte, die dem Einzelnen durch die Gesetze zugewiesen sind und ihm eine private Nutzungs- oder Verfügungsbefugnis einräumen. B gehören mehrere Pferde. Diese verkörpern einen Vermögenswert, der B durch das Zivilrecht zugewiesen ist und ihm eine Verfügungsbefugnis über die Tiere einräumt. Folglich ist das zivilrechtliche Eigentum als Recht des B an den Pferden vom Schutzbereich des Art. 14 I 1 GG umfasst. Da der Schutzbereich des Art. 14 I 1 GG auch die selbstbestimmte Nutzung des Eigentums schützt, könnte die Entscheidung, mit den Pferden im Wald zu reiten, von Art. 14 I 1 GG umfasst sein. Darum geht es hier aber im Kern nicht, da die Beeinträchtigung des B völlig losgelöst von seinem Recht an den Pferden stattfindet. Es kommt nicht darauf an, ob er Eigentümer, Mieter oder Entleiher der Pferde ist; stattdessen ist das Verhalten „Reiten im Wald" Anknüpfungspunkt des § 11 I WBG, sodass das Recht zur freien Waldnutzung vom Schutzbereich der Eigentumsfreiheit umfasst sein müsste. Dieses Recht resultiert aber nicht aus dem Zivilrecht, sondern aus dem öffentlichen Recht. Folglich ist es vom Schutzbereich des Art. 14 I 1 GG nur umfasst, wenn es Äquivalent eigener Leistung ist, Da B für dieses Recht aber keine Eigenleistungen erbracht hat, ist das Recht zur freien Waldnutzung mit Pferden nicht Äquivalent eigener Leistung.

Somit ist der sachliche Schutzbereich der Eigentumsfreiheit nicht eröffnet, sodass es auch an einem Eingriff in den Schutzbereich fehlt.

2. Ergebnis

Mangels Eröffnung des Schutzbereichs verstößt § 11 I WBG nicht gegen das Grundrecht des B aus Art. 14 I 1 GG.

II. Verstoß gegen Art. 11 I GG

Die von B angegriffene Regelung könnte aber gegen sein Grundrecht aus Art. 11 I GG verstoßen. Das ist der Fall, wenn ein Eingriff in den Schutzbereich dieses Grundrechts vorliegt, der nicht gerechtfertigt ist.

1. Eingriff in den Schutzbereich

Es muss ein Eingriff in den Schutzbereich des Art. 11 I GG vorliegen.

Das verlangt zunächst eine Eröffnung des persönlichen und sachlichen Schutzbereichs der Eigentumsfreiheit.

Art. 11 I GG schützt nur Deutsche im Sinne des Art. 116 I GG (sog. Deutschenrecht). Mangels anderweitiger Anhaltspunkte ist davon auszugehen, dass B deutscher Staatsangehöriger ist. Folglich ist der personelle Schutzbereich des Grundrechts eröffnet.

In sachlicher Hinsicht schützt Art. 11 I GG die Freizügigkeit im Bundesgebiet. Freizügigkeit ist das Recht, an jedem Ort innerhalb des Bundesgebiets Aufenthalt und

Wohnsitz zu nehmen. Wohnsitz ist die ständige Niederlassung an einem Ort. Um eine Wohnsitznahme geht es hier jedoch nicht. In Betracht kommt aber ein von Art. 11 I GG geschützter Aufenthalt. Aufenthalt ist das vorübergehende Verweilen an einem Ort, wobei allerdings fraglich ist, welche Anforderungen an das Verweilen zu stellen sind. Wegen der engen Schranke des Art. 11 II GG ist richtigerweise auch der Schutzbereich eng zu verstehen, sodass das Verweilen von einer gewissen Dauer sein muss, wobei zur Orientierung der Zeitraum einer Übernachtung dienen kann. Vor diesem Hintergrund kann das bloße Ausreiten im Wald nicht als Aufenthalt im Sinne des Art. 11 I GG qualifiziert werden.

Folglich ist der sachliche Schutzbereich des Art. 11 I GG nicht eröffnet, sodass es auch an einem Eingriff in den Schutzbereich fehlt.

2. Ergebnis

Mangels Eröffnung des Schutzbereichs verstößt § 11 I WBG nicht gegen das Grundrecht des B aus Art. 11 I GG.

III. Verstoß gegen Art. 2 I GG

Die umstrittene Vorschrift des § 11 I WBG könnte jedoch gegen das Freiheitsrecht des B aus Art. 2 I GG verstoßen. Das ist der Fall, wenn ein Eingriff in den Schutzbereich dieses Grundrechts vorliegt, der nicht gerechtfertigt ist.

1. Eingriff in den Schutzbereich

Es muss ein Eingriff in den Schutzbereich des Art. 2 I GG vorliegen.

a) Eröffnung des Schutzbereichs

Das verlangt zunächst eine Eröffnung des persönlichen und sachlichen Schutzbereichs des Art. 2 I GG.

Art. 2 I GG schützt jedermann und ist damit eine Menschenrecht, auf das sich also auch B berufen kann, sodass der persönliche Schutzbereich eröffnet ist.

Fraglich ist, was Art. 2 I GG in sachlicher Hinsicht schützt.

Nach seinem Wortlaut schützt Art. 2 I GG die freie Entfaltung der Persönlichkeit. Das könnte dafür sprechen, dass das Grundrecht nur die engere persönliche Lebenssphäre umfasst, d.h. Verhaltensweisen, die von besonderer Relevanz für die Persönlichkeitsentwicklung sind. Andererseits ergibt eine historische Auslegung der Bestimmung, dass alle Verfassungsentwürfe von einem weiten Schutzbereich ausgegangen sind. So enthielt der Herrenchiemseer Entwurf die Formulierung: „Jedermann hat die Freiheit, innerhalb der Schranken der Rechtsordnung und der

guten Sitten alles zu tun, was anderen nicht schadet". Lediglich aus stilistischen Gründen wurde diese Formulierung nicht in den endgültigen Gesetzestext übernommen. Des Weiteren ist im Rahmen einer am Sinn und Zweck orientierten Auslegung des Grundrechts festzustellen, dass nur ihr weites Verständnis zu einem umfassenden Grundrechtsschutz führt und somit eine lückenlose Kontrolle aller staatlichen Gewalt anhand der Grundrechte gewährleistet. Demnach schützt Art. 2 I GG die allgemeine Handlungsfreiheit, d.h. jedes menschliche Verhalten.
Folglich ist auch der sachliche Schutzbereich des Art. 2 I GG eröffnet.

b) Eingriff

Weiterhin muss ein Eingriff in den Schutzbereich der allgemeinen Handlungsfreiheit vorliegen. Das ist der Fall, wenn dem Einzelnen durch eine staatliche Maßnahme ein grundrechtlich geschütztes Verhalten ganz oder teilweise unmöglich gemacht wird. Hier dürfen die Reiter im Wald nur noch auf gekennzeichneten Wegen reiten. Damit macht das umstrittene Gesetz ihnen Teile ihres bisher üblichen Verhaltens unmöglich.

Somit liegt ein Eingriff in den Schutzbereich des Art. 2 I GG vor.

2. Rechtfertigung des Eingriffs

Der Eingriff in den Schutzbereich der allgemeinen Handlungsfreiheit ist gerechtfertigt, wenn er durch die Schranken des Grundrechts gedeckt ist.

a) Festlegung der Schranke

Fraglich ist, welche Schranke für das Grundrecht aus Art. 2 I GG gilt.
Die Vorschrift selbst zieht eine Grenze für die Grundrechtsausübung in Gestalt der Rechte anderer, der verfassungsmäßigen Ordnung sowie des Sittengesetzes. Diese sog. Schrankentrias ist angesichts des dargestellten weiten Schutzbereichs des Art. 2 I GG ebenfalls weit auszulegen. Diese gebotene weite Auslegung zeigt sich an dem Merkmal der verfassungsmäßigen Ordnung. Darunter wird die gesamte Rechtsordnung verstanden, also jedes Gesetz.
Demnach ist § 11 I WBG geeignet, das Grundrecht aus Art. 2 I GG einzuschränken.

b) Schranken-Schranken

Um zu verhindern, dass der einfache Gesetzgeber durch die Normierung von Schranken den Grundrechtsschutz aushöhlt, kann die Schrankensetzung nicht zügellos geschehen. Der grundrechtsbeeinträchtigende Gesetzgeber muss vielmehr seinerseits selbst gewissen Schranken unterliegen, den sog. Schranken-Schranken.

Diese Schranken-Schranken bestehen insbesondere darin, dass § 11 I WBG selbst verfassungsmäßig sein muss.

aa) Formelle Verfassungsmäßigkeit des § 11 I WBG

Von der formellen Verfassungsmäßigkeit des Gesetzes ist nach dem Sachverhalt auszugehen.

bb) Materielle Verfassungsmäßigkeit des § 11 I WBG

Das Gesetz muss auch materiell verfassungsmäßig sein.

Fraglich ist in diesem Zusammenhang allein, ob es den Grundsatz der Verhältnismäßigkeit gewahrt hat.

§ 11 I WBG muss einen legitimen Zweck verfolgen, d.h. einen Zweck, dass nicht per se gegen das Grundgesetz verstößt. Legitimer Zweck des § 11 I WBG ist die Verhinderung von weiteren Umweltzerstörungen in Wald und Flur durch unkontrolliertes Reiten. Darüber hinaus dient die Trennung des „Erholungsverkehrs" im Wald dadurch, dass die Reiter einerseits und andere Erholungssuchende andererseits auf getrennte Wege verwiesen werden, dazu, Gefahren und gegenseitige Beeinträchtigungen zu vermeiden. Diese Zwecke sind legitim.

Die Beschränkung des Reitens auf die speziellen Reitwege im Wald müsste zur Zielerreichung ferner geeignet, d.h. zweckförderlich sein. Durch das Verweisen der Reiter auf die speziell befestigten Reitwege kann es nicht zu Schäden im Unterholz und anderen Beeinträchtigungen im Wald kommen. Außerdem besteht durch diese speziellen Wege kein Kontakt mehr zu anderen Erholungssuchenden. Folglich ist die gesetzliche Regelung geeignet.

Weiterhin muss die Maßnahme erforderlich sein. Es darf also kein milderes Mittel geben, welches das verfolgte Ziel ebenso effektiv erreicht wie das vom Gesetzgeber gewählte. Ein solches ist hier nicht ersichtlich.

Schließlich muss das Gesetz angemessen sein. D.h. der angestrebte Erfolg darf nicht außer Verhältnis zur Schwere des Grundrechtseingriffs stehen. Folglich kommt es einerseits auf die Wertigkeit des verfolgten Ziels, insbesondere auf seinen eventuellen Verfassungsrang an. Andererseits sind die Wertigkeit des beeinträchtigten Grundrechts sowie die Intensität des Grundrechtseingriffs zu berücksichtigen. Die gesetzliche Regelung dient dem Umweltschutz sowie dem Schutz der körperlichen Unversehrtheit der anderen Waldnutzer. Beide Ziele haben gem. Art. 2 II 1, 20a GG Verfassungsrang. Demgegenüber kann B lediglich eine Verletzung des Auffanggrundrechts aus Art. 2 I GG rügen. Hinzu kommt, dass die Reiter gegenüber den anderen Waldnutzern deutlich in der Unterzahl sind. Daher ist es durchaus vertretbar, sie und nicht die anderen Nutzer dazu zu verpflichten, auf besonders gekennzeichnete Wege auszuweichen. In Anbetracht dessen ist die gesetzliche Regelung auch angemessen.

Demnach verstößt § 11 I WBG nicht gegen das Grundrecht aus Art. 2 I GG.

IV. Verstoß gegen Art. 3 I GG
§ 11 I WBG könnte schließlich gegen das Gleichheitsrecht des Art. 3 I GG verstoßen. Das setzt eine Ungleichbehandlung voraus, die verfassungsrechtlich nicht gerechtfertigt ist.

1. Ungleichbehandlung
Fraglich ist, ob eine Ungleichbehandlung vorliegt.
Eine solche liegt nur vor, wenn wesentlich Gleiches ungleich behandelt wird. Das ist der Fall, wenn eine Personengruppe oder Situation rechtlich anders behandelt wird als eine vergleichbare andere Personengruppe oder Situation. Um dies festzustellen bedarf es der Festlegung eines gemeinsamen Oberbegriffs als Bezugspunkt, unter den die verschieden behandelten Personengruppen oder Situationen fallen. Die unterschiedlich behandelten Personengruppen sind einerseits die Reiter und andererseits die Mountainbiker. Beide Personengruppen rufen Gefahren (Umweltzerstörungen und andere Schäden) hervor, die in diesem Maße von anderen Waldnutzern nicht ausgehen, sodass sie sich mit hinreichender Schärfe von der Gesamtheit der Waldnutzer abgrenzen. Da Reiter und Mountainbiker ferner ein vergleichbares Gefahrenpotenzial aufweisen, handelt es sich um vergleichbare Personengruppen, die dem gemeinsamen Oberbegriff „Waldnutzer" unterfallen.
Indem Reiter zur Nutzung gekennzeichneter Reiterwege gezwungen werden und für Mountainbiker diese Pflicht nicht besteht, liegt auch eine Ungleichbehandlung dieser vergleichbaren Personengruppen vor.
Folglich ist eine verfassungsrechtlich relevante Ungleichbehandlung gegeben.

2. Rechtfertigung der Ungleichbehandlung
Fraglich ist, ob die Ungleichbehandlung verfassungsrechtlich gerechtfertigt ist.
Wie Art. 3 II, III GG zeigt, der eine Ungleichbehandlung nur aus bestimmten Gründen verbietet, sind Ungleichbehandlungen nicht pauschal verboten, sondern können gerechtfertigt sein. Das ist der Fall, wenn für die Ungleichbehandlung ein sachlicher Grund besteht. Sachlicher Grund für die vorliegende Ungleichbehandlung ist, Umweltzerstörungen zu verhindern und Gefahren für andere Waldnutzer zu begegnen.

Da eine Beeinträchtigung der Freiheitsrechte einer gesetzlichen Grundlage bedarf, muss das Gleiche auch für eine Ungleichbehandlung gelten. Das bedeutet es muss eine gesetzliche Grundlage geben, auf die sich die Ungleichbehandlung stützen kann. Diese gesetzliche Grundlage ist hier § 11 I WBG.

Das wirft die Anschlussfrage auf, welchen verfassungsrechtlichen Anforderungen diese gesetzliche Regelung genügen muss. Da die Verhältnismäßigkeitsprüfung ursprünglich anhand der Freiheitsrechte entwickelt wurde, ist sie bei den Gleichheitsrechten nur einschlägig, wenn verschiedene Personengruppen und nicht nur verschiedene Sachverhalte unterschiedlich behandelt werden; das gilt insbesondere, wenn die betroffenen Personen das Unterscheidungsmerkmal kaum oder gar nicht beeinflussen können (z.B. Alter) oder das Differenzierungskriterium einem der verbotenen Unterscheidungsmerkmale in Art. 3 III GG ähnelt. Ferner ist eine Verhältnismäßigkeitsprüfung geboten, wenn die Ungleichbehandlung zugleich in den Schutzbereich eines speziellen Freiheitsgrundrechts eingreift. Liegt keine dieser Fallgruppen vor, ist hingegen nur eine bloße Willkürprüfung vorzunehmen. Hier sieht § 11 I WBG für alle Reiter eine Pflicht zur Nutzung gekennzeichneter Reiterwege vor, ohne dass sich der einzelne Reiter dieser Pflicht entziehen kann. Folglich können die betroffenen Personen das Unterscheidungsmerkmal nicht beeinflussen, sodass die Ungleichbehandlung am Verhältnismäßigkeitsprinzip zu messen ist.

Wie bereits oben im Rahmen der Prüfung eines Verstoßes gegen Art. 2 I GG gezeigt, verfolgt § 11 I WBG ein legitimes Ziel, ist dafür geeignet und auch erforderlich. Hinweise auf die Verwendung eines vom Grundgesetz verbotenen Differenzierungskriteriums wie z.B. die in Art. 3 III 1 GG genannten Merkmale, die das Vorliegen eines sachlichen Grundes per se ausschließen, gibt es ebenfalls nicht.

Fraglich ist daher ausschließlich die Angemessenheit der Ungleichbehandlung, die § 11 I WBG auslöst. Für die Angemessenheit dieser Vorschrift lässt sich ins Feld führen, dass Pferde deutlich schwerer sind als Mountainbiker und sie somit in größerem Umfang Umweltschäden verursachen. Bzgl. der Gefahren für andere Waldnutzer tritt hinzu, dass sich Tiere schwerer kontrollieren lassen als ein Mountainbike. Daher ist davon auszugehen, dass die Benachteiligung der Reiter angemessen ist.

Folglich genügt § 11 I WBG den Anforderungen des Verhältnismäßigkeitsprinzips.

Somit ist die Ungleichbehandlung verfassungsrechtlich gerechtfertigt.

§ 11 I WBG verstößt demnach nicht gegen Art. 3 I GG.

Folglich verstößt § 11 I WBG nicht gegen die Grundrechte des B, so dass seine Verfassungsbeschwerde zwar zulässig aber unbegründet ist und damit keinen Erfolg hat.

Einordnung:　ÖR / Staatsorganisationsrecht
Schwerpunkt: Verfassungsbeschwerde gegen Gesetze/Eigentum/
　　　　　　　　allgemeine Handlungsfreiheit/allgemeiner Gleichheitssatz

Fall: Reiten im Walde

Der Landtag des Landes N erlässt ein neues Waldbenutzungsgesetz (WBG). Es hat das Ziel, Um-weltzerstörungen und andere Schäden durch das Reiten in den Wäldern zu vermeiden. Außerdem kommt das Land zahlreichen Beschwerden von Wanderern und Personen nach, die in den Wäldern Erholung suchen. Sie fühlen sich durch Reiter gefährdet. Das WBG lautet in Auszügen:

§ 11　Reiten im Walde
(I) Das Reiten im Walde ist nur noch auf den gekennzeichneten Reiterwegen gestattet.

B ist Reiter und ihm gehören auch mehrere Pferde. Er ist über diese Regelung völlig entsetzt. Er sieht sich in diversen Freiheitsrechten des Grundgesetzes verletzt und auch unzulässig gegenüber z.B. Mountainbikern diskriminiert. B ist sich zwar nicht sicher, welche Grundrechte seine Freude am Reiten im Wald schützen könnten, mindestens sei aber sein Grundrecht auf allgemeine Handlungsfreiheit verletzt. Er legt daher noch im Jahr des Erlasses des Gesetzes beim Bundesverfassungsgericht Verfassungsbeschwerde gegen das Gesetz ein.

Aufgabenstellung: Prüfen Sie in einem umfassenden Rechtsgutachten, ob die Verfassungsbeschwerde des B Erfolg hat. Gehen Sie - gegebenenfalls hilfsgutachterlich - auf alle aufgeworfenen Rechtsfragen ein.

Bearbeitervermerk:
Es ist davon auszugehen, dass § 11 des WBG formell verfassungsgemäß ist.
Weiterhin hat B den Grundsatz der Subsidiarität der Verfassungsbeschwerde beachtet.

Teil 1: Vorüberlegungen

Gefragt ist nach den Erfolgsaussichten einer Verfassungsbeschwerde. Die grobe Gliederung in Form von Zulässigkeit und Begründetheit ist damit evident. Im Zusammenhang mit der Zulässigkeitsprüfung soll zunächst klargestellt werden, dass der hier vorgeschlagene Prüfungsaufbau zwar möglich und durchaus üblich ist, andere Prüfungsaufbauten, die die Prüfungspunkte anders anordnen, damit aber nicht automatisch falsch sind.

Inhaltlich stellt sich in der Zulässigkeit der Verfassungsbeschwerde das Problem, dass die Verfassungsbeschwerde nicht gegen einen konkreten Akt der Exekutive, sondern gegen ein Gesetz gerichtet ist. Folglich gilt es im Rahmen der Beschwerdebefugnis zu erkennen, dass die unmittelbare Betroffenheit genauer zu untersuchen ist (Stichwort: „self-executing-law"). Anschließend daran muss im Prüfungspunkt „Rechtswegerschöpfung" gesehen werden, dass es für den Beschwerdeführer keine Möglichkeit gibt, § 11 I WBG unmittelbar anzugreifen, also bei formellen Gesetzen für den Einzelnen kein Rechtsweg existiert, den er erschöpfen kann.

In der Begründetheit der Verfassungsbeschwerde muss zunächst zwingend zwischen den einzelnen Grundrechten differenziert werden, da die Prüfung inhaltlich ganz unterschiedlich ausfällt. Zudem ist unbedingt zu berücksichtigen, dass Freiheitsrechte anders geprüft werden als Gleichheitsrechte.

Bei den Freiheitsrechten ist es zwar auch möglich in die drei Prüfungspunkte „Schutzbereich

– Eingriff- Rechtfertigung" zu unterteilen. Näher am Obersatz der Begründetheitsprüfung und damit vorzugswürdig ist es aber, einen zweistufigen Aufbau „Eingriff in den Schutzbereich – Rechtfertigung" zu wählen.

Bei der Prüfung des Art. 14 GG sollte erkannt werden, dass das Eigentumsgrundrecht nicht betroffen ist, wenn ausschließlich der Umgang mit einer Sache und damit ein Verhalten vom Gesetzgeber eingeschränkt wird.

Die Prüfung des Art. 11 I GG verlangt ebenfalls eine genaue Untersuchung des Schutzbereichs, der in Abgrenzung zu Art. 2 I GG nicht jedes menschliche Verhalten erfassen kann. Daher – und auch in Anbetracht der engen Schranken in Art. 11 II GG – sind an den von Art. 11 I GG geschützten Aufenthalt zeitliche Mindestanforderungen zu stellen, die hier nicht erfüllt sind.

Folglich ist die allgemeine Handlungsfreiheit einschlägig, die ansonsten regelmäßig hinter die speziellen Freiheitsrechte zurücktritt. Hier gilt es insbesondere, den sachlichen Schutzbereich der allgemeinen Handlungsfreiheit herzuleiten, die in Art. 2 I GG verankerte sog. Schrankentrias zu erkennen und – wie immer bei Grundrechtsprüfungen – die Verhältnismäßigkeit genau zu prüfen. Hingegen kommt es nicht auf die Verletzung spezifischen Verfassungsrechts an, da kein Einzelakt, sondern nur ein Gesetz zu kontrollieren ist. Folglich besteht von vornherein nicht die Gefahr, dass das Bundesverfassungsgericht zu einer „Superrevisionsinstanz" umfunktioniert wird.

Die Einschlägigkeit des Art. 3 I GG sollte angesichts der offen zutage tretenden Ungleichbehandlung der Reiter gegenüber den Mountainbikern und der entsprechenden Rüge des Beschwerdeführers zwingend erkannt werden. Bei der Prüfung des Art. 3 I GG muss gezeigt werden, dass der von den Freiheitsrechten abweichende Prüfungsaufbau der Gleichheitsrechte verinnerlicht worden ist. Folglich ist zunächst die Ungleichbehandlung aufzuzeigen, indem die maßgeblichen Vergleichsgruppen herausgearbeitet werden und der gemeinsame Oberbegriff bestimmt wird. Sodann gilt es im Rahmen der verfassungsrechtlichen Rechtfertigung den rechtfertigenden sachlichen Grund zu benennen. Weiterhin muss die Anwendbarkeit des Verhältnismäßigkeitsprinzips dargelegt werden, wohingegen die inhaltliche Prüfung der Verhältnismäßigkeit relativ kurz ausfallen kann, da sie bereits im Rahmen des Art. 2 I GG vollständig geprüft wurde.

Teil 2: Lösungsskizze

A. Zulässigkeit der Verfassungsbeschwerde

I. Zuständigkeit des BVerfG

II. Beschwerdefähigkeit

III. Prozessfähigkeit

IV. Beschwerdegegenstand

V. Beschwerdebefugnis

VI. Rechtswegerschöpfung/Subsidiarität

VII. Form und Frist

B. Begründetheit der Verfassungsbeschwerde

I. Verstoß gegen Art. 14 I 1 GG

  1. Eingriff in den Schutzbereich

  2. Ergebnis

II. Verstoß gegen Art. 11 I GG

  1. Eingriff in den Schutzbereich

  2. Ergebnis

III. Verstoß gegen Art. 2 I GG

  1. Eingriff in den Schutzbereich

    a) Eröffnung des Schutzbereichs

    b) Eingriff

  2. Rechtfertigung des Eingriffs

    a) Festlegung der Schranke

    b) Schranken-Schranken

      aa) Formelle Verfassungsmäßigkeit des § 11 I WBG

      bb) Materielle Verfassungsmäßigkeit des § 11 I WBG

IV. Verstoß gegen Art. 3 I GG

  1. Ungleichbehandlung

  2. Rechtfertigung der Ungleichbehandlung

Teil 3: Lösung

Die Verfassungsbeschwerde hat Erfolg, wenn sie zulässig und begründet ist.

A. Zulässigkeit der Verfassungsbeschwerde
Die Verfassungsbeschwerde ist zulässig, wenn sie allen Zulässigkeitsanforderungen des Grundgesetzes und des BVerfGG genügt.

I. Zuständigkeit des BVerfG
Das von B angerufene Bundesverfassungsgericht muss für die Entscheidung über die Verfassungsbeschwerde zuständig sein. Zuständig ist das Bundesverfassungsgericht gem. Art. 93 I Nr. 4a GG, §§ 13 Nr. 8a, 90 I BVerfGG für die Entscheidung über Verfassungsbeschwerden, die vom Beschwerdeführer mit der Behauptung erhoben werden, durch die öffentliche Gewalt in einem Grundrecht oder grundrechtsgleichen Recht aus dem Grundgesetz verletzt zu sein. B behauptet, durch § 11 I WBG in seinen Freiheitsrechten aus dem Grundgesetz verletzt zu sein. Folglich ist das Bundesverfassungsgericht dafür zuständig, über seine Verfassungsbeschwerde zu entscheiden.

II. Beschwerdefähigkeit
Weiterhin muss B beschwerdefähig sein. Das ist gem. Art. 93 I Nr. 4a GG „jedermann", d.h. jeder, der Träger von Grundrechten oder grundrechtsgleichen Rechten ist. Als natürliche Person ist B ein Grundrechtsträger und damit beschwerdefähig im Sinne des Art. 93 I Nr. 4a GG.

III. Prozessfähigkeit
B muss zudem prozessfähig sein. Prozessfähig ist derjenige, der selbst oder durch einen selbst bestellten Vertreter wirksam Prozesshandlungen vor Gericht vornehmen kann. Als volljährige Person, die nicht unter Betreuung steht, kann B selbst wirksam Prozesshandlungen vor dem Bundesverfassungsgericht vornehmen, sodass er prozessfähig ist.

IV. Beschwerdegegenstand
Die Verfassungsbeschwerde des B muss sich gegen einen tauglichen Beschwerdegegenstand richten. Gem. Art. 93 I Nr. 4a GG ist Beschwerdegegenstand ein Akt der öffentlichen Gewalt. Ein Akt der öffentlichen Gewalt ist jedes Verhalten der Legislative, Exekutive und Judikative, vgl. §§ 93 I, III, 95 I-III BVerfGG sowie Art. 1 III GG. B wendet sich gegen ein Gesetz und damit gegen einen Akt der Legislative.
Folglich liegt ein tauglicher Beschwerdegegenstand vor.

V. Beschwerdebefugnis

Des Weiteren muss B beschwerdebefugt sein, d.h. er muss gem. Art. 93 I Nr. 4a GG substanziiert behaupten, durch den Beschwerdegegenstand in einem Grundrecht oder grundrechtsgleichen Recht verletzt zu sein. Aufgrund des Vorbringens des B kommt eine Verletzung seiner Grundrechte aus Art. 14 I 1, 11 I, 3 I, 2 I GG in Betracht. Darüber hinaus ist es aber auch noch erforderlich, dass B durch den Beschwerdegegenstand selbst, gegenwärtig und unmittelbar betroffen ist. „Selbst" ist der Beschwerdeführer betroffen, wenn er eigene Grundrechte und grundrechtsgleiche Rechte rügt. Die gegenwärtige Betroffenheit verlangt eine aktuelle Betroffenheit. Sie darf folglich nicht irgendwann in der Zukunft liegen (sog. virtuelle Betroffenheit) oder sich vollständig in der Vergangenheit zugetragen haben.

Hier ist B als Reiter ein Adressat der Regelung und somit selbst betroffen. Weiterhin ist § 11 I WBG bereits verkündet und auch in Kraft getreten, sodass eine gegenwärtige Betroffenheit ebenfalls vorliegt. Fraglich ist jedoch, ob B auch unmittelbar betroffen ist. „Unmittelbar" bedeutet, dass kein weiterer Vollzugsakt erforderlich ist, um die Belastung auszulösen. B muss allein aufgrund der gesetzlichen Bestimmung des § 11 I WBG beim Reiten im Walde die gekennzeichneten Wege benutzen, es bedarf dafür keines weiteren Vollzugsaktes durch die Verwaltung. Folglich handelt es sich bei § 11 I WBG um sog. self-executing-law, sodass B auch unmittelbar betroffen ist.

Somit ist B beschwerdebefugt.

VI. Rechtswegerschöpfung/Subsidiarität

Weiterhin verlangt § 90 II 1 BVerfGG grundsätzlich eine Erschöpfung des Rechtsweges, bevor die Verfassungsbeschwerde erhoben wird.

Fraglich ist, welche Rechtsbehelfe B gegen ein Gesetz zustehen, bevor er dieses dem Bundesverfassungsgericht vorlegen darf. In Betracht kommt nur die Normenkontrolle nach § 47 VwGO. Diese Vorschrift erlaubt die Normenkontrolle durch natürliche und juristische Personen gem. § 47 I, II 1 VwGO jedoch nur, wenn sie sich gegen Satzungen und Rechtsverordnungen nach dem Baugesetzbuch oder gegen andere im Rang unter dem Landesrecht stehende Rechtsvorschriften richten. Letztere sind Rechtsvorschriften, die im Rang unter dem formellen Landesrecht stehen. Der umstrittene § 11 I WBG wurde vom Landtag erlassen, ist also formelles Landesrecht und kann somit nicht mittels der Normenkontrolle nach § 47 I, II 1 VwGO angegriffen werden. Folglich steht B kein Rechtsbehelf gegen § 11 I WBG zur Verfügung, sodass er den Rechtsweg vor Erhebung seiner Verfassungsbeschwerde nicht erschöpfen konnte.

Darüber hinaus fordert der über das Gebot der Rechtswegerschöpfung hinausgehende Grundsatz der Subsidiarität, dass der Beschwerdeführer jenseits der Rechtswegerschöpfung alle ihm zumutbaren Maßnahmen ergreift, um die gerügte Grundrechtsbeeinträchtigung zu beseitigen, bevor er die Verfassungsbeschwerde erhebt. Das hat B laut Sachverhalt getan.

Folglich sind das Gebot der Rechtswegerschöpfung und der Grundsatz der Subsidiarität gewahrt.

VII. Form und Frist

Schließlich muss die von B erhobene Verfassungsbeschwerde die aus §§ 23 I, 92 BVerfGG folgenden Formerfordernisse sowie die in § 93 III BVerfGG verankerte Frist beachten. Die in § 93 III BVerfGG festgelegte Jahresfrist hat B beachtet. Von der Einhaltung der Formerfordernisse ist mangels gegenteiliger Sachverhaltsangaben auszugehen.

Somit ist die Verfassungsbeschwerde des B zulässig.

B. Begründetheit der Verfassungsbeschwerde

Die Verfassungsbeschwerde ist begründet, soweit eines der Grundrechte des A verletzt ist.

I. Verstoß gegen Art. 14 I 1 GG

Die von B angegriffene gesetzliche Vorschrift des § 11 I WBG könnte gegen das Grundrecht der Eigentumsfreiheit aus Art. 14 I 1 GG verstoßen. Das ist der Fall, wenn ein Eingriff in den Schutzbereich dieses Grundrechts vorliegt, der nicht gerechtfertigt ist.

1. Eingriff in den Schutzbereich

Es muss ein Eingriff in den Schutzbereich des Art. 14 I 1 GG vorliegen.

Das verlangt zunächst eine Eröffnung des persönlichen und sachlichen Schutzbereichs der Eigentumsfreiheit.
Art. 14 I 1 GG schützt jedermann und ist damit eine Menschenrecht, auf das sich also auch B berufen kann, sodass der persönliche Schutzbereich eröffnet ist.

In sachlicher Hinsicht schützt Art. 14 I 1 GG das Eigentum. Eigentum ist die Summe aller vermögenswerten Rechte, die dem Einzelnen durch die Gesetze zugewiesen sind und ihm eine private Nutzungs- oder Verfügungsbefugnis einräumen. B gehören mehrere Pferde. Diese verkörpern einen Vermögenswert, der B durch das Zivilrecht zugewiesen ist und ihm eine Verfügungsbefugnis über die Tiere einräumt. Folglich ist das zivilrechtliche Eigentum als Recht des B an den Pferden vom Schutzbereich des Art. 14 I 1 GG umfasst. Da der Schutzbereich des Art. 14 I 1 GG auch die selbstbestimmte Nutzung des Eigentums schützt, könnte die Entscheidung, mit den Pferden im Wald zu reiten, von Art. 14 I 1 GG umfasst sein. Darum geht es hier aber im Kern nicht, da die Beeinträchtigung des B völlig losgelöst von seinem Recht an den Pferden stattfindet. Es kommt nicht darauf an, ob er Eigentümer, Mieter oder Entleiher der Pferde ist; stattdessen ist das Verhalten „Reiten im Wald" Anknüpfungspunkt des § 11 I WBG, sodass das Recht zur freien Waldnutzung vom Schutzbereich der Eigentumsfreiheit umfasst sein müsste. Dieses Recht resultiert aber nicht aus dem Zivilrecht, sondern aus dem öffentlichen Recht. Folglich ist es vom Schutzbereich des Art. 14 I 1 GG nur umfasst, wenn es Äquivalent eigener Leistung ist, Da B für dieses Recht aber keine Eigenleistungen erbracht hat, ist das Recht zur freien Waldnutzung mit Pferden nicht Äquivalent eigener Leistung.

Somit ist der sachliche Schutzbereich der Eigentumsfreiheit nicht eröffnet, sodass es auch an einem Eingriff in den Schutzbereich fehlt.

2. Ergebnis

Mangels Eröffnung des Schutzbereichs verstößt § 11 I WBG nicht gegen das Grundrecht des B aus Art. 14 I 1 GG.

II. Verstoß gegen Art. 11 I GG

Die von B angegriffene Regelung könnte aber gegen sein Grundrecht aus Art. 11 I GG verstoßen. Das ist der Fall, wenn ein Eingriff in den Schutzbereich dieses Grundrechts vorliegt, der nicht gerechtfertigt ist.

1. Eingriff in den Schutzbereich

Es muss ein Eingriff in den Schutzbereich des Art. 11 I GG vorliegen.

Das verlangt zunächst eine Eröffnung des persönlichen und sachlichen Schutzbereichs der Eigentumsfreiheit.
Art. 11 I GG schützt nur Deutsche im Sinne des Art. 116 I GG (sog. Deutschenrecht). Mangels anderweitiger Anhaltspunkte ist davon auszugehen, dass B deutscher Staatsangehöriger ist. Folglich ist der personelle Schutzbereich des Grundrechts eröffnet.

In sachlicher Hinsicht schützt Art. 11 I GG die Freizügigkeit im Bundesgebiet. Freizügigkeit ist das Recht, an jedem Ort innerhalb des Bundesgebiets Aufenthalt und Wohnsitz zu nehmen. Wohnsitz ist die ständige Niederlassung an einem Ort. Um eine Wohnsitznahme geht es hier jedoch nicht. In Betracht kommt aber ein von Art. 11 I GG geschützter Aufenthalt. Aufenthalt ist das vorübergehende Verweilen an einem Ort, wobei allerdings fraglich ist, welche Anforderungen an das Verweilen zu stellen sind. Wegen der engen Schranke des Art. 11 II GG ist richtigerweise auch der Schutzbereich eng zu verstehen, sodass das Verweilen von einer gewissen Dauer sein muss, wobei zur Orientierung der Zeitraum einer Übernachtung dienen kann. Vor diesem Hintergrund kann das bloße Ausreiten im Wald nicht als Aufenthalt im Sinne des Art. 11 I GG qualifiziert werden.

Folglich ist der sachliche Schutzbereich des Art. 11 I GG nicht eröffnet, sodass es auch an einem Eingriff in den Schutzbereich fehlt.

2. Ergebnis

Mangels Eröffnung des Schutzbereichs verstößt § 11 I WBG nicht gegen das Grundrecht des B aus Art. 11 I GG.

III. Verstoß gegen Art. 2 I GG

Die umstrittene Vorschrift des § 11 I WBG könnte jedoch gegen das Freiheitsrecht des B aus Art. 2 I GG verstoßen. Das ist der Fall, wenn ein Eingriff in den Schutzbereich dieses Grundrechts vorliegt, der nicht gerechtfertigt ist.

1. Eingriff in den Schutzbereich

Es muss ein Eingriff in den Schutzbereich des Art. 2 I GG vorliegen.

a) Eröffnung des Schutzbereichs

Das verlangt zunächst eine Eröffnung des persönlichen und sachlichen Schutzbereichs des Art. 2 I GG.

Art. 2 I GG schützt jedermann und ist damit eine Menschenrecht, auf das sich also auch B berufen kann, sodass der persönliche Schutzbereich eröffnet ist.

Fraglich ist, was Art. 2 I GG in sachlicher Hinsicht schützt.

Nach seinem Wortlaut schützt Art. 2 I GG die freie Entfaltung der Persönlichkeit. Das könnte dafür sprechen, dass das Grundrecht nur die engere persönliche Lebenssphäre umfasst, d.h. Verhaltensweisen, die von besonderer Relevanz für die Persönlichkeitsentwicklung sind. Andererseits ergibt eine historische Auslegung der Bestimmung, dass alle Verfassungsentwürfe von einem weiten Schutzbereich ausgegangen sind. So enthielt der Herrenchiemseer Entwurf die Formulierung: „Jedermann hat die Freiheit, innerhalb der Schranken der Rechtsordnung und der guten Sitten alles zu tun, was anderen nicht schadet". Lediglich aus stilistischen Gründen wurde diese Formulierung nicht in den endgültigen Gesetzestext übernommen. Des Weiteren ist im Rahmen einer am Sinn und Zweck orientierten Auslegung des Grundrechts festzustellen, dass nur ihr weites Verständnis zu einem umfassenden Grundrechtsschutz führt und somit eine lückenlose Kontrolle aller staatlichen Gewalt anhand der Grundrechte gewährleistet. Demnach schützt Art. 2 I GG die allgemeine Handlungsfreiheit, d.h. jedes menschliche Verhalten.

Folglich ist auch der sachliche Schutzbereich des Art. 2 I GG eröffnet.

b) Eingriff

Weiterhin muss ein Eingriff in den Schutzbereich der allgemeinen Handlungsfreiheit vorliegen. Das ist der Fall, wenn dem Einzelnen durch eine staatliche Maßnahme ein grundrechtlich geschütztes Verhalten ganz oder teilweise unmöglich gemacht wird. Hier dürfen die Reiter im Wald nur noch auf gekennzeichneten Wegen reiten. Damit macht das umstrittene Gesetz ihnen Teile ihres bisher üblichen Verhaltens unmöglich.

Somit liegt ein Eingriff in den Schutzbereich des Art. 2 I GG vor.

2. Rechtfertigung des Eingriffs

Der Eingriff in den Schutzbereich der allgemeinen Handlungsfreiheit ist gerechtfertigt, wenn er durch die Schranken des Grundrechts gedeckt ist.

a) Festlegung der Schranke

Fraglich ist, welche Schranke für das Grundrecht aus Art. 2 I GG gilt.

Die Vorschrift selbst zieht eine Grenze für die Grundrechtsausübung in Gestalt der Rechte anderer, der verfassungsmäßigen Ordnung sowie des Sittengesetzes. Diese sog. Schrankentrias ist angesichts des dargestellten weiten Schutzbereichs des Art. 2 I GG ebenfalls weit auszulegen. Diese gebotene weite Auslegung zeigt sich an dem Merkmal der verfassungsmäßigen Ordnung. Darunter wird die gesamte Rechtsordnung verstanden, also jedes Gesetz.

Demnach ist § 11 I WBG geeignet, das Grundrecht aus Art. 2 I GG einzuschränken.

b) Schranken-Schranken

Um zu verhindern, dass der einfache Gesetzgeber durch die Normierung von Schranken den Grundrechtsschutz aushöhlt, kann die Schrankensetzung nicht zügellos geschehen. Der grundrechtsbeeinträchtigende Gesetzgeber muss vielmehr seinerseits selbst gewissen Schranken unterliegen, den sog. Schranken-Schranken.

Diese Schranken-Schranken bestehen insbesondere darin, dass § 11 I WBG selbst verfassungsmäßig sein muss.

aa) Formelle Verfassungsmäßigkeit des § 11 I WBG

Von der formellen Verfassungsmäßigkeit des Gesetzes ist nach dem Sachverhalt auszugehen.

bb) Materielle Verfassungsmäßigkeit des § 11 I WBG

Das Gesetz muss auch materiell verfassungsmäßig sein.

Fraglich ist in diesem Zusammenhang allein, ob es den Grundsatz der Verhältnismäßigkeit gewahrt hat.

§ 11 I WBG muss einen legitimen Zweck verfolgen, d.h. einen Zweck, dass nicht per se gegen das Grundgesetz verstößt. Legitimer Zweck des § 11 I WBG ist die Verhinderung von weiteren Umweltzerstörungen in Wald und Flur durch unkontrolliertes Reiten. Darüber hinaus dient die Trennung des „Erholungsverkehrs" im Wald dadurch, dass die Reiter einerseits und andere Erholungssuchende andererseits auf getrennte Wege verwiesen werden, dazu, Gefahren und gegenseitige Beeinträchtigungen zu vermeiden. Diese Zwecke sind legitim.

Die Beschränkung des Reitens auf die speziellen Reitwege im Wald müsste zur Zielerreichung ferner geeignet, d.h. zweckförderlich sein. Durch das Verweisen der Reiter auf die speziell befestigten Reitwege kann es nicht zu Schäden im Unterholz und anderen Beeinträchtigungen im Wald kommen. Außerdem besteht durch diese speziellen Wege kein Kontakt mehr zu anderen Erholungssuchenden. Folglich ist die gesetzliche Regelung geeignet.

Weiterhin muss die Maßnahme erforderlich sein. Es darf also kein milderes Mittel geben, welches das verfolgte Ziel ebenso effektiv erreicht wie das vom Gesetzgeber gewählte. Ein solches ist hier nicht ersichtlich.

Schließlich muss das Gesetz angemessen sein. D.h. der angestrebte Erfolg darf nicht außer Verhältnis zur Schwere des Grundrechtseingriffs stehen. Folglich kommt es einerseits auf die Wertigkeit des verfolgten Ziels, insbesondere auf seinen eventuellen Verfassungsrang an. Andererseits sind die Wertigkeit des beeinträchtigten Grundrechts sowie die Intensität des Grundrechtseingriffs zu berücksichtigen. Die gesetzliche Regelung dient dem Umweltschutz sowie dem Schutz der körperlichen Unversehrtheit der anderen Waldnutzer. Beide Ziele haben gem. Art. 2 II 1,

20a GG Verfassungsrang. Demgegenüber kann B lediglich eine Verletzung des Auffanggrundrechts aus Art. 2 I GG rügen. Hinzu kommt, dass die Reiter gegenüber den anderen Waldnutzern deutlich in der Unterzahl sind. Daher ist es durchaus vertretbar, sie und nicht die anderen Nutzer dazu zu verpflichten, auf besonders gekennzeichnete Wege auszuweichen. In Anbetracht dessen ist die gesetzliche Regelung auch angemessen.

Demnach verstößt § 11 I WBG nicht gegen das Grundrecht aus Art. 2 I GG.

IV. Verstoß gegen Art. 3 I GG
§ 11 I WBG könnte schließlich gegen das Gleichheitsrecht des Art. 3 I GG verstoßen. Das setzt eine Ungleichbehandlung voraus, die verfassungsrechtlich nicht gerechtfertigt ist.

1. Ungleichbehandlung
Fraglich ist, ob eine Ungleichbehandlung vorliegt.
Eine solche liegt nur vor, wenn wesentlich Gleiches ungleich behandelt wird. Das ist der Fall, wenn eine Personengruppe oder Situation rechtlich anders behandelt wird als eine vergleichbare andere Personengruppe oder Situation. Um dies festzustellen bedarf es der Festlegung eines gemeinsamen Oberbegriffs als Bezugspunkt, unter den die verschieden behandelten Personengruppen oder Situationen fallen. Die unterschiedlich behandelten Personengruppen sind einerseits die Reiter und andererseits die Mountainbiker. Beide Personengruppen rufen Gefahren (Umweltzerstörungen und andere Schäden) hervor, die in diesem Maße von anderen Waldnutzern nicht ausgehen, sodass sie sich mit hinreichender Schärfe von der Gesamtheit der Waldnutzer abgrenzen. Da Reiter und Mountainbiker ferner ein vergleichbares Gefahrenpotenzial aufweisen, handelt es sich um vergleichbare Personengruppen, die dem gemeinsamen Oberbegriff „Waldnutzer" unterfallen. Indem Reiter zur Nutzung gekennzeichneter Reiterwege gezwungen werden und für Mountainbiker diese Pflicht nicht besteht, liegt auch eine Ungleichbehandlung dieser vergleichbaren Personengruppen vor.
Folglich ist eine verfassungsrechtlich relevante Ungleichbehandlung gegeben.

2. Rechtfertigung der Ungleichbehandlung
Fraglich ist, ob die Ungleichbehandlung verfassungsrechtlich gerechtfertigt ist.
Wie Art. 3 II, III GG zeigt, der eine Ungleichbehandlung nur aus bestimmten Gründen verbietet, sind Ungleichbehandlungen nicht pauschal verboten, sondern können gerechtfertigt sein. Das ist der Fall, wenn für die Ungleichbehandlung

ein sachlicher Grund besteht. Sachlicher Grund für die vorliegende Ungleichbehandlung ist, Umweltzerstörungen zu verhindern und Gefahren für andere Waldnutzer zu begegnen.

Da eine Beeinträchtigung der Freiheitsrechte einer gesetzlichen Grundlage bedarf, muss das Gleiche auch für eine Ungleichbehandlung gelten. Das bedeutet es muss eine gesetzliche Grundlage geben, auf die sich die Ungleichbehandlung stützen kann. Diese gesetzliche Grundlage ist hier § 11 I WBG.

Das wirft die Anschlussfrage auf, welchen verfassungsrechtlichen Anforderungen diese gesetzliche Regelung genügen muss. Da die Verhältnismäßigkeitsprüfung ursprünglich anhand der Freiheitsrechte entwickelt wurde, ist sie bei den Gleichheitsrechten nur einschlägig, wenn verschiedene Personengruppen und nicht nur verschiedene Sachverhalte unterschiedlich behandelt werden; das gilt insbesondere, wenn die betroffenen Personen das Unterscheidungsmerkmal kaum oder gar nicht beeinflussen können (z.B. Alter) oder das Differenzierungskriterium einem der verbotenen Unterscheidungsmerkmale in Art. 3 III GG ähnelt. Ferner ist eine Verhältnismäßigkeitsprüfung geboten, wenn die Ungleichbehandlung zugleich in den Schutzbereich eines speziellen Freiheitsgrundrechts eingreift. Liegt keine dieser Fallgruppen vor, ist hingegen nur eine bloße Willkürprüfung vorzunehmen.

Hier sieht § 11 I WBG für alle Reiter eine Pflicht zur Nutzung gekennzeichneter Reiterwege vor, ohne dass sich der einzelne Reiter dieser Pflicht entziehen kann. Folglich können die betroffenen Personen das Unterscheidungsmerkmal nicht beeinflussen, sodass die Ungleichbehandlung am Verhältnismäßigkeitsprinzip zu messen ist.

Wie bereits oben im Rahmen der Prüfung eines Verstoßes gegen Art. 2 I GG gezeigt, verfolgt § 11 I WBG ein legitimes Ziel, ist dafür geeignet und auch erforderlich. Hinweise auf die Verwendung eines vom Grundgesetz verbotenen Differenzierungskriteriums wie z.B. die in Art, 3 III 1 GG genannten Merkmale, die das Vorliegen eines sachlichen Grundes per se ausschließen, gibt es ebenfalls nicht.

Fraglich ist daher ausschließlich die Angemessenheit der Ungleichbehandlung, die § 11 I WBG auslöst. Für die Angemessenheit dieser Vorschrift lässt sich ins Feld führen, dass Pferde deutlich schwerer sind als Mountainbiker und sie somit in größerem Umfang Umweltschäden verursachen. Bzgl. der Gefahren für andere Waldnutzer tritt hinzu, dass sich Tiere schwerer kontrollieren lassen als ein Mountainbike. Daher ist davon auszugehen, dass die Benachteiligung der Reiter angemessen ist.

Folglich genügt § 11 I WBG den Anforderungen des Verhältnismäßigkeitsprinzips. Somit ist die Ungleichbehandlung verfassungsrechtlich gerechtfertigt.

§ 11 I WBG verstößt demnach nicht gegen Art. 3 I GG.

Folglich verstößt § 11 I WBG nicht gegen die Grundrechte des B, so dass seine Verfassungsbeschwerde zwar zulässig aber unbegründet ist und damit keinen Erfolg hat.

Einordnung: ÖR / Europarecht
Schwerpunkt: Grundfreiheiten/Warenverkehrsfreiheit

Fall: Internet ist gar nicht nett

Das Unternehmen DocMorris ist ein in den Niederlanden ansässiger Versandhandel. Über das Internet vertreibt DocMorris Arzneimittel und Pflegeprodukte.
DocMorris bietet in diesem Rahmen sowohl in Deutschland zugelassene als auch in
Deutschland nicht zugelassene Arzneimittel an. Unter den in Deutschland bereits
zugelassenen Arzneimitteln befinden sich auch verschreibungspflichtige Arzneimittel. Die Internetseite des Unternehmens ist auch auf Deutsch aufrufbar und die
angebotenen Waren können auch von Deutschland aus bestellt werden.
Die deutschen Apotheker sind über diese Geschäftstätigkeit erbost, da sie emp-
findliche Umsatzeinbußen befürchten. Ihrer Ansicht nach verstößt diese Art
der Geschäftstätigkeit in Deutschland gegen die deutschen Arzneimittelvor-
schriften. Insbesondere sehen die deutschen Apotheker auch den Endverbraucher
gefährdet, der bei einer anonymen Bestellung im Internet nicht mehr die erforderliche Beratung erhalten könne und so erheblichen Gefahren für die Gesundheit
ausgeliefert sei.
Der deutsche Apothekerverband, der für die Wahrung und Förderung der wirtschaftlichen und gesellschaftlichen Interessen der Apotheker zuständig ist, verklagt
daher DocMorris vor dem LG Frankfurt a.M. auf Unterlassung der Geschäftstätigkeit in Deutschland. Das LG Frankfurt a.M. zweifelt an der Vereinbarkeit der
maßgeblichen Vorschriften des Arzneimittelgesetzes (AMG) mit dem EU-Recht. Es
meint, das in § 43 I AMG verankerte Verbot des Versandhandels mit in Deutschland
zugelassenen und nicht zugelassenen Arzneimitteln könnte gegen die Warenverkehrsfreiheit verstoßen.

**Aufgabenstellung: Prüfen Sie in einem umfassenden Rechtsgutachten, ob die
genannten Regelungen gegen die Warenverkehrsfreiheit verstoßen. Gehen
Sie - gegebenenfalls hilfsgutachterlich - auf alle aufgeworfenen Rechtsfragen
ein.**

Zusatzfrage:
Der in Deutschland lebende P findet die Idee, Arzneimittel über das Internet zu ver-
schicken, toll. P erscheint daher kurz darauf in Ihrer Kanzlei und möchte wissen, ob
ein Versandhandel für Arzneimittel in Deutschland zulässig wäre.

Bearbeitervermerk:
Art. 16 GR-Charta ist bei der Bearbeitung außer Betracht zu lassen.
Die maßgeblichen Vorschriften haben folgenden Inhalt:

§ 43 AMG (Arzneimittelgesetz)
(1) Arzneimittel die nicht für den Verkehr außerhalb der Apotheken freigegeben sind, dürfen für den Endverbrauch nur in Apotheken und nicht im Wege des Versandes in den Verkehr gebracht werden. [...]

§ 73 AMG
(1) Arzneimittel, die der Pflicht zur Zulassung oder zur Registrierung unterliegen, dürfen in den Geltungsbereich dieses Gesetzes [....] nur verbracht werden, wenn sie zum Verkehr im Geltungsbereich dieses Gesetzes zugelassen oder registriert sind [...].

Art. 6 der Richtlinie 83/2001/EG zur Schaffung eines Gemeinschaftskodex für Humanarzneimittel:
(1) Ein Arzneimittel darf in einem Mitgliedstaat erst dann in den Verkehr gebracht werden, wenn von der zuständigen Behörde dieses Mitgliedstaates nach dieser Richtlinie eine Genehmigung für das Inverkehrbringen erteilt wurde oder wenn eine Genehmigung für das Inverkehrbringen nach der Verordnung (EWG) Nr. 2309/93 erteilt wurde.

Teil 1: Vorüberlegungen

Gefragt ist im Ausgangsfall nur nach der Vereinbarkeit der Regelungen des Arzneimittelgesetzes mit der Warenverkehrsfreiheit. Der Fall hat also keinen prozessualen Einstieg, sondern es ist nur die inhaltliche Vereinbarkeit des § 43 I AMG mit Art. 28 II, 34 AEUV zu prüfen. Dabei muss unbedingt zwischen den zugelassenen und nicht zugelassenen Arzneimitteln differenziert werden, weil dies bereits im Sachverhalt so angelegt ist und sich die Lösung auch inhaltlich ganz unterschiedlich gestaltet. Der daran anknüpfende Prüfungsaufbau der Grundfreiheiten, konkret der Warenverkehrsfreiheit, ähnelt demjenigen der deutschen Grundrechte, deckt sich aber nicht vollständig mit ihm. Ähnlich ist der Grundaufbau, der wie hier dreistufig (Schutzbereich – Eingriff - Rechtfertigung) oder zweistufig (Eingriff in den Schutzbereich – Rechtfertigung) erfolgen kann.

Im Prüfungspunkt „Eröffnung des Schutzbereichs" sind die ersten drei Prüfungspunkte (Kein spezielles Sekundärrecht – Unmittelbare innerstaatliche Anwendbarkeit – Grenzüberschreitender Sachverhalt) zwar von den deutschen Grundrechten nicht bekannt, sie bilden aber auch regelmäßig keinen Prüfungsschwerpunkt. Dieser liegt bei dem sachlichen Schutzbereich. Hier gilt es, die Regelung des Art. 28 II AEUV zu sehen, da Art. 34 AEUV nichts von einer „Ware" sagt. Ferner muss die Definition des Begriffs „Ware" beherrscht werden.

Bei der Prüfung des Eingriffs in den Schutzbereich ist zunächst zu klären, ob überhaupt jemand gehandelt hat, der durch die Grundfreiheiten gebunden ist. Diese Überlegung ist zwar auch von den deutschen Grundrechten bekannt, erhält im dortigen Prüfungsaufbau aber keinen eigenen Gliederungspunkt. Der Schwerpunkt der Eingriffsprüfung liegt allerdings eindeutig auf der Darstellung der sog. Dassonville- und Keck-Rechtsprechung. Diese Begriffe müssen in einer Klausur unbedingt verwendet werden. Nach dieser Rechtsprechung ist für die Annahme eines Eingriffs letztlich entscheidend, ob der Zugang einer Ware zu einem mitgliedstaatlichen Markt behindert wird oder nicht.

Im Rahmen der Prüfung der Rechtfertigung des Eingriffs ist unbedingt zu erkennen, dass die ausdrückliche Schranke des Art. 36 S. 1 AEUV greift, sodass zu der allgemein bekannten sog. Cassis-Rechtsprechung kein Wort zu verlieren ist. Bei den Schranken-Schranken stellt die Verhältnismäßigkeitsprüfung – wie bei den deutschen Grundrechten – den Schwerpunkt dar. Hier ist zu beachten, dass Art. 5 IV EUV nicht zitiert werden darf, da diese Vorschrift nur Maßnahmen der EU selbst erfasst, wohingegen es hier um eine Maßnahme eines Mitgliedstaates geht.

Die Prüfung der EU-Grundrechte kann stark verkürzt erfolgen, da sie sich inhaltlich sehr an der schon erfolgten Prüfung der Warenverkehrsfreiheit anlehnt.

Bzgl. der nicht zugelassenen Arzneimittel zeigt sich, dass eine abschließende Regelung des streitgegenständlichen Sachverhalts im Sekundärrecht den Rückgriff auf das Primärrecht sperrt. Folglich scheidet eine Prüfung am Maßstab der Warenverkehrsfreiheit aus.

In der Zusatzfrage ist zu erkennen, dass ein rein innerstaatlicher Sachverhalt vorliegt, auf den die Grundfreiheiten keine Anwendung finden, was zu einer sog. Inländerdiskriminierung führt. Diese ist allein am Maßstab des nationalen Rechts, hier des deutschen Grundgesetzes, zu messen. Abschließend kann sodann der mögliche Verstoß gegen Art. 3 I GG erkannt werden, der aber letztlich nicht vorliegt, weil es um eine Ungleichbehandlung durch unterschiedliche Hoheitsträger geht.

Teil 2: Lösungsskizze zum Fall „Internet ist gar nicht nett"

A. Verstöße gegen die Warenverkehrsfreiheit

  I. In Deutschland zugelassene Arzneimittel

    1. Eröffnung des Schutzbereichs

      a) Kein spezielles Sekundärrecht

      b) Unmittelbare innerstaatliche Anwendbarkeit

      c) Grenzüberschreitender Sachverhalt

      d) Sachlicher Schutzbereich

      e) Persönlicher Schutzbereich

      f) Keine Bereichsausnahme

    2. Eingriff in den Schutzbereich

      a) Handeln eines Verpflichteten

      b) Vorliegen einer mengenmäßigen Einfuhrbeschränkung oder einer Maßnahme gleicher Wirkung

    3. Rechtfertigung des Eingriffs

      a) Festlegung der Schranke

      b) Schranken – Schranken

        aa) Verhältnismäßigkeit

        bb) EU-Grundrechte

  II. Nicht in Deutschland zugelassene Arzneimittel

B. Zusatzfrage

Teil 3: Lösung

A. Verstöße gegen die Warenverkehrsfreiheit

Das in § 43 I AMG verankerte Verbot des Versandhandels mit in Deutschland zugelassenen und nicht zugelassenen Arzneimitteln könnte gegen die Warenverkehrsfreiheit verstoßen.

I. In Deutschland zugelassene Arzneimittel

Das in § 43 I AMG enthaltene Verbot des Versandhandels mit in Deutschland zugelassenen Arzneimitteln verstößt gegen die Warenverkehrsfreiheit gem. Art. 28 II, 34 AEUV, wenn es in den Schutzbereich dieser Grundfreiheit eingreift und der Eingriff nicht gerechtfertigt ist.

1. Eröffnung des Schutzbereichs

Der Schutzbereich der Warenverkehrsfreiheit muss eröffnet sein.

a) Kein spezielles Sekundärrecht

Es dürfte zunächst kein spezielles Sekundärrecht vorliegen, das den streitgegenständlichen Sachverhalt abschließend regelt. Die Richtlinie 2001/83/EG enthält hinsichtlich der in Deutschland bereits zugelassenen Arzneimittel keine spezielle sekundärrechtliche Regelung, sondern trifft nur Festlegungen bzgl. der in Deutschland nicht zugelassenen Arzneimittel. Auch anderweitige sekundärrechtliche Regelungen sind nicht ersichtlich.

Folglich ist der streitgegenständliche Sachverhalt nicht abschließend im Sekundärrecht geregelt.

b) Unmittelbare innerstaatliche Anwendbarkeit

Weiterhin muss die Warenverkehrsfreiheit unmittelbar innerstaatlich anwendbar sein, d.h. unmittelbar in Deutschland Rechtswirkungen entfalten. Nur in diesem Fall kann § 43 I AMG an der Warenverkehrsfreiheit gemessen werden.

Für die Grundfreiheiten ist allgemein anerkannt, dass sie so klar und genau formuliert sind, dass sie unmittelbar innerstaatlich anwendbar sind. Folglich kann § 43 I AMG unmittelbar an der Warenverkehrsfreiheit gemessen werden.

c) Grenzüberschreitender Sachverhalt

Ferner müsste ein grenzüberschreitender Sachverhalt vorliegen, der umstrittene Sachverhalt darf sich also nicht nur innerhalb eines Mitgliedstaates abspielen (vgl. Wortlaut des Art. 34 AEUV „zwischen den Mitgliedstaaten").

Der vorliegende Sachverhalt betrifft den Versandhandel des niederländischen Unternehmens DocMorris nach Deutschland. Somit liegt ein grenzüberschreitender Sachverhalt vor.

d) Sachlicher Schutzbereich

Darüber hinaus muss der sachliche Schutzbereich der Warenverkehrsfreiheit nach Art. 34 AEUV eröffnet sein. Das setzt gem. Art. 28 II AEUV voraus, dass eine Ware

vorliegt. Unter den Begriff „Ware" fallen alle körperlichen und sonstigen Gegenstände, die einen Geldwert haben und daher Gegenstand von Handelsgeschäften sein können. Die von DocMorris versandten Arzneimittel haben einen Geldwert, sind Gegenstand von Handelsgeschäften und somit Waren im Sinne des EU-Rechts. Ferner müssen die weiteren Voraussetzungen des Art. 28 II AEUV erfüllt sein. Das bedeutet, die Ware müsste entweder aus einem Mitgliedstaat stammen oder sich in den Mitgliedstaaten im freien Verkehr befinden. Die Ware stammt aus den Mitgliedstaaten, wenn sie dort vollständig gewonnen oder hergestellt, zumindest aber die letzte wesentliche und wirtschaftlich gerechtfertigte Verarbeitungsstufe durchlaufen hat. Im freien Verkehr eines Mitgliedstaates befindet sich eine Ware unter den Voraussetzungen des Art. 29 AEUV. Mangels anderweitiger Anhaltspunkte ist davon auszugehen, dass sich die von DocMorris vertriebenen Arzneimittel in den Mitgliedstaaten jedenfalls im freien Verkehr gem. Art. 29 AEUV befinden.
Der sachliche Schutzbereich der Warenverkehrsfreiheit ist demnach eröffnet.

e) Persönlicher Schutzbereich
Weiterhin muss auch der persönliche Schutzbereich der Warenverkehrsfreiheit eröffnet sein, was die Frage aufwirft, wer sich auf diese Grundfreiheit berufen kann. Wie Art. 28 II AEUV zu entnehmen ist, spielt die Staatsangehörigkeit des Betroffenen keine Rolle, sodass die Eröffnung des persönlichen Schutzbereichs zwingend mit der Bejahung des sachlichen Schutzbereichs einhergeht. Folglich ist der persönliche Schutzbereich eröffnet.

f) Keine Bereichsausnahme
Schließlich darf keine Bereichsausnahme greifen. Bereichsausnahmen sind keine Schranken der Grundfreiheiten, sondern nehmen einen bestimmten unionsrechtlichen Bereich vom Anwendungsbereich der Grundfreiheiten aus. Solche Bereichsausnahmen finden sich in Art. 45 IV, 51 I, 62 i.V.m. Art. 51 I AEUV. Eine Bereichsausnahme gibt es jedoch bei der Warenverkehrsfreiheit nicht.
Der Schutzbereich der Warenverkehrsfreiheit ist somit eröffnet.

2. Eingriff in den Schutzbereich
Es muss ein Eingriff in den Schutzbereich der Warenverkehrsfreiheit vorliegen.

a) Handeln eines Verpflichteten
Dafür ist es zunächst erforderlich, dass es um das Verhalten einer Person geht, die überhaupt durch die Grundfreiheiten verpflichtet wird. Verpflichtete der Grundfreiheiten sind primär die Mitgliedstaaten einschließlich aller staatlichen

Organisationen (sog. Grundsatz der Alleinverantwortlichkeit). Hier ist § 43 I AMG streitentscheidend, der vom deutschen Gesetzgeber erlassen wurde. Folglich geht es um das Handeln eines durch die Grundfreiheiten Verpflichteten, nämlich der Bundesrepublik Deutschland.

b) Vorliegen einer mengenmäßigen Einfuhrbeschränkung oder einer Maßnahme gleicher Wirkung

Weiterhin müsste gem. Art. 34 AEUV eine mengenmäßige Einfuhrbeschränkung oder eine Maßnahme gleicher Wirkung gegeben sein.

Eine mengenmäßige Einfuhrbeschränkung ist gegeben, wenn die Einfuhr oder Durchfuhr einer Ware der Menge oder dem Wert nach begrenzt wird. Erfasst werden also vor allem Kontingentierungen, aber auch Einfuhrverbote sowie alle Maßnahmen, die wegen ihrer wirtschaftlichen Auswirkungen die Einfuhr völlig unmöglich machen (sog. Nullkontingente).

Durch § 43 I AMG wird nicht die Einfuhr einer Ware ihrer Menge oder ihrem Wert nach begrenzt. Es geht vielmehr um die Art der Veräußerung dieser Ware. Folglich liegt keine mengenmäßige Einfuhrbeschränkung vor.

Es könnte jedoch eine Maßnahme gleicher Wirkung gem. Art. 34 AEUV gegeben sein. Darunter versteht man jede staatliche Regelung, die den grenzüberschreitenden Verkehr von Waren unmittelbar oder mittelbar behindert oder behindern kann (sog. Dassonville-Formel). Diese weit reichende Auslegung resultiert aus der Erkenntnis, dass der freie Warenverkehr nicht nur durch Diskriminierungen, sondern auch durch unterschiedslos wirkende Maßnahmen gestört werden kann. Im vorliegenden Fall ist es DocMorris verwehrt, seinen Versandhandel auf Deutschland auszudehnen, da in Deutschland der Versandhandel mit Arzneimitteln verboten ist. Unerheblich ist, dass § 43 I AMG nicht explizit den Warenverkehr zwischen den Mitgliedstaaten regeln will. Vielmehr kommt es darauf an, wie diese Regelung sich tatsächlich oder potentiell auf den innergemeinschaftlichen Handel auswirkt. Die Regelung verhindert der Vertrieb von Arzneimitteln von den Niederlanden nach Deutschland und behindert damit den innergemeinschaftlichen Handel. Folglich liegt eine Maßnahme gleicher Wirkung nach der Dassonville-Formel vor.

Etwas anderes könnte sich jedoch bei Anwendung der Grundsätze ergeben, die der Gerichtshof im Zuge der sog. Keck-Rechtsprechung entwickelt hat. Dadurch wurde die als sehr weit empfundene Dassonville-Formel wieder eingeschränkt. Der EuGH differenziert in diesem Zusammenhang zwischen vertriebsbezogenen und produktbezogenen Maßnahmen. Ein Eingriff in die Warenverkehrsfreiheit soll danach nicht vorliegen, wenn die mitgliedstaatliche Maßnahme unterschiedslos, also auch rein tatsächlich nicht diskriminierend wirkt und lediglich die Verkaufs-modalitäten regelt. Begründen lässt sich diese Verengung des Eingriffsbegriffs damit, dass durch Verkaufsmodalitäten der Marktzugang für ausländische Waren nicht stärker als für inländische Produkte beschränkt wird und dadurch eine Behin-derung des innergemeinschaftlichen Handels nicht möglich ist.

Unter Verkaufsmodalitäten fallen in diesem Zusammenhang die staatlichen Maß-nahmen, die festlegen, wer, wann, wo, wie und zu welchem Preis Waren verkaufen darf („WIE"). Damit stellen z.B. die Ladenschlussregelungen, Sonntagsverkaufs-verbote und Beschränkungen der Fernsehwerbung keinen Eingriff in Art. 28 II, 34 AEUV dar. Demgegenüber verbleibt es für produktbezogene Regelungen bei der unbeschränkten Anwendbarkeit der Dassonville-Formel. Produktbezogene Maßnahmen sind jedenfalls Beschränkungen in Bezug auf die Ware selbst, ihre Zusammensetzung, Etikettierung, Verpackung, Form, Abmessung oder Bezeichnung („OB"). In Grenzfällen ist entscheidend, ob der Marktzugang eines Produkts verhindert wird, so dass das Produkt gar nicht erst auf den Markt des jeweiligen Mitgliedstaates gelangt. Sollte dies der Fall sein, liegt eine produktbe-zogene Maßnahme vor.

Hier betrifft § 43 I AMG alle Marktteilnehmer. Ihnen wird per Gesetz untersagt, kos-tengünstig über das Internet eine Apotheke aufzubauen. Demnach ist die deutsche Regelung nicht diskriminierend. Jedoch behindern diese Wirkungen des § 43 I AMG den Zugang neuer Wettbewerber zum Markt. Ihnen ist es nicht möglich, sich des Internets als günstigem Vermarktungsmedium zu bedienen. Folglich handelt es sich bei § 43 I AMG um eine produktbezogene Maßnahme.

Demnach liegt eine Beeinträchtigung des Schutzbereichs der Warenverkehrs-freiheit vor.

3. Rechtfertigung des Eingriffs

Der Eingriff in die Warenverkehrsfreiheit könnte gerechtfertigt sein.

a) Festlegung der Schranke

Der Eingriff in die Warenverkehrsfreiheit könnte durch die ausdrückliche Schranke des Art. 36 S. 1 AEUV gerechtfertigt sein. Danach sind solche Beschränkungen der Warenverkehrsfreiheit zulässig, die aus Gründen der öffentlichen Sittlichkeit, Ordnung und Sicherheit, zum Schutze der Gesundheit und des Lebens von Menschen, Tieren oder Pflanzen, des nationalen Kulturguts von künstlerischem, geschichtlichem oder archäologischem Wert oder des gewerblichen oder kom-merziellen Eigentums gerechtfertigt sind.

Hier kommt eine Beschränkung zum Schutz der Gesundheit und des Lebens von Menschen in Betracht. Das Verbot des Versandhandels von Arzneimitteln verfolgt den Zweck, dass dem Endverbraucher in der Apotheke vom Apotheker eine fachkundige Beratung zuteilwird. Hierdurch soll der Endverbraucher vor möglichen Gefahren und Risiken des Medikaments bewahrt werden. Ebenso ist in den Apotheken im Falle eines verschreibungspflichtigen Medikaments eine Kontrolle des Rezepts möglich, welche im Rahmen eines Versandhandels nicht in der gleichen Art und Weise stattfinden kann.

Demnach greift die ausdrückliche Schranke des Art. 36 S. 1 AEUV ein.

b) Schranken - Schranken

Die aufgezeigte Schranke der Warenverkehrsfreiheit muss ihrerseits bestimmten Schranken-Schranken genügen, um zu verhindern, dass die Grundfreiheit übermäßig verkürzt wird.

aa) Verhältnismäßigkeit

Zu den Schranken-Schranken gehört in erster Linie der Verhältnismäßigkeitsgrundsatz, der als ungeschriebenes primäres EU-Recht zu qualifizieren ist.

Danach muss die mitgliedstaatliche Maßnahme geeignet sein, d.h. sie muss die Verwirklichung des angestrebten Zwecks in Gestalt des oben herausgearbeiteten zwingenden Allgemeinwohlbelangs fördern. Dabei wird dem Mitgliedstaat ein Einschätzungsspielraum zugestanden. Die direkte persönliche Beratung, welche § 43 I AMG letztlich verlangt, ist durchaus dem oben beschriebenen gesetzlichen Ziel zuträglich, den Gefahren des Medikamentenkonsums zu begegnen als auch eine Überprüfung der eingereichten Rezepte zu gewährleisten. Folglich ist die gesetzgeberische Maßnahme geeignet.

Des Weiteren muss die Maßnahme erforderlich sein. Es darf also kein Mittel geben, welches den verfolgten Zweck ebenso gut erreicht, dabei aber für die Ausübung der Grundfreiheiten vorteilhafter ist. In diesem Kontext ist festzuhalten, dass das Gefahrenpotential von Arzneimitteln grundsätzlich stark von der Art der Arznei abhängig ist. Während nicht verschreibungspflichtige Arzneimittel nur in Extremfällen einen übermäßigen und langfristigen Schaden anrichten können, sind verschreibungspflichtige Medikamente regelmäßig mit größeren Gefahren für die Gesundheit und auch das Leben behaftet. Hierbei ist auch zu beachten, dass ein Versand über die Grenzen eines Mitgliedstaates dazu führen könnte, dass Beipackzettel oder ähnliche wichtige Informationen nicht in der jeweiligen Landessprache verfügbar sein könnten. Hieraus resultiert dann ein großes Risiko hinsichtlich einer Fehlanwendung des Medikaments, was bei verschreibungspflichtigen

Arzneien durchaus gravierende Folgen für die Gesundheit des Endverbrauchers haben kann. Insgesamt ist daher bei verschreibungspflichtigen Arzneimitteln eine Beschränkung des Versandhandels zum Schutze der Gesundheit und des Lebens von Menschen erforderlich, während dies bei nicht verschreibungspflichtigen Arzneien nicht der Fall ist.

Somit verstößt das in § 43 I AMG enthaltene Verbot des Versandhandels für nicht verschreibungspflichtige Arzneimittel gegen das Verhältnismäßigkeitsprinzip.

bb) EU-Grundrechte

Der Eingriff in die Warenverkehrsfreiheit muss darüber hinaus den sonstigen Anforderungen des Primärrechts genügen. In diesem Zusammenhang ist insbesondere an die EU-Grundrechte zu denken. Sie sind gem. Art. 6 Abs. 1 UAbs. 1 EUV rechtlich verbindlich in der Grundrechte-Charta geregelt. Die Grundrechte-Charta bindet die Mitgliedstaaten gem. Art. 51 I 1 GR-Charta nur, wenn sie das EU-Recht durchführen. Das ist nach h.M. auch bei einem Eingriff in die Grundfreiheiten der Fall.

Im vorliegenden Fall kommt eine Verletzung des Grundrechts der Berufsfreiheit, 15 I GR-Charta, in Betracht. Seine Beeinträchtigung ergibt sich aus den obigen Erwägungen im Rahmen der Warenverkehrsfreiheit. Hinsichtlich der Rechtfertigung der Beeinträchtigung aufgrund der allgemeinen Schranke des Art. 52 I GR-Charta kann ebenfalls nach oben verweisen werden, d.h. bzgl. der verschreibungspflichtigen Medikamente ist der Eingriff gerechtfertigt, hinsichtlich der nicht verschreibungspflichtigen Medikamente hingegen nicht.

Das Verbot des Versandhandels mit verschreibungspflichtigen Arzneimitteln ist somit gerechtfertigt und verstößt damit nicht gegen die Warenverkehrsfreiheit.

Das Verbot des Versandhandels mit nicht verschreibungspflichtigen Arzneimitteln ist nicht gerechtfertigt und verstößt damit gegen die Warenverkehrsfreiheit.

II. Nicht in Deutschland zugelassene Arzneimittel

Hinsichtlich der in Deutschland nicht zugelassenen Arzneimittel steht der Geschäftstätigkeit von DocMorris das in § 73 I AMG enthaltene Einfuhrverbot entgegen. Fraglich ist, ob dieses Verbot mit dem EU-Recht vereinbar ist.

Damit die Vereinbarkeit der deutschen Vorschrift über das Einfuhrverbot von in Deutschland nicht zugelassenen Arzneimitteln mit den Grundfreiheiten geprüft werden kann, darf kein spezielleres Recht auf diesen Sachverhalt anwendbar sein. Sofern unionsrechtliches Sekundärrecht den fraglichen Sachverhalt abschließend regelt, gehen die sekundärrechtlichen Vorschriften als speziellere Regelungen einer Beurteilung anhand der Grundfreiheiten vor.

Hier kommt als speziellere Regelung die Richtlinie 2001/83/EG in Betracht. Diese Richtlinie hat das Ziel der Schaffung eines Gemeinschaftskodex für Humanarzneimittel. In Art. 6 I dieser Richtlinie ist ein Genehmigungsvorbehalt vorgesehen, sodass die Zulässigkeit der Einfuhr von Arzneimitteln auf EU-rechtlicher Basis von der jeweiligen mitgliedstaatlichen Genehmigung abhängt. Diese Vorschrift der Richtlinie ist in § 73 I AMG umgesetzt worden. Eine mitgliedstaatliche Regelung, mit der ein Mitgliedstaat seinen Verpflichtungen zur Umsetzung einer unionsrechtlichen Vorschrift nachkommt, kann jedoch nicht gegen die Grundfreiheiten verstoßen. Die sekundärrechtliche Regelung in Art. 6 I der Richtlinie ist insoweit spezieller. § 73 I AMG ist daher nicht auf seine Vereinbarkeit mit den Grundfreiheiten des AEU-Vertrags zu prüfen, sondern nur am Maßstab des speziellen Sekundärrechts zu messen. Diesen Anforderungen genügt die Norm, sie setzt die Richtlinienbestimmung fast wörtlich um.

Folglich ist § 73 I AMG mit dem EU-Recht vereinbar, verstößt also nicht gegen die Warenverkehrsfreiheit.

B. Zusatzfrage:

Einem Versandhandel des P mit apothekenpflichtigen Arzneimitteln steht grundsätzlich § 43 I AMG entgegen.

Fraglich ist jedoch, ob dieses Verbot auch in dieser Konstellation gegen die Warenverkehrsfreiheit verstößt. Problematisch ist, dass hier kein grenzüberschreitender Sachverhalt vorliegt. Ein grenzüberschreitender Sachverhalt ist jedoch Voraussetzung für die Anwendbarkeit der Grundfreiheiten, wie bereits der Wortlaut des Art. 34 AEUV („zwischen den Mitgliedstaaten") zeigt. P kann sich daher nicht auf die Grundfreiheiten berufen. Daraus folgt, dass für den Deutschen P das Verbot des Versandhandels mit nicht verschreibungspflichtigen Arzneimitteln trotz seiner Unvereinbarkeit mit EU-Recht weiterhin gilt. Hierdurch ist P schlechter gestellt, als sein ausländischer Konkurrent DocMorris. In einer solchen Konstellation kommt es folglich zu einer sog. Inländerdiskriminierung. Die Inländer sind hierbei schlechter gestellt als Ausländer, da sie sich in ihrem Mitgliedstaat nicht auf die Grundfreiheiten berufen können. Folglich liegt hier kein Verstoß gegen die Warenverkehrsfreiheit vor.

In Betracht kommt jedoch eventuell eine Ungleichbehandlung im Sinne des Art. 3 I GG. Das setzt voraus, dass wesentlich Gleiches ungleich behandelt oder wesentlich Ungleiches gleich behandelt wird. Um dies feststellen zu können, müssen Vergleichsgruppen gebildet werden, die einem gemeinsamen Oberbegriff unterfallen. Verglichen werden sollen hier die deutschen sowie die ausländischen

Versandhändler von Arzneimitteln. Fraglich ist jedoch, ob sie demselben rechtlichen Oberbegriff unterfallen. Dagegen spricht, dass sich der Ausländer auf das EU-Recht berufen kann, während dieses für den Deutschen nicht gilt. Zwar ließe sich überlegen, dass Deutschland an den Rechtsakten der EU beteiligt ist und sich diese somit evtl. zurechnen lassen muss. Das übersieht jedoch, dass die Vertreter Deutschlands in den EU-Organen als Teile dieser Organe und somit als Organwalter der EU handeln. Damit erfolgt die Ungleichbehandlung der Vergleichsgruppen hier durch unterschiedliche Gesetzgeber, nämlich durch die EU einerseits und den deutschen Gesetzgeber andererseits. Verschiedene Gesetzgeber sind aber nicht miteinander vergleichbar. Folglich fehlt es an einer Ungleichbehandlung.

Demnach liegt hier auch kein Verstoß gegen Art. 3 I GG vor.

Der geplanten wirtschaftlichen Betätigung des P steht § 43 I AMG somit entgegen.

Einordnung: ÖR / Europarecht
Schwerpunkt: Grundfreiheiten

Fall: Architekt

A hat sich nach seinem Architekturstudium in Deutschland als selbständiger Architekt niedergelassen. Nach einigen Jahren der Tätigkeit in Deutschland hat sich sein guter Ruf sogar bis ins ferne Spanien verbreitet. Dort will der spanische Bauherr B an der wunderschönen unverbauten Mittelmeerküste eine großflächige Hotelanlage errichten. B beauftragt daher den A, die erforderlichen Baupläne für seine Hotelanlage zu erstellen. A macht sich gleich an die Arbeit und nach einigen anstrengenden Wochen hat er die Pläne fertig. Er steckt die Pläne in einen Umschlag und schickt sie per Eilpost an seinen Auftraggeber. B ist hocherfreut über die schnelle Erledigung seines Auftrages. Als er die Pläne jedoch zur Genehmigung bei der spanischen Baubehörde einreichen möchte, lehnt die Behörde die Genehmigung mit dem Hinweis ab, dass zur Förderung der einheimischen Architekten nur noch Baupläne von inländischen Architekten genehmigt werden.

A und B beschreiten daraufhin in Spanien den Rechtsweg. Sie sind der Auffassung, dass eine derartige Maßnahme gegen das EU-Recht verstößt. Der Staat Spanien ist hingegen der Auffassung, dass auf Grund der besonders hohen Arbeitslosigkeit unter Akademikern auch zu unpopulären Maßnahmen gegriffen werden müsse. Der oberste spanische Gerichtshof hält die Maßnahme zwar für gerechtfertigt, möchte die Frage jedoch vom EuGH geklärt wissen. Daher legt das Gericht folgende Rechtsfrage dem EuGH in einem zulässigen Vorabentscheidungsverfahren vor:

Verletzt eine Maßnahme zur Förderung inländischer Architekten, welche eine Genehmigung von Bauplänen ausländischer Architekten ausschließt, eine Grundfreiheit des Gemeinschaftsrechts?

Aufgabenstellung: Prüfen Sie in einem umfassenden Rechtsgutachten die dem EuGH vorgelegte Frage. Gehen Sie – gegebenenfalls hilfsgutachterlich – auf alle aufgeworfenen Rechtsfragen ein.

A. Vorüberlegungen

Der Fall erfordert die Prüfung der Vereinbarkeit einer staatlichen Maßnahme mit den Grundfreiheiten aus dem AEUV. Schwierigkeiten kann zunächst die Abgrenzung der Warenverkehrs- von der Dienstleistungsfreiheit bereiten. Eine solche Abgrenzung ist dann notwendig, wenn im Rahmen der Ausübung einer Dienstleistung Waren benutzt werden oder entstehen. Erforderlich ist in diesen Fällen eine Schwerpunktbetrachtung.

Die weitere Prüfung sollte keine erheblichen Schwierigkeiten verursachen. Die Fallgestaltung ist insgesamt als eher leicht zu bezeichnen.

Insbesondere muss, da evident eine Diskriminierung vorliegt, auf die Grundzüge der Dassonville- und Keck-Rechtsprechung nicht mehr eingegangen werden. Auch eine Rechtfertigung mittels ungeschriebener Schranken scheidet aus diesem Grund aus.

Viel Erfolg bei der Bearbeitung!

B. Lösungsskizze

I. Schutzbereich der Grundfreiheit

    1. Kein spezielles Sekundärrecht

    2. Unmittelbare innerstaatliche Anwendbarkeit

    3. Grenzüberschreitender Sachverhalt

    4. Sachlicher Schutzbereich

       a) Warenverkehrsfreiheit

       b) Dienstleistungsfreiheit

       c) Abgrenzung

    5. Keine Bereichsausnahme

    6. Persönlicher Schutzbereich

II. Beeinträchtigung des Schutzbereichs

    1. Handeln eines Verpflichteten

    2. Vorliegen einer Diskriminierung

III. Rechtfertigung der Beeinträchtigung

    1. Ausdrückliche Schranke

    2. Ungeschriebene Schranken

C. Lösung

Das Verhalten der spanischen Behörde könnte gegen die Warenverkehrsfreiheit gem. Art. 28 II, 34 AEUV oder aber gegen die Dienstleistungsfreiheit gem. Art. 56, 57 AEUV verstoßen. Ein solcher Verstoß liegt vor, wenn der Schutzbereich einer Grundfreiheit ohne Rechtfertigung beeinträchtigt wird.

I. Schutzbereich der Grundfreiheit
Zunächst müsste der Schutzbereich einer Grundfreiheit eröffnet sein.

1. Kein spezielles Sekundärrecht
Spezielles Sekundärrecht, welches die vorliegende Situation erfasst und die Anwendbarkeit von Grundfreiheiten ausschließen würde, ist nicht ersichtlich.

2. Unmittelbare innerstaatliche Anwendbarkeit

Sowohl die Warenverkehrsfreiheit als auch die Dienstleistungsfreiheit sind unmittelbar innerstaatlich anwendbar, so dass die spanische Regelung direkt an diesen Grundfreiheiten gemessen werden kann.

3. Grenzüberschreitender Sachverhalt

Damit der Schutzbereich der Grundfreiheiten eröffnet sein kann, muss weiterhin ein grenzüberschreitender Sachverhalt vorliegen. Die Bestimmungen finden somit auf rein nationale Sachverhalte keine Anwendung. Dabei muss dieses Merkmal weit ausgelegt werden. Es genügt ein hinreichend konkreter Bezug zum Gemeinschaftsrecht, der gegeben ist, wenn der Wirtschaftsverkehr zwischen den Mitgliedstaaten tangiert wird. Hier möchte der in Deutschland lebende A Baupläne für ein Grundstück in Spanien für einen spanischen Bauherrn erstellen. Ein grenzüberschreitender Sachverhalt liegt somit vor.

4. Sachlicher Schutzbereich

Fraglich ist, welche der Grundfreiheiten hier in Betracht kommt.

a) Warenverkehrsfreiheit

Es könnte eine Beeinträchtigung der Warenverkehrsfreiheit gegeben sein. Das setzt gem. Art. 28 II AEUV voraus, dass eine Ware vorliegt. Unter den Begriff „Ware" fallen alle körperlichen und sonstigen Gegenstände, die einen Geldwert haben und daher Gegenstand von Handelsgeschäften sein können. Die Baupläne sind ein körperlicher Gegenstand, denen auch ein gewisser Geldwert zukommt. Das gilt zumindest für das Papier, auf dem sie gezeichnet sind. Folglich können sie als Ware i.S.d. Gemeinschaftsrechts qualifiziert werden.

Ferner müssen die weiteren Voraussetzungen des Art. 28 II AEUV erfüllt sein. Das bedeutet, die Ware müsste entweder aus den Mitgliedstaaten stammen oder sich in den Mitgliedstaaten im freien Verkehr befinden. Die Ware stammt aus den Mitgliedstaaten, wenn sie dort vollständig gewonnen oder hergestellt, zumindest aber die letzte wesentliche und wirtschaftlich gerechtfertigte Verarbeitungsstufe durchlaufen hat. Hier wurden die Baupläne in Deutschland erstellt, so dass sie aus diesem Mitgliedstaat stammen.

Damit wäre der sachliche Schutzbereich der Warenverkehrsfreiheit eröffnet.

b) Dienstleistungsfreiheit

Andererseits kommt auch ein Eingriff in die Dienstleistungsfreiheit gem. Art. 56, 57 AEUV in Betracht.

Der sachliche Schutzbereich der Dienstleistungsfreiheit ergibt sich aus Art. 56, 57 AEUV sowie aus der Abgrenzung zu den anderen Grundfreiheiten. Danach unterfallen der Dienstleistungsfreiheit alle selbständigen Tätigkeiten, die in der Regel gegen Entgelt erbracht werden und die Grenze zwischen den Mitgliedstaaten überschreiten. Unter Entgelt wird eine wirtschaftliche Gegenleistung verstanden, die nicht völlig außer Verhältnis zum wirtschaftlichen Wert der Dienstleistung steht. Allerdings ist es ausreichend, dass für die betreffende Leistung im Regelfall ein Entgelt zu entrichten ist, so dass im Einzelfall durchaus auch eine unentgeltliche Leistung unter den Dienstleistungsbegriff fallen kann. Letztlich ist daher maßgeblich, ob eine Teilnahme am Wirtschaftsleben vorliegt. In diesem Zusammenhang ist es unerheblich, ob das so verstandene Entgelt vom Dienstleistungsempfänger oder einem Dritten stammt (z.B. werbefinanzierter Rundfunk).

Die Dienstleistungsfreiheit kann in verschiedenen Ausprägungen vorkommen. Zum einen kann sich der Dienstleistungserbringer zum Dienstleistungsempfänger in einen anderen Mitgliedstaat begeben bzw. beide reisen in einen anderen Mitgliedstaat ein (sog. aktive bzw. positive Dienstleistungsfreiheit, z.B. Rechtsanwalt begleitet seinen Mandanten, der in einem anderen Mitgliedstaat einen Vertrag abschließen möchte. Zum anderen kann sich der Dienstleistungsempfänger zum Dienstleistungserbringer in einen anderen Mitgliedstaat begeben (sog. passive bzw. negative Dienstleistungsfreiheit, z.B. Leistungen an Touristen). Schließlich ist es auch ausreichend, wenn nur die Dienstleistung selbst die mitgliedstaatlichen Grenzen überschreitet (sog. Korrespondenzdienstleistung, z.B. Ausstrahlung eines französischen TV-Programms in Deutschland).

Der niedergelassene Architekt A arbeitet selbständig und gegen Entgelt. Ebenso ist seine Tätigkeit begrenzt auf die Dauer der Herstellung der Baupläne. Zwar überqueren weder A noch sein Auftraggeber B eine Grenze, jedoch wird die von A erbrachte Leistung in Spanien verwertet. Die Dienstleistung an sich überquert somit die Grenze, so dass eine Korrespondenzdienstleistung vorliegt.

Damit wäre auch der Schutzbereich der Dienstleistungsfreiheit gem. Art. 56, 57 AEUV eröffnet.

c) Abgrenzung

In Betracht kommt damit sowohl die Warenverkehrsfreiheit gem. Art. 28 II, 34 AEUV als auch die Dienstleistungsfreiheit nach Art. 56, 57 AEUV. Fraglich ist somit, wie die Warenverkehrsfreiheit von der Dienstleistungsfreiheit abzugrenzen ist.

Der „soweit-Klausel" in Art. 57 I AEUV könnte man entnehmen, dass die Dienstleistungsfreiheit grundsätzlich nachrangig sei, so dass stets dann, wenn eine Prüfung einer anderen Freiheit in Betracht kommt, die Dienstleistungsfreiheit als subsidiär zurücktreten müsse. Dies widerspricht jedoch der grundsätzlichen Gleichrangigkeit der Grundfreiheiten. Zum anderen würde dies den Anwendungsbereich der Dienstleistungsfreiheit aushöhlen. Für die Abgrenzung der Dienstleistungsfreiheit von der Warenverkehrsfreiheit ist daher vorrangig auf den Schwerpunkt des grenzüberschreitenden Gesamtvorgangs abzustellen.

Hier hat A Baupläne für ein großes Bauvorhaben in Spanien erstellt. Zwar hat er am Ende seiner Arbeit ein Produkt erstellt, welches unter den Warenbegriff fallen könnte. Gleichwohl liegt der Schwerpunkt seiner Arbeit in der geistigen Leistung der Erstellung der Baupläne. Im Vordergrund steht daher nicht der Grenzübertritt einer Ware nach Spanien, sondern vielmehr die geistige Leistung und damit eine Dienstleistung des A, welche nach ihrer Fertigstellung die Grenze überschreitet. Damit ist hier die Dienstleistungsfreiheit einschlägig.

Demnach ist der sachliche Schutzbereich der Dienstleistungsfreiheit eröffnet.

5. Keine Bereichsausnahme

Weiterhin darf keine Bereichsausnahme einschlägig sein. Bereichsausnahmen sind solche Vorschriften, die eine Anwendung einer Grundfreiheit bereits auf der Schutzbereichsebene ausschließen. Eine solche Bereichsausnahme findet sich für die Dienstleistungsfreiheit in Art. 62 i.V.m. Art. 51 I AEUV. Das setzt voraus, dass es bei der fraglichen Tätigkeit um die Ausübung öffentlicher Gewalt geht. Als Ausnahmebestimmung ist dieser Begriff restriktiv auszulegen, so dass er nur bei Tätigkeiten eingreift, die eine unmittelbare oder mittelbare Teilnahme an der Ausübung hoheitlicher Zwangsbefugnisse mit sich bringen, sowie bei solchen Tätigkeiten, die sich durch die Wahrnehmung von Hoheitsprivilegien auszeichnen. Zweck der Vorschrift ist es, den eigenen Staatsangehörigen Stellen vorzubehalten, die ein besonderes Treueverhältnis zum Staat erfordern. Dabei ist nach dem Wortlaut des Art. 51 I AEUV auf die konkrete Tätigkeit abzustellen. Soweit also nur einzelne, deutlich abgrenzbare Tätigkeiten einer Berufssparte die Ausübung öffentlicher Gewalt betreffen, dürfen lediglich diese den EU-Ausländern verwehrt werden.

Bei der Tätigkeit des A geht es nicht um die Ausübung einer so verstandenen öffentlichen Gewalt. Folglich greift die Bereichsausnahme des Art. 62 i.V.m. Art. 51 I AEUV hier nicht.

6. Persönlicher Schutzbereich

Weiterhin müsste der persönliche Schutzbereich eröffnet sein. Der persönliche Schutzbereich der Dienstleistungsfreiheit umfasst gem. Art. 56 I AEUV nur Unionsbürger, die in einem Mitgliedstaat ansässig sind.

A ist als deutscher Architekt somit Träger der Dienstleistungsfreiheit.

Der Schutzbereich der Dienstleistungsfreiheit gem. Art. 56, 57 AEUV ist eröffnet.

II. Beeinträchtigung des Schutzbereichs

Es muss ein Eingriff in den Schutzbereich der Dienstleistungsfreiheit vorliegen.

1. Handeln eines Verpflichteten

Dafür ist es zunächst erforderlich, dass es um das Verhalten einer Person geht, die überhaupt durch die Grundfreiheiten verpflichtet wird. Verpflichtete der Grundfreiheiten sind primär die Mitgliedstaaten einschließlich aller staatlichen Organisationen. Hier bildet das Verhalten einer spanischen Behörde den Streitgegenstand. Dieses Verhalten ist dem Mitgliedstaat Spanien zuzurechnen. Folglich geht es um das Handeln eines durch die Grundfreiheiten Verpflichteten.

2. Vorliegen einer Diskriminierung

Es könnte eine Beeinträchtigung des Schutzbereichs der Dienstleistungsfreiheit in Gestalt einer Diskriminierung vorliegen.

Eine Diskriminierung liegt vor, wenn ein grenzüberschreitender Sachverhalt schlechter behandelt wird als ein Vorgang, der sich nur im Mitgliedstaat abspielt. Dabei spricht man von einer offenen Diskriminierung, wenn die mitgliedstaatliche Maßnahme ausdrücklich zwischen dem inländischen und dem grenzüberschreitenden Sachverhalt differenziert.

Hier behandelt die spanische Behörde ausländische Architekten schlechter als inländische, so dass eine offene Diskriminierung gegeben ist.

Demnach ist der Schutzbereich der Dienstleistungsfreiheit beeinträchtigt.

III. Rechtfertigung der Beeinträchtigung

Der Eingriff in die Dienstleistungsfreiheit könnte gerechtfertigt sein.

1. Ausdrückliche Schranke

Der Eingriff in die Dienstleistungsfreiheit könnte durch die ausdrückliche Schranke des Art. 62 i.V.m. Art. 52 I AEUV gerechtfertigt sein. Allerdings verfolgt das Vorgehen der spanischen Behörde keine der dort genannten Ziele. Es geht vielmehr um den Schutz der spanischen Architekten.

Demnach kann der Eingriff in die Dienstleistungsfreiheit nicht über Art. 62 i.V.m. Art. 42 I AEUV gerechtfertigt werden.

2. Ungeschriebene Schranken

Nach der Rechtsprechung des Gerichtshofs können Eingriffe in die Grundfreiheiten grundsätzlich auch durch ungeschriebene Schranken gerechtfertigt werden (sog. Cassis-Rechtsprechung). Damit reagiert das Gericht auf die Ausdehnung des Eingriffsbegriffs auf unterschiedslos wirkende Maßnahme. Dies verlangt nach der Entwicklung neuer Schranken, zumal die geschriebenen Schranken zum Teil (vgl. Art. 52 I AEUV) bei nicht diskriminierenden Eingriffen vom Wortlaut her nicht greifen.

Jedoch kann eine Beeinträchtigung der Grundfreiheiten durch eine offene Diskriminierung nur durch eine der im Gemeinschaftsrecht genannten ausdrücklichen Schranken gerechtfertigt werden, da ein erheblicher Verstoß gegen das Ziel des gemeinsamen Binnenmarktes (Art. 26 II AEUV) vorliegt. Eine Rechtfertigung über die ungeschriebenen Schranken scheidet also aus.

Demnach kann der festgestellte Eingriff in die Dienstleistungsfreiheit auch nicht über die ungeschriebenen Schranken gerechtfertigt werden.

Das Verhalten der spanischen Behörde verstößt gegen die Dienstleistungsfreiheit gem. Art. 56, 57 AEUV.

Einordnung: ÖR / Europarecht
Schwerpunkt: effet utile

Fall: Tomaten

G betreibt einen Großimport für Obst und Gemüse im Land X. Im Zuge dieser Tätigkeit importiert er einmal pro Quartal u.a. Tomaten aus den benachbarten Niederlanden, die er auf deutschen Großmärkten zu im Vergleich zu deutschen Erzeugnissen niedrigen Preisen an Einzelhändler veräußert. In der Vergangenheit sind sowohl seine als auch Transporte anderer Importeure wiederholt an deutsch-niederländischen Grenzübergängen durch vom deutschen Bauernverband organisierte Proteste deutscher Landwirte angehalten und die Ladungen vernichtet worden. Der Bauernverband wollte mit diesen Protestaktionen verhindern, dass im Zuge der fortschreitenden Liberalisierung des Binnenmarktes in der EU landwirtschaftliche Erzeugnisse aus anderen EU-Mitgliedsstaaten verstärkt zu niedrigen Preisen importiert werden und so der Absatz deutscher Erzeugnisse sinkt.

Um derartige Ereignisse für den im nächsten Quartal geplanten Transport zu verhindern, stellt G gestützt auf § 15 I VersG zwei Monate vor dem geplanten Transporttermin bei der zuständigen Polizeibehörde einen Antrag auf Erlass eines Versammlungsverbotes. Die Polizeibehörde lehnt den Antrag mit der Begründung ab, sie hätte nach Ermessen zu entscheiden, ob ein Eingreifen aus Gründen der öffentlichen Sicherheit und Ordnung erforderlich sei. G hätte daher keinen Anspruch auf den Erlass eines Versammlungsverbotes.

G ist anderer Ansicht. Zur Begründung führt er an, dass aufgrund der sich aus Art. 34 AEUV i.V.m. Art. 4 III UAbs. 2 EUV ergebenden Verpflichtung des Staates, die notwendigen Maßnahmen zum Schutz der Warenverkehrsfreiheit zu treffen, die Entscheidung über die Auflösung der Versammlung nicht im Ermessen der Behörde stünde. Es bestehe vielmehr eine Pflicht zum Einschreiten.

Aufgabenstellung: Prüfen Sie in einem umfassenden Rechtsgutachten, ob G einen Anspruch auf Erlass des Versammlungsverbots hat. Gehen Sie – gegebenenfalls hilfsgutachterlich – auf alle aufgeworfenen Rechtsfragen ein.

Bearbeitervermerk:
Die Verfassungsmäßigkeit des VersG ist zu unterstellen.

Die folgenden Vorschriften haben die hier abgedruckten Wortlaute.

Art. 4 III EUV
(3) Nach dem Grundsatz der loyalen Zusammenarbeit achten und unterstützen sich die Union und die Mitgliedstaaten gegenseitig bei der Erfüllung der Aufgaben, die sich aus den Verträgen ergeben.
Die Mitgliedstaaten ergreifen alle geeigneten Maßnahmen allgemeiner oder besonderer Art zur Erfüllung der Verpflichtungen, die sich aus den Verträgen oder den Handlungen der Organe der Union ergeben.
Die Mitgliedstaaten unterstützen die Union bei der Erfüllung ihrer Aufgabe und unterlassen alle Maßnahmen, die die Verwirklichung der Ziele der Union gefährden könnten.

Art. 34 AEUV
Mengenmäßige Einfuhrbeschränkungen sowie alle Maßnahmen gleicher Wirkung sind zwischen den Mitgliedstaaten verboten.

§ 15 I VersG
(1) Die zuständige Behörde kann die Versammlung oder den Aufzug verbieten oder von bestimmten Auflagen abhängig machen, wenn nach den zur Zeit des Erlasses der Verfügung erkennbaren Umständen die öffentliche Sicherheit oder Ordnung bei Durchführung der Versammlung oder des Aufzuges unmittelbar gefährdet ist.

A. Vorüberlegungen

Die Klausur kombiniert den verwaltungsrechtlichen Anspruchsaufbau mit einem europarechtlichen Einschlag. Gefragt ist nach einem Anspruch auf Erlass eines Versammlungsverbots. § 15 I VersG muss als mögliche Anspruchsgrundlage identifiziert werden. Unter Berücksichtigung der Schutznormtheorie ist die Norm nicht nur eine Ermächtigungsgrundlage für Behörden, sondern vermittelt auch ein subjektiv-öffentliches Recht.

Im Bereich der formellen Anspruchsvoraussetzungen enthalten weder § 15 I VersG noch das sonstige Versammlungsgesetz spezielle Vorgaben. Es bleibt somit dabei, dass lediglich ein Antrag bei der zuständigen Behörde gestellt werden muss.

Nach der Subsumtion unter die Tatbestandsmerkmale muss erörtert werden, dass § 15 I VersG als Ermessensnorm grundsätzlich lediglich einen Anspruch auf ermessensfehlerfreie Entscheidung vermittelt. Nur im Falle einer Ermessensreduzierung auf Null kann ein gebundener Anspruch bestehen. Hier kommt das Unionsrecht zum Tragen. Der effet utile in Verbindung mit der Warenverkehrsfreiheit sorgt dafür, dass zugunsten des Anspruchstellers letztlich ein Anspruch auf das gewünschte Versammlungsverbot besteht.

Viel Erfolg bei der Bearbeitung!

B. Lösungsskizze

I. Anspruchsgrundlage

II. Formelle Anspruchsvoraussetzungen

III. Materielle Voraussetzungen

    1. Versammlung

    2. Öffentlichkeit der Versammlung

    3. Unter freiem Himmel

    4. Verbotsgrund

       a) Öffentliche Sicherheit

       b) Unmittelbare Gefahr

    5. Rechtsfolge

       a) Entschließungsermessen

       b) Auswahlermessen

C. Lösung

Fraglich ist, ob G einen Anspruch auf Erlass des Versammlungsverbots hat. Dies ist der Fall, soweit eine Anspruchsgrundlage vorhanden ist und die formellen und materiellen Anspruchsvoraussetzungen erfüllt sind.

I. Anspruchsgrundlage

Als Anspruchsgrundlage kommt § 15 I VersG in Betracht.

II. Formelle Anspruchsvoraussetzungen

Die formellen Voraussetzungen der Anspruchsgrundlage müssten erfüllt sein.

In formeller Hinsicht ist lediglich ein ordnungsgemäßer Antrag bei der zuständigen Behörde zu stellen. Mangels gegenteiliger Anhaltspunkte ist hiervon auszugehen.

III. Materielle Voraussetzungen

In materieller Hinsicht müssen die Voraussetzungen für ein Versammlungsverbot gem. § 15 I VersG vorliegen.

1. Versammlung

Die Anwendbarkeit des § 15 I VersG setzt zunächst voraus, dass es sich um eine öffentliche Versammlung i.S.d. § 1 I VersG handelt.

Der Versammlungsbegriff des VersG entspricht dem des Art. 8 GG. Eine Versammlung ist danach eine Mehrheit natürlicher Personen (nach einer Ansicht mindestens 3, nach anderer Ansicht genügen zwei Personen), die für eine gewisse Dauer zu einem gemeinsamen Zweck zusammenkommen. Umstritten ist, welche Anforderungen an den Inhalt des gemeinsamen Zwecks zu stellen sind.

Nach dem engen Versammlungsbegriff soll Zweck des Zusammenkommens die gemeinsame Meinungskundgabe zu öffentlichen Angelegenheiten sein.

Nach dem aufgelockerten Versammlungsbegriff ist der verbindende Zweck die kollektive Meinungsbildung und -äußerung, unabhängig davon, ob sie sich auf öffentliche oder auf private Angelegenheiten bezieht.

Der weite Versammlungsbegriff stellt an den gemeinsamen Zweck keine Anforderungen.

Die protestierenden Landwirte kommen zusammen, um ihre Kritik gegenüber der fortschreitenden Liberalisierung des EU-Binnenmarktes und der Auswirkungen dieser Politik auf die deutsche Landwirtschaft zum Ausdruck zu bringen. Der gemeinsame Zweck des Zusammenkommens ist mithin die Erörterung öffentlicher Angelegenheiten. Selbst nach dem engen Versammlungsbegriff liegt daher die Verfolgung des dort verlangten öffentlichen Zwecks vor, so dass eine Streitentscheidung entfallen kann. Eine Versammlung i.S.d. § 1 I VersG liegt somit vor.

2. Öffentlichkeit der Versammlung

Sie müsste ferner öffentlich sein. Eine Versammlung ist öffentlich, wenn die Beteiligung jedermann möglich ist. Die Protestaktion findet an einem öffentlich zugänglichen Platz statt und ist nicht von der Mitgliedschaft in einer Vereinigung abhängig. Die Beteiligung war daher jedermann möglich. Es handelt sich mithin um eine öffentliche Versammlung i.S.d. § 1 I VersG.

3. Unter freiem Himmel

Wie sich aus der Überschrift des 3. Abschnitts des VersG ergibt, verlangt die Anwendbarkeit des § 15 I VersG ferner, dass es sich um eine Versammlung unter freiem Himmel handelt. Unter freiem Himmel meint entgegen des unmittelbaren Wortlauts, dass die Versammlung nicht horizontal abgegrenzt ist, also in einem geschlossenen Raum stattfindet. Die Demonstration findet an einem Grenzübergang und damit unter freiem Himmel statt.

4. Verbotsgrund

Es muss ferner einer der in § 15 I VersG genannten Verbotsgründe eingreifen. Das heißt nach den Umständen, die zur Zeit der Ablehnung der Verfügung erkennbar waren, müsste eine unmittelbare Gefahr für die öffentliche Sicherheit oder Ordnung bei Durchführung der Versammlung bestanden haben.

a) Öffentliche Sicherheit

Vorliegend könnte die öffentliche Sicherheit betroffen sein. Ebenso wie im Polizei- und Ordnungsrecht umfasst der Begriff der „öffentlichen Sicherheit" i.S.d VersG den Schutz der Individualrechtsgüter sowie der Einrichtungen und des Bestandes des Staates und der gesamten geschriebenen Rechtsordnung. Dadurch, dass die Demonstranten mit der Vernichtung der geladenen Tomaten drohen, ist das Eigentum des G betroffen. Dessen Schutz unterfällt als Individualrechtsgut dem Begriff der öffentlichen Sicherheit.

b) Unmittelbare Gefahr

Ferner müsste eine unmittelbare Gefahr für die öffentliche Sicherheit bestehen. Gefahr ist eine Sachlage, die bei ungehindertem Geschehensablauf in absehbarer Zeit mit hinreichender Wahrscheinlichkeit zu einem Schaden für das geschützte Rechtsgut führen würde. Eine unmittelbar bevorstehende Gefahr liegt vor, wenn die Gefahr akut ist, d.h. der Eintritt des Schadens sofort und fast mit Gewissheit zu erwarten ist. Die Demonstranten haben hier bereits mit der Vernichtung der Ladungen gedroht. Es besteht demnach die überwiegende Wahrscheinlichkeit, dass Sachbeschädigungen unmittelbar bevorstehen. Somit ist das Eigentum des G unmittelbar gefährdet.

5. Rechtsfolge

Liegen die Voraussetzungen des § 15 I VersG vor, so „kann" die Behörde eine Ver- botsverfügung erlassen. Die Entscheidung steht somit in ihrem pflichtgemäßen Ermessen. Grundsätzlich besteht daher kein Anspruch auf Erlass des beantragten VA, sondern lediglich ein Anspruch auf ermessensfehlerfreie Entscheidung. Ein Anspruch auf Einschreiten der Behörde kann nur dann angenommen werden, wenn der behördliche Ermessensspielraum im konkreten Fall soweit verengt ist, dass allein die begehrte Maßnahme als rechtmäßiges Verwaltungshandeln in Betracht kommt. Dann müssten sowohl das Entschließungsermessen als auch das Auswahlermessen auf Null reduziert sein.

a) Entschließungsermessen

Fraglich ist zunächst, ob das Entschließungsermessen auf Null reduziert ist. Entschließungsermessen bedeutet, dass die Behörde entscheiden muss, ob sie überhaupt zur sachgerechten Erfüllung ihrer Gefahrenabwehraufgabe Maßnahmen gegenüber der Versammlung ergreifen muss. Eine Verpflichtung zum Einschreiten kann sich hier daraus ergeben, dass durch die Verhinderung der Einfuhr von Tomaten aus den Niederlanden der freie Warenverkehr zwischen zwei EU-Mitgliedsstaaten beeinträchtigt wird. Der freie Warenverkehr stellt einen der tragenden Grundsätze des Gemeinschaftsrechts dar. Durch Art. 34 ff. AEU wird diese Grundfreiheit näher ausgeführt, wobei insbesondere Art. 34 AEU von wesentlicher Bedeutung ist. Nach Art. 34 AEU sind im Bereich des freien Warenverkehrs mengenmäßige Einfuhrbeschränkungen sowie alle Maßnahmen gleicher Wirkung zwischen den Mitgliedsstaaten verboten. Nach der sog. „Dassonville-Formel" ist eine Maßnahme gleicher Wirkung zunächst jede Handelsregelung der Mitgliedsstaaten, die geeignet ist, den innergemeinschaftlichen Handel unmittelbar oder mittelbar, tatsächlich oder potentiell zu behindern. Der innergemeinschaftliche Handelsverkehr kann jedoch nicht nur durch eine Handlung, sondern auch dadurch beeinträchtigt werden, dass ein Mitgliedsstaat untätig bleibt oder es versäumt, ausreichende Maßnahmen zur Beseitigung von Hindernissen für den freien Warenverkehr zu treffen, die durch Handlungen von Privatpersonen auf seinem Gebiet geschaffen wurden, die sich gegen Erzeugnisse aus anderen Mitgliedsstaaten richten. Aufgrund der überragenden Bedeutung des Art. 34 AEU findet dieser daher auch dann Anwendung, wenn ein Mitgliedsstaat keine Maßnahmen ergriffen hat, um gegen Beeinträchtigungen des freien Warenverkehrs einzuschreiten, die ursächlich nicht auf einer staatlichen Handlung beruhen. Die Verletzung einer Vorschrift des Gemeinschaftsrechts, die den Mitgliedsstaaten ein bestimmtes Verhalten verbietet, setzt jedoch eine Garantenstellung voraus. Diese ergibt sich aus Art. 4 III UAbs. 2 EU, wonach die Mitgliedstaaten alle geeigneten Maßnahmen zur Erfüllung ihrer Verpflichtungen treffen, die sich aus dem Vertrag ergeben. Mithin verpflichtet Art. 34 AEU i.V.m. Art. 4 III UAbs. 2 EU die Mitgliedsstaaten dazu, alle erforderlichen und geeigneten Maßnahmen zu ergreifen, um auf ihrem Gebiet die Beachtung der Warenverkehrsfreiheit sicherzustellen. Angesichts der überragenden Bedeutung der Warenverkehrsfreiheit kann es daher nicht im Ermessen der Behörde stehen, ob sie überhaupt tätig wird. Lediglich für den Fall, dass das Tätigwerden des Staates Folgen für die öffentliche Sicherheit oder Ordnung hätte, die er mit seinen Mitteln nicht bewältigen könnte, liegt es in seinem Ermessen, ob er tätig wird oder nicht. Solche Folgen sind hier aber offensichtlich nicht zu befürchten. Der Behörde steht damit ein Entschließungsermessen nicht zu, sie ist vielmehr zum Einschreiten verpflichtet.

b) Auswahlermessen

Um einen Anspruch des G zu begründen, müsste auch das Auswahlermessen der Behörde auf Null reduziert sein. Im Rahmen des Auswahlermessens hat die Behörde darüber zu entscheiden, durch welche Mittel sie die Gefahr abwenden will. Eine Reduzierung auf Null ist dann gegeben, wenn ausnahmsweise zur Abwendung der Gefahr nur eine einzige Maßnahme denkbar ist. Zu fragen ist daher, ob im vorliegenden Fall ein milderes Mittel als der Erlass einer Verbotsverfügung zur Verfügung steht, das die gleiche Eignung aufweist. Als solches wäre lediglich an den Erlass einer Auflage gegenüber der Versammlung zu denken, die eine örtliche Verlegung der Versammlung verlangt. Eine solche Auflage würde aber zum einen die Versammlung sinnlos machen, da es entsprechend dem Zweck der Versammlungsteilnehmer gerade auf das Zusammenkommen an diesem Grenzübergang ankommt. Zum anderen erreicht eine dementsprechende Auflage in der konkreten Gefahrensituation nicht die gleiche Effektivität wie ein Verbot der Versammlung. Demnach kommt eine weniger belastende Maßnahme nicht in Betracht. Der Erlass der beantragten Verbotsverfügung ist daher die einzig denkbare Maßnahme, sodass auch das Auswahlermessen der Polizei auf Null reduziert ist. Infolgedessen besteht eine Pflicht der Kreispolizeibehörde zum Erlass der beantragten Verfügung als einzig rechtmäßige Handlung.

G hat daher einen Anspruch auf Erlass des beantragten Versammlungsverbots aus § 15 I VersG.

Einordnung: ÖR / Europarecht
Schwerpunkt: Aufhebung, effet utile

Fall: Das Machtwort

A betreibt in der Stadt S im Land X einen mittelständischen Gewerbebetrieb. Da er beabsichtigt, sein Unternehmen zu erweitern, beantragt er bei der zuständigen Behörde die Gewährung einer Subvention. Mit Bescheid vom 14.01.2014 wird ihm ein verlorener Zuschuss in Höhe von 250.000,- € gewährt.

Mit Bescheid vom 15.02.2015 stellt die Europäische Kommission in einem an die Bundesrepublik Deutschland gerichteten Beschluss die Unvereinbarkeit der Beihilfe mit Art. 107 I AEUV fest und fordert die Bundesrepublik zur Rückforderung der Beihilfe auf. Sie begründet den Beschluss damit, dass die Beihilfe illegal vergeben worden sei. Zum einen sei die Bundesrepublik Deutschland ihrer Verpflichtung aus Art. 108 III AEUV nicht nachgekommen, zum anderen sei die Beihilfe auch mit dem Gemeinsamen Markt unvereinbar, weil sie geeignet sei, den Handel zu beeinträchtigen und den Wettbewerb zwischen den Mitgliedstaaten zu verfälschen.

Am 12.02.2016, noch während der Anhängigkeit einer Nichtigkeitsklage gegen den Beschluss der Kommission beim EuGH, nimmt die Bewilligungsbehörde nach Anhörung des A den Bescheid vom 14.01.2014 zurück und fordert A zur Rückzahlung des Zuschusses nach Bestandskraft des Aufhebungsbescheides auf. Zur Begründung ihrer Entscheidung weist die Behörde darauf hin, dass ihr angesichts des Beschlusses der Europäischen Kommission keine andere Wahl bleibe.

A meint, die Bescheide seien rechtmäßig. Er beruft sich darauf, dass er den Zuschuss bereits verbraucht habe. Im Übrigen sei die Gewährung eines Zuschusses allein Sache der nationalen Behörden; was die Europäische Kommission mit dieser Angelegenheit zu tun habe, sei ihm unbegreiflich. Schließlich seien die Bescheide schon deshalb rechtswidrig, weil die Behörde verkannt habe, dass die Rücknahme in ihr Ermessen gestellt sei.

Aufgabenstellung: Prüfen Sie in einem umfassenden Rechtsgutachten die Rechtmäßigkeit der Aufhebung des Bewilligungsbescheides und der Rückforderung. Gehen Sie – gegebenenfalls hilfsgutachterlich – auf alle aufgeworfenen Rechtsfragen ein.

Bearbeitervermerk:
Es ist das Verwaltungsverfahrensrecht des Bundes (VwVfG Bund) anzuwenden.

Art. 107 I AEUV lautet
(1) Soweit in den Verträgen nicht etwas anderes bestimmt ist, sind staatliche oder aus staatlichen Mitteln gewährte Beihilfen gleich welcher Art, die durch die Begünstigung bestimmter Unternehmen oder Produktionszweige den Wettbewerb verfälschen oder zu verfälschen drohen, mit dem Binnenmarkt unvereinbar, soweit sie den Handel zwischen Mitgliedstaaten beeinträchtigen.

Art. 108 III AEUV lautet
(3) Die Kommission wird von jeder beabsichtigten Einführung oder Umgestaltung von Beihilfen so rechtzeitig unterrichtet, dass sie sich dazu äußern kann. Ist sie der Auffassung, dass ein derartiges Vorhaben nach Artikel 107 mit dem Binnenmarkt unvereinbar ist, so leitet sie unverzüglich das in Absatz 2 vorgesehene Verfahren ein. Der betreffende Mitgliedstaat darf die beabsichtigte Maßnahme nicht durchführen, bevor die Kommission einen abschließenden Beschluss erlassen hat.

A. Vorüberlegungen

Die Fallfrage zielt auf die getrennte Prüfung der Rechtmäßigkeit eines Aufhebungs- und eines Rückforderungsbescheids. Es ist somit jeweils nach dem bewährten Schema Ermächtigungsgrundlage, formelle und materielle Rechtmäßigkeit zu prüfen.

Für den Aufhebungsbescheid muss zunächst die einschlägige Ermächtigungsgrundlage gefunden werden. Der Beschluss der Kommission kommt insoweit nicht in Betracht. Dieser ist mit einem deutschen Verwaltungsakt vergleichbar, stellt also selbst keine gesetzliche Grundlage dar, die entsprechend dem Vorbehalt des Gesetzes hier vorliegen muss. Mangels spezieller unionsrechtlicher Regelungen kommen die allgemeinen Vorschriften des VwVfG (laut Bearbeitervermerk ist das VwVfG des Bundes anzuwenden) in Betracht. Es folgt eine gewöhnliche Prüfung des § 48 VwVfG, die durch unionsrechtliche Überlegungen zu ergänzen ist. Diese betreffen die Rechtswidrigkeit der Subventionsbewilligung, den Vertrauensschutz und das behördliche Ermessen.

Die Rückforderung ist auf § 49a VwVfG zu stützen. Hier muss erkannt werden, dass die Norm kein Ermessen einräumt. Das Unionsrecht steht zudem der Einrede der Bereicherung entgegen.

Viel Erfolg bei der Bearbeitung!

B. Lösungsskizze

I. Rechtmäßigkeit der Aufhebung des Bewilligungsbescheids

1. Ermächtigungsgrundlage

2. Formelle Rechtmäßigkeit

   a) Zuständigkeit

   b) Verfahren

   c) Form

3. Materielle Rechtmäßigkeit der Aufhebung

   a) Rechtswidrigkeit des Bewilligungsbescheids

   b) Begünstigender VA

   c) Geldleistung oder teilbare Sachleistung

   d) Tatsächliches Vertrauen

   e) Schutzwürdigkeit des Vertrauens

      aa) Ausschluss gem. § 48 II 3 VwVfG

      bb) Regelvermutung des § 48 II 2 VwVfG

      cc) Abwägung gem. § 48 II 1 VwVfG

   f) Jahresfrist

   g) Rechtsfolge

II. Rechtmäßigkeit der Aufforderung zur Rückzahlung

1. Eingriffsgrundlage für das Rückzahlungsverlangen

2. Formelle Rechtmäßigkeit des Rückzahlungsverlangens

3. Materielle Rechtmäßigkeit des Rückzahlungsverlangens

   a) Aufhebung und Leistung

   b) Rechtsfolge

   c) Einrede der Entreicherung

C. Lösung

I. Rechtmäßigkeit der Aufhebung des Bewilligungsbescheids

Die Aufhebung des Bewilligungsbescheids ist rechtmäßig, soweit sie auf einer wirksamen Ermächtigungsgrundlage beruht, von der in formell und materiell rechtmäßiger Weise Gebrauch gemacht wurde.

1. Ermächtigungsgrundlage

Der VA vom 12.02.2016 greift in die dem A durch den Bewilligungsbescheid vom 14.01.2014 gewährte Rechtsposition ein. Folglich bedarf er entsprechend dem in Art. 20 III GG verankerten Vorbehalt des Gesetzes einer Ermächtigungsgrundlage. Als Grundlage für die Aufhebung des VA kommt § 48 VwVfG in Betracht. Das setzt allerdings voraus, dass für die vorliegende Konstellation keine speziellere Regelung vorhanden ist (vgl. § 1 I, II 1 VwVfG). Die staatliche Unterstützung für A verstößt nach den Feststellungen der Kommission gegen das EU-Beihilfenrecht. Folglich könnte sich die Aufhebung des Bescheids vom 14.01.2014 nach dem EU-Recht richten. Dieses enthält jedoch keine Bestimmungen über die Aufhebung rechtswidrig gewährter Beihilfen. Daher muss in diesem Zusammenhang auf das nationale Verwaltungsrecht zurückgegriffen werden.

Somit ist § 48 I 1 VwVfG die Rechtsgrundlage für die Aufhebung des Bewilligungsbescheids.

2. Formelle Rechtmäßigkeit

Die Aufhebung des Bewilligungsbescheids müsste formell rechtmäßig sein. Dies ist der Fall, soweit die die zuständige Behörde unter Einhaltung einschlägiger Verfahrens- und Formvorschriften gehandelt hat.

a) Zuständigkeit

Es müsste die zuständige Behörde gehandelt haben. Die örtliche Zuständigkeit ist in § 48 V i.V.m. § 3 VwVfG geregelt und unterliegt hier keinen rechtlichen Bedenken. Die sachliche Zuständigkeit für die Aufhebung eines VA ist demgegenüber nicht ausdrücklich in § 48 VwVfG normiert. Es ist jedoch allgemein anerkannt, dass die Erlassbehörde bzw. - im Falle ihrer Unzuständigkeit - daneben auch die eigentlich zuständige Behörde den VA aufheben darf (sog. Annexkompetenz). Folglich hat mit der Bewilligungsbehörde die zuständige Behörde gehandelt.

b) Verfahren

Die Behörde hat die maßgeblichen Verfahrensvorschriften eingehalten, insbesondere wurde A vor Erlass des Aufhebungsbescheids gem. § 28 I VwVfG angehört.

c) Form

Für den Rücknahmebescheid gelten als Kehrseite des Ausgangsbescheides dieselben Formvorschriften, denen auch der Ausgangsbescheid unterliegt. Wurde der Ausgangsbescheid z.B. schriftlich erlassen, so hat auch der Rücknahmebescheid schriftlich zu ergehen.

Vorliegend existieren für den Ausgangs- und somit auch für den Rücknahmebescheid keine speziellen Formvorschriften. Beide Bescheide ergingen schriftlich, wobei mangels gegenteiliger Sachverhaltsangaben von der Einhaltung des § 39 I VwVfG auszugehen ist. Folglich ist der Aufhebungsbescheid ohne Formfehler ergangen. Gleiches gilt, wenn man mit einer abweichenden Ansicht von der Anwendbarkeit des § 37 II 1 VwVfG ausgeht.

Der Aufhebungsbescheid ist formell rechtmäßig.

3. Materielle Rechtmäßigkeit der Aufhebung

Die Aufhebung des Bewilligungsbescheids ist materiell rechtmäßig, wenn die Voraussetzungen der Ermächtigungsgrundlage vorliegen und eine rechtmäßige Rechtsfolge gesetzt wurde.

a) Rechtswidrigkeit des Bewilligungsbescheids

Die Rücknahme setzt gemäß § 48 I 1 VwVfG voraus, dass der Bewilligungsbescheid rechtswidrig war.

Die Rechtswidrigkeit könnte sich aus einem Verstoß gegen unionsrechtliche Regelungen ergeben. Zu denken ist hier zunächst an die Beihilferegelungen in den Art. 107 f. AEUV. Diesbezüglich besteht ein wirksamer, allerdings vor dem EuGH mit einer Nichtigkeitsklage angegriffener Beschluss der Kommission, der einen solchen Verstoß feststellt. Fraglich ist, ob das nationale Gericht in diesem Fall an den Beschluss gebunden ist oder in eigener Prüfungskompetenz die Europarechtswidrigkeit festzustellen hat. Die Bindungswirkung des Beschlusses wird nicht schon durch die Anhängigkeit der Nichtigkeitsklage vor dem EuGH gehemmt, da diese, wie auch alle anderen Klagen vor dem EuGH, gem. Art. 278 AEUV keine aufschiebende Wirkung hat. Auch hat der EuGH entschieden, dass wegen des Vorrangs des EU-Rechts und der Pflicht der Mitgliedstaaten zu Verwirklichung desselben nationale Gerichte nicht von wirksamen Kommissionsbeschlüssen abweichen dürfen, sondern vielmehr, wenn sie dies beabsichtigen, zuerst die endgültige

Entscheidung des EuGH über die Nichtigkeitsklage abzuwarten oder diesen um Vorabentscheidung nach Art. 267 AEUV zu ersuchen haben. Teilt das nationale Gericht hingegen die Auffassung der Kommission, bedarf es solcher Verfahrensschritte nicht.

Demnach steht aufgrund des Beschlusses der Kommission fest, dass der Bewilligungsbescheid rechtswidrig ist.

b) Begünstigender VA

Fraglich ist, ob es sich bei dem Bewilligungsbescheid um einen begünstigenden VA handelt. Das ist gem. § 48 I 2 VwVfG der Fall, wenn der VA ein Recht oder einen rechtlich erheblichen Vorteil begründet oder bestätigt hat. Ein solcher VA darf nur unter den besonderen Voraussetzungen des § 48 II-IV VwVfG zurückgenommen werden.

Die Bewilligung der Subvention vermittelte A den Anspruch auf Auszahlung von 250.000 €. Folglich ist dieser VA begünstigend i.S.d. § 48 I 2 VwVfG.

c) Geldleistung oder teilbare Sachleistung

Der Beihilfebescheid könnte unter § 48 II oder § 48 III VwVfG fallen. § 48 II VwVfG ist die speziellere Norm. Er erfasst VA, die eine einmalige oder laufende Geldleistung oder teilbare Sachleistung gewähren oder hierfür Voraussetzung sind. Demgegenüber gilt § 48 III VwVfG für alle sonstigen begünstigenden VA.

A wurde eine Subvention und somit eine Geldleistung bewilligt. Folglich ist § 48 II VwVfG einschlägig, der einer Rücknahme entgegenstehen könnte.

d) Tatsächliches Vertrauen

A müsste auf den Bestand des Bewilligungsbescheids gem. § 48 II 1 VwVfG tatsächlich vertraut haben.

Das ist der Fall, wenn der Adressat der Begünstigung diese gekannt und insbesondere davon bereits Gebrauch gemacht hat. A hat die 250.000 € in Kenntnis des Bewilligungsbescheids ausgegeben. Demnach hat er tatsächliches Vertrauen in den Bestand des begünstigenden VA entwickelt.

e) Schutzwürdigkeit des Vertrauens

Das Vertrauen des A in den Bestand des rechtswidrigen VA (sog. Bestandsinteresse) könnte auch unter Berücksichtigung des öffentlichen Interesses an einer Rücknahme des rechtswidrigen Bewilligungsbescheids schutzwürdig sein.

aa) Ausschluss gem. § 48 II 3 VwVfG

Möglicherweise kann sich A jedoch gem. § 48 II 3 VwVfG von vornherein nicht auf Vertrauensschutz berufen. Das bedeutet, wenn eine der in dieser Vorschrift aufgeführten Konstellationen einschlägig ist, scheidet Vertrauensschutz für den Begünstigten ohne weiteres aus. Einer Abwägung mit dem öffentlichen Rücknahmeinteresse gem. § 48 II 1 VwVfG bedarf es dann also nicht mehr.

Als Ausschlussgrund kommt § 48 II 3 Nr. 3 VwVfG in Betracht. Danach ist das Vertrauen des Begünstigten nicht schutzwürdig, wenn er die Rechtswidrigkeit des VA kannte oder infolge grober Fahrlässigkeit nicht kannte.

Hier ist nichts dafür ersichtlich, dass A positiv davon wusste, dass die Beihilfe gegen Art. 107 AEUV verstößt. Eventuell beruht seine Unkenntnis aber auf grober Fahrlässigkeit. Grob fahrlässig handelt der Begünstigte, wenn er die erforderliche Sorgfalt in besonders schwerem Maße verletzt, wobei sich der anzuwendende Sorgfaltsmaßstab nach den individuellen Fähigkeiten des Leistungsempfängers richtet. Das bedeutet, dem Begünstigten muss sich die Rechtswidrigkeit des VA geradezu aufdrängen.

Eine solche schwerwiegende Sorgfaltspflichtverletzung könnte mit dem Argument zu bejahen sein, dass es einem sorgfältigen Gewerbetreibenden regelmäßig möglich ist sich zu vergewissern, ob das Notifikationsverfahren gem. Art. 108 III AEUV vor Auszahlung der Subvention ordnungsgemäß durchgeführt wurde. Zumal die Kommission 1983 im Amtsblatt der EU eine allgemeine Mitteilung an alle potentiellen Empfänger staatlicher Beihilfen veröffentlicht hat, in welcher diese davon unterrichtet wurden, dass sie bei Nichtbeachtung des durch Art. 108 AEUV zwingend vorgeschriebenen Notifikationsverfahrens mit einer Rückforderung der ihnen gewährten Beihilfen rechnen müssen. Vor diesem Hintergrund hätte A möglicherweise prüfen müssen, ob die ihm zugekommene staatliche Unterstützung mit Art. 107 AEUV vereinbar ist, so dass in der Nichtbeachtung dieser Pflicht eine grobe Sorgfaltswidrigkeit zu erblicken sein könnte.

Dem lässt sich entgegenhalten, dass ausweislich der o.g. Definition auf die individuellen Fähigkeiten des Leistungsempfängers abzustellen ist, wohingegen die vorstehend präsentierte Argumentation pauschal von bestimmten Sorgfaltspflichten ausgeht. Danach hätte jeder Beihilfeempfänger, dessen staatliche Unterstützung Art. 107 AEUV verletzt, die Rechtswidrigkeit des Bewilligungsbescheids grob fahrlässig verkannt. Des Weiteren würde man ihm bei dieser Betrachtungsweise zumuten, die zuständige nationale Behörde kontrollieren zu müssen. Die Begründung eines derartigen Wächteramtes widerspricht jedoch dem Grundsatz des Vertrauensschutzes, wonach regelmäßig auf die Rechtmäßigkeit eines VA und die Beachtung des vorgeschriebenen Verfahrens durch die Verwaltung vertraut werden darf. Schließlich handelt es sich bei dem Beihilfenrecht um eine durchaus komplexe Materie, so dass kaum verlangt werden kann, dass sich jedes Unternehmen mit den Verfahrensabläufen auf europäischer Ebene vertraut macht. Dies wird vielmehr in der Regel nur großen Unternehmen zuzumuten sein, wobei als weitere Kriterien die Art der Unternehmenstätigkeit, die Existenz einer eigenen juristischen Abteilung sowie Vorerfahrungen mit Beihilfen und die Höhe der gewährten Beihilfe herangezogen werden können.

A hat zwar eine Subvention in beträchtlicher Höhe erhalten, was für eine Nachforschungspflicht betreffend die Vereinbarkeit mit Art. 107 AEUV sprechen könnte. Jedoch handelt es sich um ein mittelständisches Unternehmen, das über keine eigene Rechtsabteilung verfügt. Ferner ist mangels gegenteiliger Sachverhaltsangaben davon auszugehen, dass die Firma erstmals staatliche Unterstützung erhalten hat, so dass ihr einschlägige Erfahrungen mit dem europäischen Beihilfenrecht fehlen. Daher erscheint es überzogen zu sein, der Firma vorzuwerfen, dass sie die Entscheidung der Bewilligungsbehörde nicht überprüft hat.

Somit liegt eine grob fahrlässige Unkenntnis der Rechtswidrigkeit des VA bei A nicht vor, so dass der Ausschlussgrund des § 48 II 3 Nr. 3 VwVfG nicht greift.

bb) Regelvermutung des § 48 II 2 VwVfG

Die Schutzwürdigkeit des Vertrauens des A auf den Bestand des Bewilligungsbescheids könnte sich aus § 48 II 2 VwVfG ergeben. Danach ist das Vertrauen des Begünstigten in der Regel schutzwürdig, wenn er gewährte Leistungen verbraucht oder eine Vermögensdisposition getroffen hat, die er nicht mehr oder nur unter unzumutbaren Nachteilen rückgängig machen kann.

A hat die gewährten 250.000 € vollständig ausgegeben. Damit hat die Firma ihr Vertrauen in den Bestand der Subvention bestätigt. Die Regelvermutung des § 48 II 2 VwVfG liegt somit vor.

cc) Abwägung gem. § 48 II 1 VwVfG

Trotz der Einschlägigkeit der Regelvermutung des § 48 II 2 VwVfG ist eine allgemeine Abwägung gem. § 48 II 1 VwVfG erforderlich. Wenn das Vertrauen „in der Regel" schutzwürdig ist, muss es auch Ausnahmefälle geben, bei deren Vorliegen das Vertrauen in den Bestand des rechtswidrigen VA dem Interesse der Allgemeinheit an dessen Rücknahme nicht vorgeht.

Folglich ist das Vertrauen des A auf den Bestand des Bewilligungsbescheids gem. § 48 II 1 VwVfG gegen das öffentliche Interesse an einer Rücknahme des rechtswidrigen VA abzuwägen. Allerdings muss in diesem Zusammenhang beachtet werden, dass sich aus § 48 II 2 VwVfG eine gesetzgeberische Wertung ergibt. Liegen die Voraussetzungen dieser Norm vor, so geht der Gesetzgeber davon aus, dass das Bestandsinteresse gegenüber dem öffentlichen Rücknahmeinteresse regelmäßig vorrangig ist. Es müssen also besondere Umstände gegeben sein, die es gestatten, im Wege der allgemeinen Abwägung nach § 48 II 1 VwVfG von dieser gesetzgeberischen Wertung abzuweichen.

§ 48 II 1 VwVfG gebietet die Abwägung zweier Prinzipien, die beide mit Verfassungsrang ausgestattet sind. Einerseits ist das Vertrauen des Begünstigten auf den Bestand des rechtswidrigen VA zu beachten, andererseits ist das öffentliche Interesse an der Herstellung rechtmäßiger Zustände in die Abwägung einzustellen. Es ist also ein Ausgleich zwischen dem Grundsatz des Vertrauensschutzes und dem Grundsatz der Gesetzmäßigkeit der Verwaltung vorzunehmen, die beide in Art. 20 III GG verankert sind. Dabei ist zu beachten, dass der EuGH den Grundsatz des Vertrauensschutzes in ständiger Rechtsprechung als allgemeines Rechtsprinzip des Unionsrechts anerkennt, sodass er als ungeschriebenes Primärrecht zu qualifizieren ist. Allerdings ist im vorliegenden Kontext auch von besonderer Bedeutung, dass der Bewilligungsbescheid gegen Vorschriften des AEU-Vertrags verstößt. Der Gerichtshof verlangt in einem solchen Fall eine unionsrechtskonforme Auslegung des nationalen Rechts. Die EU-rechtlich vorgeschriebene Rückforderung der staatlichen Beihilfe darf nicht praktisch unmöglich sein, vielmehr ist das Interesse der EU voll zu berücksichtigen. Zur Begründung verweist der EuGH darauf, dass ansonsten die Durchsetzung des Unionsrechts, hier in Gestalt der Gewährleistung eines unverfälschten Wettbewerbs, praktisch unterlaufen werden könnte. Das widerspräche jedoch dem Grundsatz der effektiven Anwendung des EU-Rechts (effet utile), der sich aus der in Art. 4 III EUV normierten mitgliedstaatlichen Loyalitätspflicht ableiten lässt. Demnach tritt bei einem Verstoß gegen die Bestimmungen des AEU-Vertrags über das Beihilfenrecht das Interesse an einer effektiven Durchsetzung der EU- Wettbewerbsordnung an die Seite des öffentlichen Rücknahmeinteresses. Letzteres erhält dadurch ein besonderes Gewicht. Des Weiteren ist bei der vorzunehmenden Abwägung zu berücksichtigen, dass die Beihilfe unter Verletzung des Notifizierungsverfahrens gewährt wurde. Das führt zwar wie bereits dargelegt nicht zu einem generellen Ausschluss des Vertrauensschutzes. Gleichwohl erscheint das Vertrauen des Begünstigten auf den Bestand des rechtswidrigen VA bei einer solchen Sachlage als nur eingeschränkt schutzwürdig, auch wenn ihm nur einfache Fahrlässigkeit vorzuwerfen ist. Das hat zur Folge, dass das Bestandsinteresse hinter das gesteigerte öffentliche Rücknahmeinteresse zurücktritt, solange sich der Adressat einer Beihilfe nicht vergewissert hat, dass das Notifizierungsverfahren eingehalten wurde. Allein die Durchführung dieses Genehmigungsverfahrens kann also die Grundlage für die Entwicklung schutzwürdigen Vertrauens sein. Nur in besonders gelagerten Ausnahmefällen vermag das Bestandsinteresse trotz Missachtung des Art. 108 III AEUV zu überwiegen, z.B. Falschauskunft der Kommission. Für einen solchen Ausnahmefall ist hier nichts ersichtlich.

Folglich überwiegt das Rücknahmeinteresse.

Das Vertrauen des A in den Bestand des Bewilligungsbescheids ist nicht schutzwürdig.

f) Jahresfrist

Die Jahresfrist für die Rücknahme eines VA gem. § 48 IV 1 VwVfG muss eingehalten worden sein.

Die Bewilligungsbehörde hat frühestens durch den Beschluss der Kommission vom 15.02.2015 Kenntnis von der Rechtswidrigkeit der gewährten Subvention erhalten. Folglich hat sie durch ihr Handeln am 12.02.2016, unabhängig von der streitigen Frage nach der genauen Berechnung der Jahresfrist, die Frist des § 48 IV 1 VwVfG eingehalten.

Die tatbestandlichen Voraussetzungen der Rücknahme liegen somit vor.

g) Rechtsfolge

Ferner müsste eine rechtmäßige Rechtsfolge gesetzt worden sein. Nach § 48 I 1 VwVfG steht die Rücknahme eines rechtswidrigen VA im Ermessen der zuständigen Behörde. Die Rücknahme ist folglich auch dann nicht zwingend geboten, wenn kein schutzwürdiges Vertrauen vorliegt.

Die Behörde begründet ihre Rücknahmeentscheidung damit, dass ihr aufgrund des Beschlusses der Kommission und der Entscheidung des EuGH keine andere Wahl bliebe. Dem ist zu entnehmen, dass sie der Ansicht ist, ihr habe bei der Entscheidung im Ergebnis kein Ermessen zugestanden. Darin könnte ein Ermessensfehler in Gestalt des Ermessensnichtgebrauchs zu sehen sein. Etwas anderes gilt jedoch, wenn aufgrund besonderer Umstände das Ermessen der Behörde auf Null reduziert ist. In diesem Fall bleibt ihr nur eine bestimmte Möglichkeit des Handelns.

Ein Beschluss ist gem. Art. 288 IV AEUV verbindlich. Ihr Adressat muss ihr also nachkommen. Demnach war die zuständige Behörde gezwungen, dem Beschluss der Kommission nachzukommen und den Bewilligungsbescheid aufzuheben. Etwaiges Ermessen stand ihr somit nicht mehr zu, es war auf Null reduziert. Ein Ermessensfehler liegt daher nicht vor.

Die Rücknahme des Bewilligungsbescheids ist demnach formell, materiell und insgesamt rechtmäßig.

II. Rechtmäßigkeit der Aufforderung zur Rückzahlung
Fraglich ist, ob auch die Aufforderung zur Rückzahlung rechtmäßig ist.

1. Eingriffsgrundlage für das Rückzahlungsverlangen
Als Ermächtigungsgrundlage für das Verlangen, die gewährten 250.000 € zurückzuzahlen, kommt § 49a I 1 VwVfG in Betracht.

2. Formelle Rechtmäßigkeit des Rückzahlungsverlangens
Hinsichtlich der formellen Rechtmäßigkeit ergeben sich keine Unterschiede gegenüber der Prüfung der Rechtmäßigkeit des Rücknahmebescheids. Folglich ist das Rückzahlungsverlangen formell rechtmäßig.

3. Materielle Rechtmäßigkeit des Rückzahlungsverlangens
Das Rückzahlungsverlangen ist materiell rechtmäßig, wenn die tatbestandlichen Voraussetzungen des § 49a I 1 VwVfG vorliegen und eine rechtmäßige Rechtsfolge gesetzt wurde.

a) Aufhebung und Leistung
Der Bewilligungsbescheid wurde von der zuständigen Behörde mit Wirkung ex-tunc zurückgenommen. Durch Zahlung der 250.000 € wurde eine Leistung bereits erbracht. Folglich besteht gem. § 49a I 1 VwVfG ein Anspruch auf Rückzahlung der gewährten 250.000 €.

b) Rechtsfolge
Aus § 49a I VwVfG folgt, dass die Behörde kein Ermessen bzgl. der Geltendmachung des Rückzahlungsanspruch hat. Sie hat somit rechtmäßig gehandelt.

c) Einrede der Entreicherung
Der Umfang des zurückzuzahlenden Betrags richtet sich nach § 49a II 1 VwVfG i.V.m. §§ 812 ff. BGB. Hierbei handelt es sich um eine Rechtsfolgenverweisung. Demnach kann sich der Begünstigte grundsätzlich auf den Wegfall der Bereicherung berufen. Genau dies nimmt A für sich in Anspruch, indem er angibt, die gewährten 250.000 € vollständig in den Betrieb investiert, also ausgegeben zu haben.

Jedoch ist die Investition der Beihilfe in den Betrieb, unabhängig davon, ob sie zu dem gewünschten Erfolg führt, geeignet, die Marktposition, den Ruf und den Kundenkreis zu wahren. Demnach erwachsen der begünstigten Firma aus der Beihilfegewährung Vorteile, selbst wenn sie letztes Endes die Geschäftstätigkeit einstellen muss. Deshalb führt der Umstand, dass die gewährte Geldsumme nicht mehr in der Firmenbilanz erscheint, nicht zur Entreicherung. Darüber hinaus würde die Anerkennung einer Entreicherung infolge bestimmungsgemäßen Verbrauchs der Subvention letztlich doch den Zustand sanktionieren, der mit den Beihilfenvorschriften des AEU-Vertrags verhindert werden soll. Für A macht es nämlich keinen Unterschied, ob die Behörde den Bewilligungsbescheid als Rechtsgrundlage für die Subvention nicht zurücknehmen darf oder dies zwar geschehen kann, jedoch die gewährte Geldsumme wegen des Einwands der Entreicherung nicht zurückzuzahlen ist. Deshalb spricht auch der Grundsatz der effektiven Durchsetzung des Unionsrechts dafür, A die erfolgreiche Berufung auf eine Entreicherung zu verwehren.

A ist demnach verpflichtet, die gesamte Fördersumme zurückzuzahlen.

Das Rückzahlungsverlangen ist ebenfalls rechtmäßig.